高职高专旅游类专业活页式新型实训教材

U0793519

旅行社业务操作
实训手册

主　编◎侯　娜

副主编◎马素萍　张　莉

北京·旅游教育出版社

图书在版编目（CIP）数据

旅行社业务操作实训手册 / 侯娜主编. -- 北京 : 旅游教育出版社, 2022.6

ISBN 978-7-5637-4409-1

Ⅰ. ①旅… Ⅱ. ①侯… Ⅲ. ①旅行社—业务管理—高等职业教育—教材 Ⅳ. ①F590.63

中国版本图书馆CIP数据核字(2022)第085492号

旅行社业务操作实训手册

侯娜 主编

责任编辑	蒯 鑫
出版单位	旅游教育出版社
地　　址	北京市朝阳区定福庄南里 1 号
邮　　编	100024
发行电话	（010）65778403　65728372　65767462（传真）
本社网址	www.tepcb.com
E - mail	tepfx@163.com
排版单位	北京旅教文化传播有限公司
印刷单位	北京柏力行彩印有限公司
经销单位	新华书店
开　　本	710 毫米 ×1000 毫米　1/16
印　　张	24
字　　数	307 千字
版　　次	2022 年 6 月第 1 版
印　　次	2022 年 6 月第 1 次印刷
定　　价	68.00 元

（图书如有装订差错请与发行部联系）

前言

PREFACE

为适应旅游职业教育专业教学、课程改革的需要，培养学生执业能力，助力学生考取相关1+X职业技能等级证书，为高质量就业奠定基础，我们编写了《旅行社业务操作实训手册》这本教材。本教材是针对高职旅游类专业学生编写的集教、学、做一体化的新型工作手册式教材。本教材结合旅行社核心业务，设置旅行社设立、旅行社产品策划、产品销售、计调业务、出境前服务、品牌营销六大模块，对接旅行社产品策划师、门店店员、销售员、网络客服人员、计调员、签证专办员、渠道专员、品牌策划人员等岗位，通过典型工作任务驱动，设计相应的技能训练。

本教材内容除注重学生职业能力培养外，还融入思想政治教育。基于实训内容，每个项目都有明确的思政目标，让学生成为专业素质过硬、思想品质优良的高素质、高技能人才。本教材的重要特色体现为教、学、做一体化，将职业标准与岗位规范相融合，产教结合，教材、证书、岗位融通。融合性、专业性和实践性是本教材的核心诉求。

本书由侯娜担任主编，负责拟订大纲、统稿，编写模块一、模块三；张莉担任副主编，负责编写模块二、模块六；马素萍担任副主编，负责编写模块四、模块五。

本书在编写过程中得到携程旅游集团渠道事业部山西公司李磊、山西大自然国际旅行社有限公司周芬、山东天成国际旅行社刘雨竹等相关专家的大力支持，在此深表谢意。

本书难免存在不足和疏漏之处，敬请专家和广大读者批评指正。

教材编写组

2022 年 2 月

CONTENT

目录

模块一

开基立业　旅行社设立

LÜXINGSHE

YEWU CAOZUO SHIXUN SHOUCE

模块导读

旅行社的设立是旅行社各项业务开展的起点，其设立也有着严格的条件和程序。本模块包括旅行社认知、旅行社设立、门店设立三个项目，通过介绍旅行社的概念特征、业务范围、行业管理、设立实务、门店拓展等内容，帮助学生全面了解旅行社。模块涉及内容如图 1–1 所示：

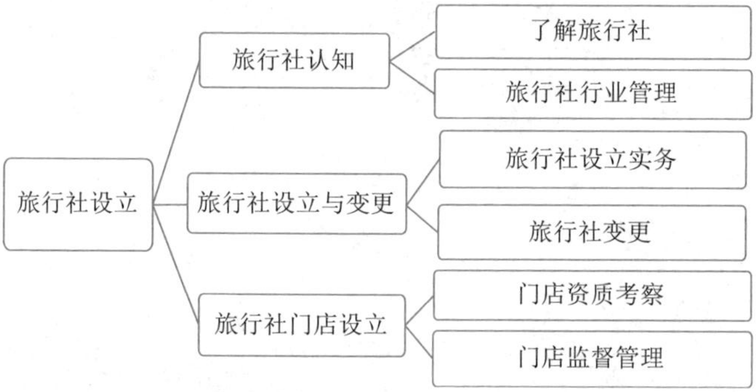

图 1–1

项目一 | 旅行社认知

项目导读

旅行社是人类社会经济发展、科技进步、社会分工的直接结果，是旅行活动长期发展的必然产物。旅行社行业相关工作专业性、技术性、时代性较强，对从业者知识能力水平要求较高，旅行社工作人员必须对旅行社企业全面认知，熟练掌握从业技能，才能胜任旅行社各岗位工作。本项目从旅行社的概念、性质、分类、业务范围、行业特点等方面介绍旅行社，帮助学生全面认知旅行社。

涉及岗位介绍

旅行社工作人员：涉及很多岗位，不管是直接面对顾客的销售人员、门店店员、导游、领队等，还是提供幕后服务的计调人员、财务人员、后勤工作人员等，都应该对旅行社有全面的认识，了解旅行社的性质特点，掌握旅行社的经营规则，才能胜任本职工作，开展相关业务。

项目学习目标

知识目标	1. 熟悉旅行社的类型和不同旅行社的业务范围 2. 熟悉旅行社的行业特点 3. 掌握旅行社的行业管理
能力目标	1. 具备较强的学习能力和知识运用能力 2. 具备人际交往沟通能力

素质目标	1. 培养学生的职业认同感 2. 提升学生的专业认知度和法治意识 3. 树立良好的职业道德和职业素养
思政目标	1. 帮助学生建立快乐学习、筑梦未来的理念 2. 培育学生“爱一行干一行、专一行精一行”的意识 3. 助力学生体验成为旅游从业者的获得感和幸福感

项目实施

本项目从“旅行社认知”“旅行社行业管理”两个任务着手，通过企业调研、案例讨论等方式帮助学生全面认识旅行社，同时对学生进行专业引导，为今后的就业奠定基础。

任务一 了解旅行社

案例导入

小范是某旅游学院大一新生，开学不久就遇上国庆黄金周，学院放假七天，小范想利用假期到旅行社实践锻炼，进一步认识旅行社行业。于是小范经某旅行社员工、老乡小王介绍进入该旅行社，旅行社人事主管吴经理面试了小范，想了解小范的专业认知水平，于是询问小范:“你知道旅行社是做什么的吗?”小范回答:“旅行社是领着客人到全国各地游山玩水的。”吴经理继续发问:“你知道旅行社跟别的行业相比较，有什么独特的性质、特点吗?”小范摇摇头。吴经理又问了几个专业问题，小范也不是很清楚。吴经理根据这种情况对小范说:“你想来旅行社实践的想法很好，但对旅行社知之甚少，还不能胜任相关工作，国庆这两天你可以在旅行社门店里观摩学习一下，不懂的就问店长。等你对旅行社有了基本认知，掌握一定的业务操作技能，我们欢迎你再来本旅行社正式工作。”

【讨论】

请同学们认真阅读案例，进行分组讨论，想一想吴经理为什么不给小范安排具体的工作？小范要想正式入职旅行社需要具备什么条件？

【案例评析】

案例中，小范回答吴经理的问题或者不专业，或者一无所知，说明小范专业认知度差，职业能力弱，不具备在旅行社上岗就职的条件，因此吴经理没有给小范安排具体工作，只是让他在门店观摩学习。

小范想在旅行社正式入职，就要对旅行社有全面的认知，还要具备相关岗位的专业知识和职业技能。

一、任务描述

作为旅行社工作人员，首先要知道旅行社是什么样的企业，旅行社有哪些类别；其次要熟悉不同旅行社的经营业务；最后还要认识旅行社的性质。对旅行社的全面认知，为旅行社工作人员胜任相关工作奠定了基础。

二、任务学习目标

1. 了解旅行社的概念
2. 熟悉旅行社的类型及其业务范围
3. 了解旅行社的性质

三、完成任务需要的新知识

（一）旅行社概念

根据《旅行社条例》第 2 条规定，旅行社是指从事招徕、组织、接待旅游者等活动，为旅游者提供相关旅游服务，开展境内旅游业务、入境旅游业务或者出境旅游业务、边境旅游业务和其他旅游业务的企业法人。

旅行社为旅游者提供的相关旅游服务包括：安排旅游交通、住宿、餐饮服务；安排观光游览、休闲度假等服务；安排导游、领队服务；旅游咨询、旅游活动设计服务。

旅行社还可以接受旅游者委托，为其代订交通客票、代订住宿、代办出入境签证手续；接受机关、事业单位和团体委托，为其差旅、考察、会议、展览等公务活动，代办交通、住宿、餐饮、会务等事务；接受企业委托，为其各类商务活动、奖励旅游等，代办交通、住宿、餐饮、会务、观光游览、休闲度假等事务。

（二）旅行社分类和业务范围

1. 经营国内、入境旅游业务的旅行社

旅行社申请设立审批成功，开业后就可以经营国内旅游业务和入境旅游业务。

《旅行社条例实施细则》第 3 条规定，国内旅游业务，是指旅行社招徕、组织、接待中国内地居民在境内旅游的业务。

入境旅游业务，是指旅行社招徕、组织、接待外国旅游者来我国旅游，香港特别行政区、澳门特别行政区旅游者来内地旅游，台湾地区旅游者来大陆旅游，以及招徕、组织、接待在中国内地的外国人，在内地的香港特别行政区、澳门特别行政区居民和在大陆的台湾地区居民在境内旅游业务。

2. 经营出境游业务的旅行社

旅行社开业满两年，且连续两年未因侵害旅游者合法权益受到行政机关罚款以上处罚的，向旅游主管部门提出申请，经过审批可以经营出境旅游业务。有出境旅游业务经营权的旅行社，同时也能经营国内、入境旅游业务。

《旅行社条例实施细则》第 3 条规定，出境旅游业务，是指旅行社招徕、组织、接待中国内地居民出国旅游，赴香港特别行政区、澳门特别行政区和台湾地区旅游，以及招徕、组织、接待在中国境内的外国人，在内地的香港特别行政区、澳门特别行政区居民和在大陆的台湾居民出境旅游业务。

（三）旅行社性质

1. 营利性

旅行社属于企业，企业的最终目的是追求利润最大化。营利性是所有企业的共性，也是旅行社的根本性质。旅行社是一个独立核算、自负盈亏的经营性组织，因此担负着营利的职责。

2. 服务性

旅行社是为旅游者提供服务的专门机构。旅行社作为企业要向社会提供产品，而旅行社的产品核心就是服务。服务型产品不同于实物型产品，更多表现为人的活动，如代办食宿、代订交通客票、导游接待等。

3. 中介性

在旅游活动中，旅行社充当着旅游服务供应商和旅游者之间的桥梁和纽带，把各旅游要素供应商生产的产品和服务与旅游者的需求连接起来。对于销售包价旅游产品的旅行社，把餐饮、住宿、交通、游览等产品要素经过设计、组合、包装，形成旅行社产品销售给旅游者，更加方便客人购买，这个过程看似在“生产”旅行社产品，其实并未改变产品的性质，所以，“中介”是旅行社的本质特征。

思考 讨论

旅行社包价旅游产品中的住宿服务出现了问题，旅行社应该负责吗？为什么？

笔记

四、任务实施

实训项目	了解旅行社
实训时间	
实训要求	1. 了解旅行社的概念 2. 掌握旅行社的分类和业务范围 3. 熟悉旅行社的性质
实训地点	多媒体教室
实训材料	多媒体
实训内容与步骤	一、实训准备 学生分组，提前一周安排学生前往旅行社进行调研，各小组写出调研报告，并制作成 PPT。 二、实训开始 1. 小组派代表介绍本组调研的方式和过程。 2. 小组派代表展示调研报告。 三、实训考核、点评 教师就课前资料搜集、调研报告的完成情况、课中调研成果的展示情况、团队合作等方面进行示范性点评，小组间进行互评，师生共同总结任务要点，纠正任务实施过程中存在的问题，提出改进性建议。

五、任务评价

了解旅行社考核评价表

考核项目	具体内容或要求	扣分项	得分
调研方式多样，过程合理	1. 调研方式线上线下相结合，既走访实体旅行社，又访问旅行社网络平台 2. 有问卷设计 3. 有访谈记录	总分 15 分，缺一项扣 5 分	

续表

考核项目	具体内容或要求	扣分项	得分
调研报告内容完整	1. 调研目的明确、合理 2. 有旅行社经营特色分析 3. 有旅行社产品分析 4. 有被调研旅行社横向比较分析 5. 有发现问题、有解决方案 6. 有联系自身专业学习的心得感悟 7. 有职业素养提升计划	总分 70 分， 缺一项扣 10 分	
PPT 制作精良	1. 调研对象数量充分 2. 有数据分析 3. 有图片佐证	总分 15 分， 缺一项扣 5 分	
合计			

六、任务巩固

利用课余时间调研本地旅行社，列出当季热销产品清单。

自我分析与总结

任务二　旅行社行业管理

案例导入

2020年一场突如其来的新冠肺炎疫情席卷全球，旅游业受到重创，许多旅游企业倒闭、歇业。小徐曾是A市一家国际旅行社的资深专职领队，多次带团赴欧洲、美洲、大洋洲国家旅游，收入可观。但疫情发生后，旅行社出境业务全面停止，小徐在A市的家中待业，无事可做。起先的一段时间，小徐还充满期待地等着复工，但日子长了，小徐的父母不能接受自己的孩子一直在家无所事事，于是托亲戚给小徐在老家找了一份厂里的工作，让小徐必须回老家上班。就这样，小徐离开生活多年的城市，放弃自己热爱的工作，回到老家。

【讨论】

请同学们认真阅读案例，进行分组讨论，想一想小徐的遭遇反映出旅行社行业的什么特点？小徐只能放弃原有的工作回老家打工吗？他还有什么其他职业选择？

【案例评析】

小徐的遭遇反映出旅行社行业脆弱性的特点。由于疫情影响，小徐所在的旅游业受到重创，小徐也在家待业了。但小徐放弃自己的专业和热爱的工作回老家打工，并不是必须的选择。疫情后旅游业逐步复苏，省内游、周边游火爆，人们出游热情高涨，旅游需求上升。小徐能做领队，他肯定有导游执业资格，所以小徐在疫情后可以做地接导游工作。另外，多年的旅游工作经验积累，也能帮助小徐找到旅游咨询、旅游策划等相关工作。

一、任务描述

教师引导学生通过企业调研、资料搜集、分析整理、案例讨论的方式，全面认识旅行社的行业特点，掌握旅游行政管理部门对旅行社的法制化管理以及行业组织对旅行社的自律管理，为今后合法就业、依法执业打好基础。

二、任务学习目标

1. 熟悉旅行社的行业特点
2. 掌握旅游主管部门对旅行社的法制化管理
3. 了解行业组织对旅行社的自律管理

三、完成任务需要的新知识

（一）旅行社行业特点

1. 智力密集性

旅行社业属于智力密集型行业。旅行社的主营业务是向旅游者提供旅游服务，不论是旅游咨询服务、旅游策划服务、还是导游讲解服务，都需要工作人员具备专业的知识和较高的文化素养。因此，不论是旅行社的管理人员、销售人员、导游人员，还是产品设计和旅游服务采购人员，都需要接受过系统专业的教育，具备一定的旅游专业知识和职业素养。由此可见，旅行社行业具有明显的智力密集性特点。

2. 季节性

旅行社行业的季节性，表现在旅行社经营活动具有明显的淡季和旺季。旅行社行业的季节性是由旅游市场需求的季节性决定的。一方面，旅游活动受自然气候条件影响较大，目的地气候温和适宜旅游的季节，能吸引游客前来观光度假；严寒、酷暑等不利于旅游的季节，客人则望而却步，旅游目的地无人问津。另一方面，受客源地休假制度影响，节假日游客出行需求上涨，成为旅游旺季，工作日旅游需求下降，成为旅游淡季。旅游需求的季节性使旅行社经营活动表现出较为明显的季节性。

3. 经营依赖性

旅行社向旅游者提供的服务其核心是一种中介服务。旅行社为旅游者安排的餐饮、住宿、出行、游览等活动，依赖于餐厅、酒店、交通部门、旅游景区等供应单位，任何一个环节出现问题，都会引起游客的不满。因此说，旅行社行业具有经营的依赖性。

4. 脆弱性

旅行社行业的脆弱性，表现在旅行社经营受多种因素影响。一方面，从旅游业内部环境看，旅行社的产品生产和销售受旅游供应单位影响较大，供应单位对旅行社的供给发生变化，会影响旅行社产品的成本和销售价格，进而影响旅行社的经营成效和企业信誉。另一方面，从旅行社经营的外部环境看，无论是在经济环境和社会环境方面，还是在自然环境和政治环境方面，一旦出现情况重大的不利变化，都将会影响旅行社的经营和发展。

思考讨论

1. 举例说明，供应单位如何影响旅行社产品的成本和销售价格？如何影响旅行社的经营成效和企业信誉？

____

____

____

____

____

2. 举例说明，经济环境、政治环境、自然环境如何影响旅行社的经营和发展？

____

____

____

____

____

（二）旅行社的行业管理

旅行社行业管理是指旅行社的生产经营活动要按照市场规律和法律制定的经营规范进行，要接受旅游行政管理部门的法制化管理和行业组织的自律管理。

1. 旅游主管部门的法制化管理

旅行社经营管理的主要法律依据是 2013 年全国人大常委会公布实施的《中华人民共和国旅游法》（以下简称《旅游法》），2009 年国务院公布实施的《旅行社条例》，2009 年国务院旅游主管部门公布实施的《旅行社条例实施细则》。旅游行政管理部门对旅行社的法制化管理主要体现在以下几个方面：

（1）依法设立

我国对旅行社实行许可准入制度，申请设立旅行社必须经过旅游主管部门审批，取得业务经营许可证。《旅游法》规定，设立旅行社应当具备法律规定的条件，取得旅游主管部门许可。未取得旅行社业务经营许可证的，不得从事旅行社业务经营活动。旅行社不得出租、出借旅行社业务经营许可证，或者以其他形式非法转让业务经营许可证。

（2）依法经营

《旅游法》《旅行社条例》《旅行社条例实施细则》对旅行社的经营规范做了详细规定：

①旅行社要按照核定的业务范围开展经营活动，严禁超范围经营。

思考讨论

请根据所学的旅游法规知识，说一说旅行社的哪些经营活动属于超范围经营？

②安排的旅游活动不得含有违反法律或违反社会公德的内容。

思考讨论

请举例说明旅行社安排哪些项目属于违反法律？哪些旅游活动属于违反社会公德？

③旅行社应当向合格的供应商订购产品和服务。

旅行社在与餐饮、住宿、交通运输、景区景点、娱乐场所等部门，以及同业旅行社进行合作为旅游者提供服务时，要选择合法经营、有资质的供应商，并进行考察，保证供应商提供的产品和服务质量。

④旅行社向旅游者提供的旅游服务信息必须真实可靠，不得虚假宣传，误导旅游者。

⑤旅行社不得以不合理的低价组织旅游活动，诱骗旅游者，并通过安排购物或者另行付费旅游项目获取回扣等不正当利益。

⑥旅行社组织团队出境旅游或者组织、接待团队入境旅游，应当按照规定安排持有效证件的导游、领队全程陪同。

（3）依法规范内部管理

《旅游法》和《旅行社条例》对旅行社的内部管理作了规定：

①维护导游、领队的合法权益。

旅行社应当与其聘用的导游、领队依法订立劳动合同；应当向其支付不低于当地最低工资标准的劳动报酬，要及时足额支付；应当为其缴纳社会保险费用；旅行社临时聘用导游为旅游者提供服务的，应当向导游全额支付在包价旅游合同中载明的导游服务费用；旅行社安排导游、领队为团队旅游提供服务的，不得要求导游、领队垫付或者向导游收取任何费用。

②妥善保存旅游者信息。

旅行社应当妥善保存招徕、组织、接待旅游者的各类合同和相关文件、资料，以备旅游主管部门检查，保存期限不得少于两年。旅行社不得向其他经营者或者个人泄露旅游者个人信息；超过保存期限的旅游者个人信息资料，应当妥善销毁。

2. 行业自律

旅行社的行业自律是法制化管理的必要补充，主要通过行业组织进行。旅行社行业组织又称旅行社行业协会，是自律性的社会团体。旅行社行业协会在加强行业自律、进行思想引领、健全规章制度、规范旅行社诚信经营、优化市场秩序、推动旅游产业持续健康发展等方面，均发挥着重要作用。

笔记

四、任务实施

实训项目	旅行社行业管理案例讨论
实训时间	
实训要求	1. 能够搜集整理有代表性的案例 2. 能够运用所学知识分析、解决案例中的问题
实训地点	多媒体教室
实训材料	多媒体、《中华人民共和国旅游法》《旅行社条例》的法条
实训内容与步骤	一、实训准备 1. 教师示范性展示、分析一则旅行社行业管理案例。 2. 学生分组，分别搜集整理旅行社行业管理相关案例，将案例内容、法律依据、分析点评、启发感悟等内容制作成 PPT。 二、实训开始 1. 小组选派代表展示案例内容。 2. 其他小组成员就案例内容发表观点、展开讨论。 3. 小组代表对案例进行分析、揭示结论，并总结获得的启发和感悟。 三、实训考核、点评 教师就课前案例搜集、PPT 完成情况、课中案例展示分析情况、团队合作等方面进行示范性点评，然后小组间互评，师生共同总结任务要点，纠正任务实施过程中存在的问题，提出改进性建议。

五、任务评价

旅行社行业管理考核评价表

考核项目	具体内容或要求	扣分项	得分
案例搜集到位	1. 案例对相关知识的印证性强 2. 案例搜集渠道有信服力	总分 20 分， 缺一项扣 10 分	
案例展示分析准确	1. 有时间、地点、人物 2. 有相关法律规定的阐述 3. 有权威部门的意见 4. 有自身观点的阐述 5. 有获得的启发与感悟的阐述	总分 50 分， 缺一项扣 10 分	
现场控制力强	1. 能就案例中的关键点向同学们发出提问 2. 能组织同学们展开讨论并保证良好的秩序 3. 能自然地从讨论内容里导出正确的结论	总分 30 分， 缺一项扣 10 分	
合计			

六、任务巩固

查阅旅行社行业协会相关资料，谈一谈旅行社行业协会履行哪些职能？

自我分析与总结

项目总结

全面认识旅行社，为旅行社就业奠定基础

改革开放以来，我国的旅游业持续快速健康发展，已经成为国民经济的重要增长点。旅行社是旅游产业链条的核心产业部门，具有强大的产业关联作用和显著的市场导向作用。因此，学习旅游类专业的学生必须认识旅行社，全面掌握旅行社的性质、特点、类型、业务范围，尤其是法制管理内容，为成长为一名专业知识丰富、职业技能扎实、明理守法的旅行社从业人员打好基础。

项目练习

1. 旅行社可以分为哪些类型？不同类型旅行社的经营范围是什么？
2. 旅行社有什么性质？如何理解？
3. 旅行社有哪些行业特点？
4. 旅游主管部门对旅行社的法制化管理体现在哪些方面？

项目二 | 旅行社设立与变更

项目导读

旅行社设立是旅行社各项业务开展的前提，设立旅行社需要具备法定的条件，严格按照法定程序进行。旅行社经营过程中如果出现名称、经营场所、法定代表人、业务范围等登记事项变化，需要向主管部门办理变更登记、备案。

涉及岗位介绍

旅行社总经理：旅行社的总经理一般是旅行社的创办者，往往担任旅行社的法定代表人，代表旅行社从事民事活动。总经理是旅行社的最高管理者，主持旅行社的各项工作，掌控旅行社的战略格局和业态规划；组织实施旅行社关于经营管理的各项决定，构建全面的营销管理体系，不断扩大产品市场占有率、品牌知名度；负责旅行社的日常运营，监测经营指标及各项管理工作的开展；负责制定和完善各部门的工作制度，建立工作流程，完善各部门内部管理；负责人员配置、团队建设工作，定期组织培训，提高整体服务水平。旅行社总经理要有相关行业工作经验，熟悉国内旅游行业发展趋势，了解国家旅游政策、法规，有良好的沟通能力和协调能力，责任感强，工作认真细致，抗压性好。一名出色的总经理会带领旅行社在行业中走得更宽、更远。

项目学习目标

知识目标	1. 熟悉旅行社的设立条件 2. 掌握旅行社的设立程序 3. 熟悉旅行社变更的事项 4. 掌握旅行社变更的程序和所需要的材料
能力目标	1. 具备良好的语言文字表达能力，能起草企业相关文件 2. 具备与相关主管部门工作人员有效沟通的能力
素质目标	1. 培养学生的规则与法治意识 2. 培养学生复杂环境下的行动力
思政目标	1. 培养学生吃苦耐劳、不怕挫折的精神 2. 培养学生开拓进取的精神 3. 培育学生的创业意识及创新创业能力

项目实施

本项目从“旅行社设立实务”“旅行社变更”两个任务着手，通过情景模拟、课堂讨论等方式帮助学生掌握知识、提升技能，同时对学生进行专业引导，加深行业认知，为今后的就业奠定基础。

任务一　旅行社设立实务

案例导入

小谢大学毕业后在一家本地很有影响力的旅行社工作了八年，从基层的销售员、计调员做起，逐步晋升为业务主管、市场部经理。多年的从业经历使小谢对旅游市场动态、合作旅行社及客户情况有着全面的认识，具备了很强的综合分析能力、组织协调能力和人际交往能力。多年的经验积累和人脉拓展为小谢自己创业奠定了基础，小谢决定自己创办一家旅行社。

【讨论】

请同学们根据自己现有的知识和经验，说一说小谢要开办旅行社需要做哪些准备工作？需要到哪些主管部门办理审批手续？

【案例评析】

小谢创办旅行社要进行资金、场所、设施设备的准备工作，还要招聘一些工作人员。申请设立旅行社，要到市场监督管理部门、旅游管理部门以及税务登记部门办理审批手续。

一、任务描述

设立旅行社，首先要明确旅行社的设立条件，根据设立条件进行前期准备工作，如资金筹措、准备场所、设备购买、企业命名、人员招聘等。前期准备工作到位后进入申请审批阶段，旅行社进行注册登记、申办经营许可、缴纳质量保证金、进行税务登记等，获得许可后就可以正式开业了。

二、任务学习目标

1. 熟悉旅行社设立条件
2. 掌握旅行社设立实务

三、完成任务需要的新知识

（一）旅行社的设立条件

根据《中华人民共和国旅游法》、《旅行社条例》和《旅行社条例实施细则》的规定，旅行社设立需要具备下列条件：

1. 有固定的经营场所

旅行社经营场所要符合下列要求：

（1）申请者拥有产权的营业用房，或者申请者租用的、租期不少于1年的营业用房；

（2）营业用房应当满足申请者业务经营的需要。

2. 有必要的营业设施

旅行社的营业设施应当至少包括下列设施、设备：

（1）2 部以上直线固定电话；

（2）传真机、复印机；

（3）具备与旅游行政管理部门及其他旅游经营者联网条件的计算机。

3. 有符合规定的注册资本

申请经营国内旅游业务和入境旅游业务的旅行社，应当取得企业法人资格，并且注册资本不少于 30 万元。

4. 有必要的经营管理人员和导游

5. 法律、行政法规规定的其他条件

（二）旅行社的设立实务

1. 前期准备阶段

旅行社设立要根据法律规定的设立条件进行准备，条件具备、各项资料准备齐全，才能向主管部门提出设立申请。设立旅行社在前期准备阶段要做下列工作：

（1）资金准备

旅行社设立前的准备工作，放在首位的就是进行资金筹措。因为不论租店面、买设备，还是做广告、招聘员工都需要资金。此外，法律对旅行社设立也有注册资本的要求。旅行社的资金可以是创办者的自有资金，可以是出资人合股集资，也可以通过银行贷款筹措资金。

（2）场所准备

法律规定设立旅行社要有固定的营业场所，而且要满足经营需要。因此，旅行社的选址很重要。营业场所选址时可以从市场定位、自身条件、地理位置、城市规划、竞争情况等方面考虑。

思考 讨论

旅行社选择经营场所时，该选择在同行聚集的地方，还是无竞争的区域？为什么？

____

____

____

（3）设施准备

设立旅行社要根据业务需要配备相应的设施、设备。旅行社的核心业务是招徕、组织、接待旅游者，为此要进行宣传、咨询、联络等工作，与之配套的设备应该包括固定电话、联网的计算机、传真机、复印机等。进行设备采购时，旅行社创办者要注意留存发票等凭证，以备向主管部门申请经营许可时使用。

（4）企业命名

旅行社设立前要进行企业命名，便于向主管部门申请许可时进行名称核准，同时也是对外宣传、招聘员工之所需。企业命名时要考虑市场营销、语言习惯和法律许可三个因素。

为了便于旅行社企业形象识别，旅行社还可以设计自己的企业标志。旅行社标志的设计应该做到辨识度高、方便宣传推广、含义容易为公众理解。

（5）人员招聘

旅行社是智力密集型企业，设立时应有一支知识结构合理、专业素质过硬的员工队伍。旅行社业务的开展需要经理人员、财会人员、计调人员、导游人员等专业人员。旅行社人员招聘可以通过人才市场、网络、报纸等渠道进行，也可以与旅游院校进行校企合作招聘和人才培养。

2. 申请审批阶段

旅行社前期一系列准备工作就绪，就可以向主管部门进行设立申请，申请审批需经过以下程序：

（1）企业名称核准

旅行社创办者首先要在市场监督管理部门网站进行网上申报，填写企业名称、住所、出资人身份、出资比例、经营范围等信息。

市场监督管理部门将对申请人填写的企业名称进行审查，符合法定条件的将发放《企业名称预先核准通知书》。预先核准的企业名称保留期为6个月，旅行社在6个月之内应完成企业设立登记的所有程序。

（2）办理注册登记

申请人到市场监督管理部门办理设立登记手续，经登记部门核准登记，领取企业法人营业执照。申领营业执照时需携带下列文件：

①公司法定代表人签署的公司设立登记申请书；

②全体股东签署的公司章程；

③全体股东指定代表或者共同委托代理人的证明；

④股东资格证件（自然人股东为身份证复印件、法人股东为营业执照）；

⑤担任公司主要管理者的身份证复印件（主要管理者一般包括董事、监事、经理等）；

⑥公司法定代表人任职文件和身份证明；

⑦企业名称预先核准通知书；

⑧公司住所证明（租期一年以上的房屋租赁合同及出租人的房产证复印件）；

⑨国家市场监督管理总局规定要求提交的其他文件。

（3）申请营业许可

申请设立旅行社，经营国内旅游业务和入境旅游业务的，应当向所在地省、自治区、直辖市旅游行政管理部门或者其委托的设区的市级旅游行政管理部门提出申请；

申请经营出境旅游业务的，应当向国务院旅游行政主管部门或者其委托的省、自治区、直辖市旅游行政管理部门提出申请；

旅行社申请出境旅游业务的，应当向国务院旅游行政主管部门提交原许可的旅游行政管理部门出具的，证明其经营旅行社业务满两年，且连续两年未因侵害旅游者合法权益受到行政机关罚款以上处罚的文件。

受理申请部门20个工作日内做出是否许可的决定，符合条件的向申请人颁发《旅行社业务经营许可证》；不予许可的，书面通知申请人并说明理由。

申请设立旅行社，经营国内旅游业务和入境旅游业务的，应当向省、自治区、直辖市旅游行政管理部门提交下列文件：

①设立申请书，内容包括申请设立的旅行社的中英文名称及英文缩写，

设立地址，企业形式、出资人、出资额和出资方式，申请人、受理申请部门的全称、申请书名称和申请的时间；

②法定代表人履历表（表 1-1）及身份证明；

表 1-1　法定代表人履历表（样表）

<table>
<tr><td>姓名</td><td></td><td>性别</td><td></td><td>出生年月</td><td></td><td rowspan="4">贴照片</td></tr>
<tr><td>民族</td><td></td><td>文化程度</td><td></td><td>专业</td><td></td></tr>
<tr><td>参加工作时间</td><td colspan="5"></td></tr>
<tr><td>从事的主要工作</td><td colspan="5"></td></tr>
<tr><td>职称</td><td></td><td>证书名称
及号码</td><td colspan="4"></td></tr>
<tr><td>身份证号码</td><td colspan="4"></td><td>联系电话</td><td></td></tr>
<tr><td rowspan="10">从事旅游及相关工作经历</td><td>起止年月</td><td colspan="4">工作单位</td><td>职务</td></tr>
<tr><td></td><td colspan="4"></td><td></td></tr>
<tr><td></td><td colspan="4"></td><td></td></tr>
<tr><td></td><td colspan="4"></td><td></td></tr>
<tr><td></td><td colspan="4"></td><td></td></tr>
<tr><td></td><td colspan="4"></td><td></td></tr>
<tr><td></td><td colspan="4"></td><td></td></tr>
<tr><td></td><td colspan="4"></td><td></td></tr>
<tr><td></td><td colspan="4"></td><td></td></tr>
<tr><td></td><td colspan="4"></td><td></td></tr>
</table>

③企业章程；

④经营场所证明；

⑤营业设施、设备的证明或者说明；

⑥市场监督管理部门出具的《企业法人营业执照》。

（4）开设质量保证金账户

这里的质量保证金全称是旅游服务质量保证金，是由旅行社在指定银行缴存或由银行担保提供的一定数额，用于旅游服务质量赔偿支付和团队旅游者人身安全遇有危险时，紧急救助费用垫付的资金。

旅行社创办人在取得《旅行社业务经营许可证》的3个工作日内，在指定银行开设质量保证金账户，存入质量保证金，或者提交相应的银行担保。旅行社经营国内游、入境游，需要在指定银行存入20万元质量保证金，经营出境游需要增存120万元质量保证金。

（5）办理税务登记

旅行社领取营业执照后的30日之内，应向当地税务部门办理开业税务登记。

笔记

四、任务实施

实训项目	旅行社设立实务
实训时间	
实训要求	1. 掌握旅行社设立条件 2. 掌握旅行社申办审批程序
实训地点	多媒体教室
实训材料	多媒体

续表

实训项目	旅行社设立实务
实训内容与步骤	一、实训准备 学生分组，各小组写出模拟旅行社开业说明的内容，并制作成 PPT。 二、实训开始 1. 小组派代表展示 PPT，进行开业说明。 2. 小组代表与师生进行现场互动，营销自己的旅行社。 三、实训考核、点评 教师就课前资料搜集、PPT 的完成情况，课中开业说明展示情况、团队合作等方面进行示范性点评，然后小组间互评，师生共同总结任务要点，纠正任务实施过程中存在的问题，提出改进性建议。

五、任务评价

旅行社设立实务会考核评价表

考核项目	具体内容或要求	扣分项	得分
旅行社开业准备充分	1. 资金到位 2. 地址选择合理 3. 设备齐全 4. 有社名、社徽设计 5. 人员配置合理	总分 50 分， 缺一项扣 10 分	
旅行社经营管理和市场营销体现明显	1. 有经营理念 2. 有宣传口号 3. 有主打产品 4. 有联系人、联系电话、网址等	总分 20 分， 缺一项扣 5 分	
现场控制力强	1. 能从企业营销的角度与师生互动 2. 能组织学生参与互动并维持良好的秩序	总分 20 分， 缺一项扣 10 分	
PPT 制作精良	1.PPT 色彩鲜明、文字清晰、图文结合、观赏性强 2. 有音乐、视频等辅助手段提升技术含量	总分 10 分， 缺一项扣 5 分	
合计			

六、任务巩固

编写一份旅行社申请业务经营许可证的提交资料。

自我分析与总结

任务二　旅行社变更

案例导入

小李开了一家旅行社，位置选在临街的一个铺面，这里交通方便，人流如织，旅行社的生意不错。但是最近小李接到通知，旅行社所在的街道要修地铁，临街的铺面都属于地铁规划范围而面临拆迁，商户限期搬离。小李只好另行选址，将旅行社搬迁。

【讨论】

请同学们认真阅读案例，进行分组讨论，小李的旅行社搬迁需要向哪些主管部门申报？需办理什么手续？

【案例评析】

小李的旅行社搬迁属于登记事项中的经营场所变更，在小李搬迁到新的经营场所之前，应当向市场监督管理部门办理变更登记，然后向旅游行政管理部门办理备案。

一、任务描述

旅行社的企业名称、经营场所、法定代表人、经营范围等事项发生了变更，要到市场监督管理部门办理变更登记。完成变更登记后，在规定的时限内准备相关资料，到原许可的旅游行政管理部门办理备案。

二、任务学习目标

1. 熟悉旅行社变更的事项
2. 掌握旅行社的变更程序

三、完成任务需要的新知识

（一）旅行社变更的含义及变更事项

旅行社变更是指旅行社成立后，企业组织形式、企业登记事项的变化。

旅行社变更的事项主要有变更企业名称、变更经营场所、变更法定代表人、变更经营范围等。

（二）旅行社的变更程序

旅行社变更应当先到所在地的市场监督管理部门办理相应的变更登记，再到所在地的旅游行政管理部门办理备案。变更的事项不同，准备的材料也不相同。

1. 旅行社变更企业名称

（1）变更名称核准

旅行社首先到市场监督管理部门网站申报变更的企业名称，经核准通过的，获得新企业名称变更核准通知书。

（2）变更登记

旅行社变更的企业名称经过核准，到原许可的市场监督管理部门办理变更登记，需携带下列资料：

①新企业名称变更核准通知书；

②营业执照正副本原件；

③旅行社公章；

④法定代表人身份证；

⑤原企业章程；

市场监督管理部门审查资料，对符合要求的进行变更登记，颁发变更后的企业法人营业执照。

（3）备案登记

旅行社在完成变更登记后的10个工作日内，填写《旅行社变更事项备案登记表》（表1–2），连同相关材料向所在地市级旅游主管部门备案。

表1–2　旅行社变更事项备案登记表（样表）

旅行社名称		经营许可证编号	
变更登记事项	项目	变更前	变更后
	许可经营业务		
	经营场所		
	企业名称（中文）		
	企业名称（英文）		
	企业形式		
	出资人（股东）		

续表

<table>
<tr><th>旅行社名称</th><th></th><th>经营许可证编号</th><th></th></tr>
<tr><td rowspan="4">变更登记事项</td><td>法定代表人
及手机号码</td><td></td><td></td></tr>
<tr><td>总经理及手机号码</td><td></td><td></td></tr>
<tr><td>旅行社联系
电话及传真</td><td></td><td></td></tr>
<tr><td>保证金数额
（万元）</td><td></td><td></td></tr>
<tr><td>地市旅游行政管理部门审核意见</td><td>□经审核，同意变更
□转报省文旅厅备案
文旅局（章）
年　月　日</td><td>所在省文旅厅办理情况</td><td>□经审核，同意变更
□转报国家文旅部备案
文旅局（章）
年　月　日</td></tr>
<tr><td>公告时间及编号</td><td colspan="3">（此项由颁证机关填写）</td></tr>
</table>

备案需提交下列材料：

①《旅行社变更事项备案登记表》；

②变更后的企业法人营业执照及复印件；

③新的企业章程或章程修正案；

④原《旅行社业务经营许可证》正副本原件及复印件。

（4）换发许可证

地市旅游行政管理部门审核提交材料，符合要求的进行变更备案，换发《旅行社业务经营许可证》。

2. 旅行社变更经营场所

（1）变更登记

旅行社变更经营场所的，应当在迁入新住所前申请变更登记，并提交新住所使用证明。

旅行社首先要登录市场监督管理部门网站，填写经营场所变更信息，等待审核。审核通过后，预约提交材料时间。

按照预约的时间，旅行社到原许可的市场监督管理部门办理变更登记，需提交下列材料：

①营业执照正副本原件；

②新的经营场所证明及租房协议；

③旅行社法定代表人签署的《公司变更登记申请书》（加盖企业公章）；

④加盖企业公章的《指定代表或者共同委托代理人的证明》以及指定代表或委托代理人的身份证复印件加上本人签字，要具体写明委托事项、被委托人权限以及委托期限；

⑤关于修改企业章程的决议、决定；

⑥修改后的企业章程或者企业章程修正案（旅行社法定代表人签署）。

市场监督管理部门审查资料，符合要求的进行变更登记，颁发变更后的企业法人营业执照。

（2）备案登记

旅行社在完成变更登记后的10个工作日内，填写《旅行社变更事项备案登记表》，连同相关材料向所在地市级旅游行政管理部门备案。

备案需提交下列材料：

①《旅行社变更事项备案登记表》；

②变更后的企业法人营业执照及复印件；

③新的企业章程或章程修正案；

④原《旅行社业务经营许可证》正副本原件及复印件；

（3）换发许可证

地市旅游行政管理部门审核提交材料，符合要求的进行变更备案，换发《旅行社业务经营许可证》。

3. 旅行社变更法定代表人

企业变更法定代表人的，应当自变更决议或者决定作出之日起30日内，申请变更登记。

（1）变更登记

旅行社变更法定代表人，首先要到市场监督管理部门领取《公司变更登记申请表》，预约变更登记时间。

旅行社按照预约时间到原许可的市场监督管理部门办理变更登记，需提交下列材料：

①《企业法人变更登记申请书》，需要法定代表人签字并加盖企业

公章；

②加盖企业公章的《指定代表或者共同委托代理人的证明》以及指定代表或委托代理人的身份证复印件加上本人签字，要具体写明委托事项、被委托人权限以及委托期限；

③法定代表人本人签字、企业加盖公章的《公司法定代表人登记表》（表 1-3）；

表 1-3　公司法定代表人登记表（样表）

<table>
<tr><td>姓　　名</td><td colspan="3"></td><td rowspan="4">照片</td></tr>
<tr><td>性　　别</td><td colspan="3"></td></tr>
<tr><td>出生日期</td><td></td><td>文化程度</td><td></td></tr>
<tr><td>住　　址</td><td colspan="3"></td></tr>
<tr><td>联系电话</td><td colspan="4"></td></tr>
<tr><td>人事关系
所在单位</td><td></td><td>职称</td><td colspan="2"></td></tr>
<tr><td>委派单位</td><td></td><td>是否在党政
机关任职</td><td colspan="2"></td></tr>
<tr><td>工
作
简
历</td><td colspan="4"></td></tr>
<tr><td>法定代表人
签字</td><td colspan="2">年　月　日</td><td colspan="2" rowspan="2">身
份
证
复
印
件
张
贴
处</td></tr>
<tr><td>人事关系所在
单位审查意见</td><td colspan="2">（盖章）
年　月　日</td></tr>
</table>

④出资人根据企业章程的规定和程序出具的原任法定代表人的免职证明、新任法定代表人的任职证明，任职证明应依照企业章程的规定明确任命职务；

⑤营业执照正副本原件；

市场监督管理部门审查资料，符合要求的进行变更登记，颁发变更后的企业法人营业执照。

（2）备案登记

旅行社在完成变更登记后的10个工作日内，填写《旅行社变更事项备案登记表》，连同相关材料向所在地市级旅游行政管理部门备案。

备案需提交下列材料：

①《旅行社变更事项备案登记表》；

② 变更后的企业法人营业执照及复印件；

③ 新的法定代表人履历表及身份证明；

④原《旅行社业务经营许可证》正副本原件及复印件；

（3）换发许可证

地市旅游行政管理部门审核提交材料，符合要求的进行变更备案，换发《旅行社业务经营许可证》。

4. 旅行社变更经营范围

旅行社变更经营范围的，应当自变更决议或者决定作出之日起30日内，申请变更登记。

旅行社变更经营范围，主要指在原有的入境、国内旅游业务的基础上增加出境旅游业务。

（1）变更登记

首先进入市场监督管理部门网站，填写变更的经营范围，接着提交申请，等待审核。待市场监督管理部门审核通过后，下载电子版材料并打印出来，法定代表人签字，盖旅行社公章，然后预约提交纸质材料的时间。

按照预约时间到原许可的市场监督管理部门办理变更登记，需提交下列材料：

①营业执照正副本原件；

②下载打印的经营范围变更材料；

③旅行社公章；

④原企业章程。

市场监督管理部门审查资料，符合要求的进行变更登记，颁发变更后的企业法人营业执照。

（2）申请出境游许可

申请经营出境旅游业务的旅行社，应当向国务院旅游行政管理部门或者其委托的省、自治区、直辖市旅游行政管理部门提出申请。

申请出境旅游业务需提交下列材料：

①经营出境旅游业务申请书。内容包括原旅行社经营范围，旅行社中英文名称及缩写，企业形式、出资人、出资额和出资方式；旅行社经营业绩、服务质量、遵纪守法等情况；

②许可的地市旅游行政管理部门出具的，证明其经营国内旅游和入境旅游业务满两年，且连续两年未因侵害旅游者合法权益受到行政机关罚款以上处罚的文件；

③原《旅行社业务经营许可证》正副本原件及复印件；

④变更后的营业执照副本原件及复印件，市场监督管理部门出具的变更经营范围的证明；

⑤企业章程或章程修正案；

⑥指定银行增存120万元质量保证金的证明文件或依法取得银行担保的证明文件。

（3）颁发许可证

受理申请部门20个工作日内做出是否许可的决定，符合条件的向申请人颁发《旅行社业务经营许可证》；不予许可的，书面通知申请人并说明理由。

思考讨论

经营旅行社业务满两年，且连续两年未因侵害旅游者合法权益受到行政机关罚款处罚的所有旅行社都可以直接经营出境旅游业务吗？为什么？

____

____

____

____

____

笔记

四、任务实施

实训项目	旅行社变更
实训时间	
实训要求	1. 熟悉旅行社变更事项的备案材料内容 2. 能够撰写备案材料
实训地点	多媒体教室
实训材料	多媒体、《中华人民共和国旅游法》《旅行社条例》的法条
实训内容与步骤	一、实训准备 1. 教师讲解旅行社变更备案流程。 2. 教师展示旅行社备案材料样表、样章。 二、实训开始 1. 学生分组，当场完成旅行社变更名称、经营场所、法定代表人的流程描述、资料列举和撰写。 2. 小组派代表展示撰写好的资料。 三、实训考核、点评 教师就各小组资料列举和撰写展示情况、团队合作等方面进行示范性点评，然后小组间互评，师生共同总结任务要点，纠正任务实施过程中存在的问题，提出改进性建议。

五、任务评价

旅行社变更考核评价表

考核项目	具体内容或要求	扣分项	得分
按时完成任务	在教师规定的时间内完成旅行社变更资料的列举、撰写	总分 20 分	
变更流程完整	1. 体现了市场监督管理部门变更登记的过程 2. 体现了旅游行政管理部门备案的过程	总分 40 分， 缺一项扣 20 分	
资料完整 撰写规范	1. 所需资料列举完整 2. 撰写的变更备案材料规范	总分 40 分， 缺一项扣 20 分	
合计			

六、任务巩固

设计一份旅行社在媒体上发布的企业经营场所变更声明。

自我分析与总结

项目总结

依法设立，拉开旅行社法制化管理的序幕

旅行社的设立是旅行社开展经营管理的开端，创办一家旅行社需要具备法律规定的条件，还要严格履行法律规定的程序。只有合法设立的旅行社才能在旅游行业顺利地开展业务，同行和旅游要素供应商才能放心地与之合作。旅行社在经营过程中遇到登记事项变更的情况，也要按照法律规定，办理变更登记和备案手续。依法设立旅行社、依法变更、依法经营、法制化管理，这样的旅行社才能经得住市场考验，经得起游客信任。

项目练习

1. 设立一家旅行社需要具备哪些条件？
2. 设立一家旅行社需要履行哪些审批程序？
3. 旅行社变更企业名称需要履行哪些程序？
4. 旅行社变更经营场所备案登记时需要提交哪些材料？
5. 旅行社申请出境旅游许可需要具备什么条件？

项目三 | 旅行社门店设立

项目导读

旅行社为了拓展业务，占领更多的市场份额，同时也为了宣传营销、树立品牌形象，会选择设立门店。旅行社的门店设立需要符合法律规定的条件，履行法定审批程序。同时，旅行社也要对门店实行严格的管理。

涉及岗位介绍

渠道专员：旅行社渠道专员主要完成旅行社门店拓展，对旅行社门店在内的分销商进行产品销售和过程中问题的跟进，提高销售效率；积极主动开拓本地旅行社业务渠道及各种门票渠道；负责收集市场动态，及时根据市场动态调整产品策略以及销售策略；负责同业新客户的开发和拓展，达成销售目标；负责老客户的维护，制订深度合作方案及计划，保持友好合作关系。旅行社的渠道专员要有较强的沟通能力和协调组织能力，责任心强，吃苦耐劳；工作积极主动，自我驱动力强，有全盘运营的计划和执行力；同时应熟练掌握旅行社的经营战略、产品体系、价格构成、企业文化、营销策略、旅游政策法规等相关知识和技能。

项目学习目标

知识目标	1. 掌握门店的设立条件和程序 2. 熟悉门店的经营范围 3. 掌握旅行社对门店监督管理的内容
能力目标	1. 具备根据法律条件和程序进行门店申办的能力 2. 具备依据法律规范对门店进行监督管理的能力

素质目标	1. 培养学生规则与法治意识 2. 培养学生工作中敏锐的鉴别力和良好的执行力
思政目标	1. 培养学生创新创业的意识 2. 培养学生诚实守信的精神

项目实施

本项目从“门店资质考察”“门店监督管理”两个任务着手，通过情景模拟、角色扮演、课堂讨论等方式帮助学生全面认识旅行社门店，掌握门店设立和监督管理的相关知识与技能，同时对学生进行专业引导，培养学生创新、创业意识。

任务一　门店资质考察

案例导入

小武是一名旅游管理专业大学生，在一家旅行社门店做实习店员。其间，小武学习积极、工作努力，待客热情、服务周到。通过一年的学习和实践，小武掌握了门店对客服务的要领，熟悉了丰富多样的旅游线路产品。毕业后，小武想开一家旅行社的门店，自己管理，实现自主创业。了解小武的想法后，家人也很支持，愿意出钱、出力帮小武把门店开起来。

【讨论】

请同学们认真阅读案例，进行分组讨论，想一想小武要做哪些准备，具备什么条件才能开门店？

【案例评析】

案例中，小武想开一家旅行社门店，要选择合适的开店地址，租用足以满足营业需要的店面，购买相应的设施设备，通过旅行社的审核才能开门店。

一、任务描述

开设门店是旅行社快速发展的重要形式，方便旅行社招徕、宣传，也能完善旅行社营销网络。门店的开设要严格按照法律规定的设立条件和程序进行。首先选出合适的开店地址，再到市场监督管理部门办理注册登记，领取营业执照；其次，到旅游行政管理部门办理备案登记，领取备案登记证，最后办理税务登记。申办程序完成后，门店还要按照旅行社的要求进行装修布置。在门店设立、装修的过程中，旅行社都会进行资质考察和监督指导。

二、任务学习目标

1. 了解旅行社门店的概念及作用
2. 熟悉旅行社门店的经营范围
3. 掌握旅行社门店的设立条件和程序
4. 掌握旅行社门店的装修和布置

三、完成任务需要的新知识

（一）旅行社门店的概念

旅行社的门店也叫服务网点，根据《旅行社条例实施细则》第 21 条的规定，是指旅行社设立的，为旅行社招徕旅游者，并以旅行社的名义与旅游者签订旅游合同的门市部等机构。

（二）旅行社门店的作用

1. 旅行社形象展示的窗口

旅游者接触、认识旅行社的第一站就是旅行社门店，咨询旅游信息、了解旅游产品、报名出游，往往都是在门店进行。门店的店面装修、产品陈列，以及门店店员的仪容着装、服务水平、专业素养，都是旅行社形象的一种体现，都能影响游客对旅行社的印象和评价。所以说，门店是旅行社形象展示的窗口。

2. 旅行社产品销售的主阵地

现在旅行社的主要客源以散客为主，产品销售的主要对象也是散客，而散客旅游者主要由旅行社门店接待。旅行社门店幽雅的环境、服务人员热情专业的服务，都是赢得客人认可、产生购买欲望的促进因素，可以提高旅行社产品的销售量。旅行社门店优质的服务可以吸引新顾客，也可以留住老顾客，同时还降低了旅行社的营销成本。

3. 旅行社改进、创新产品的信息渠道

旅行社的门店接待着来自不同地方、不同年龄、不同职业以及兴趣爱好的客人。门店店员通过为客人提供咨询、产品销售、售后跟踪等服务，可以掌握很多市场信息，也可以了解客人对旅行社产品的评价和意见，为旅行社改进和创新产品提供了依据。

思考讨论

举例说明门店店员获得哪些市场信息可以为旅行社改进、创新产品提供依据？

____

____

____

____

____

（三）旅行社门店的经营范围

根据《旅行社条例实施细则》第 18 条的规定，旅行社服务网点不具有法人资格，以设立服务网点的旅行社的名义从事《旅行社条例》规定的经营活动，其经营活动的责任和后果，由设立社承担。

门店的经营范围包括旅行社产品和服务的招徕、咨询、宣传服务，具体包括在设立社的经营范围内从事以下活动：

1. 发布旅游广告，进行产品宣传；
2. 为旅游者提供咨询和产品推介服务；
3. 与旅游者签订旅游合同，收取服务费用；
4. 接受旅游者委托提供代订交通客票、代订酒店、代办签证等服务；

5. 为旅游者提供跟踪回访、投诉处理等售后服务。

（四）旅行社门店的设立

1. 旅行社门店设立条件

旅行社门店具备了法律规定的条件才可以设立，这也是渠道专员对门店资质考察的重点环节。门店设立需要具备以下三个条件：

（1）门店应当设立在方便旅游者认识和出入的公共场所；

（2）门店的营业面积和设施、设备，应当满足招徕、咨询服务的需要；

（3）门店的名称、标牌应当包括设立社名称、门店所在地地名等，不得含有使消费者误解为是旅行社或者分社的内容，也不得使用令消费者误解的简称。

2. 旅行社门店设立程序

（1）地址选择

门店的地址选择对旅行社扩大影响、产品销售、稳定客源等方面都有很大的影响，因此选址是旅行社开设门店进行资质考察的重点。门店选好地址，先向旅行社申报，渠道专员经过考察、研判，给予认可，门店的开设才能进行后续的流程。

门店选址时应考虑以下因素：

①客流情况

开设门店最直接的目的就是吸引客源，因此客流量的大小是旅行社门店开设的关键。旅行社门店一般会选在客流量大的区域，这些区域密集的客流可以视作旅行社的潜在顾客。门店设在这样的区域便于向其传递产品信息，也便于有意向的顾客就近咨询和购买旅行社产品。

②交通状况

门店周围的交通状况也是影响顾客流量的因素。门店周围乘坐公交、地铁等交通方式便利，有停车的位置等条件，会吸引更多客人来门店咨询、消费。

③城市规划发展因素

城市规划发展因素对门店的长远发展有一定影响。门店的用房不论是自有房产还是租用的场地，一旦作为开设门店的选址，都有持续使用的需求。因此选址前要对周围的城市建设规划做充分的调研，掌握交通、市政、街道、公共设施、住宅建设等信息，做出最佳的地址选择，同时也能避免受城市规划影响，而使已经选定的店址不能长久使用或不能带来良好的效益。

思考 讨论

举例说明哪些城市规划会使旅行社已经选定的店址不能长久使用或不能带来良好效益？

④竞争程度

门店选址时，可以根据本店销售产品的特色与同行竞争门店的差异程度，来决定是否远离同行。如果门店销售的产品特色与同行相近或者相同，选址时要考虑回避同行；如果门店销售的产品特色鲜明，甚至独树一帜，又或者与同行的产品形成互补，可以选择在有同行的区域开店。竞争有时也会带来市场机遇，游客一般会选择聚集多家旅行社门店的区域，这样便于比较和选择。

思考 讨论

旅行社对门店选址的资质考察中，对“竞争程度”这个因素会有什么要求？

⑤成本效益因素

客流集中、交通便利的城市中心区域能给旅行社带来很多客源，但往往寸土寸金，门店开设成本会很高。因此，门店选址要对开业后的利润进行预测，同时也要详细核算成本费用支出情况，对成本效益有了明确的预估，再作出店面选址的决定。

（2）注册登记

旅行社持《旅行社业务经营许可证》副本，到门店所在地的市场监督管理部门办理注册登记，领取营业执照。

（3）备案登记

门店在办理注册登记后 3 个工作日，持下列文件到同级旅游行政管理部门备案：

①《旅行社分支机构设立备案登记表》原件（表 1-4）；

表 1-4　旅行社分支机构设立备案登记表（样表）

设立社名称			
设立社许可证编号			
设立社联系电话			
设立项目：	□旅行社分社		□旅行社服务网点
分支机构名称			
分支机构经营场所			
分支机构经营范围			
分支机构负责人		手机	
保证金数额（万元）		缴存方式	□存储　□担保
联系电话及传真			
备案申请人意见	□法定代表人签字 □总经理签字 旅行社盖章： 年　月　日	县级旅游行政管理部门意见	□经审核同意设立 □已转报市文旅局 ××× 文旅局章 年　月　日

填表人：　　　　联系电话：

②设立社的《旅行社业务经营许可证》副本复印件；

③设立社的《营业执照》副本复印件；

④门店的《营业执照》副本复印件，并提供原件查验；

⑤门店负责人履历表（表 1-5）原件和身份证复印件；

表 1–5 服务网点负责人履历表（样表）

<table>
<tr><td>姓名</td><td></td><td>性别</td><td></td><td>出生年月</td><td></td><td rowspan="4">贴照片</td></tr>
<tr><td>民族</td><td></td><td>文化程度</td><td></td><td>专业</td><td></td></tr>
<tr><td>参加工作时间</td><td colspan="5"></td></tr>
<tr><td>从事的主要工作</td><td colspan="5"></td></tr>
<tr><td>职称</td><td></td><td>证书名称
及号码</td><td colspan="4"></td></tr>
<tr><td>身份证号码</td><td colspan="4"></td><td>联系
电话</td><td></td></tr>
<tr><td rowspan="10">从事旅游及相关工作经历</td><td>起止年月</td><td colspan="4">工作单位</td><td>职务</td></tr>
<tr><td></td><td colspan="4"></td><td></td></tr>
<tr><td></td><td colspan="4"></td><td></td></tr>
<tr><td></td><td colspan="4"></td><td></td></tr>
<tr><td></td><td colspan="4"></td><td></td></tr>
<tr><td></td><td colspan="4"></td><td></td></tr>
<tr><td></td><td colspan="4"></td><td></td></tr>
<tr><td></td><td colspan="4"></td><td></td></tr>
<tr><td></td><td colspan="4"></td><td></td></tr>
<tr><td></td><td colspan="4"></td><td></td></tr>
</table>

受理备案的旅游行政管理部门收到符合要求的备案材料进行备案登记，向旅行社颁发《旅行社服务网点备案登记证明》。

（4）税务登记

门店领取营业执照后的 30 日内，到所在地的税务部门进行税务登记。

（五）旅行社门店的装修和布置

门店的装修和布置体现了旅行社的形象，也影响着游客入店的体验感，因此是门店设立资质考察的重点。旅行社对门店的装修布置会有一些统一的要求，在装修过程中，渠道专员也会给予跟进和指导。

1. 门面装修

旅行社门店的门面装修是旅行社形象最直观的体现，对过往的潜在客源影响较大，宽阔敞亮的店门、色彩鲜明的招牌、琳琅满目的橱窗，能够吸引往来的客人驻足观看，入店咨询，乃至购买旅游产品。

（1）招牌设计

店头的招牌也叫门头牌，是旅行社的标志，也是装修设计的重点。旅行社对门头牌的颜色、字体、内容有统一要求，门头牌的规格样式要与设立社的风格保持一致。门头牌的内容由设立旅行社名称、服务网点所在地地名和“门市部”三部分组成。

为了吸引顾客，门店店外还可以悬挂或者摆放电子显示屏、广告灯箱、易拉宝等招牌，来展示旅行社形象、进行产品宣传。

（2）店门设计

旅行社的店门为方便客人出入，也为了展示旅行社形象，一般采用玻璃材质。店门设计应该面积大、质感好、能见度高，方便客人从门前经过时可以看到店内的陈设布局。

（3）橱窗设计

门店的橱窗展示也是影响旅行社形象的主要因素，好的橱窗设计可以宣传产品、引导消费、促进销售。不论是店外路过的顾客，还是进入店内的顾客，都会被琳琅满目、色彩亮丽、特色鲜明的橱窗布置吸引。橱窗中应该陈列旅行社当季的热销产品，注意要有主题，有不同的类型搭配，避免重复雷同。

思考 讨论　你认为游客喜欢什么样的旅行社门店橱窗？为什么？

____

____

____

____

____

2. 店内布置

（1）装饰布置

旅行社对门店内的装饰布置是有统一规范要求的。

首先，店门正对着的墙面叫形象墙，要装饰成与设立社风格统一的样式、规格。形象墙的颜色、字体，旅行社的标志符号等内容，要按照旅行社的规范装饰。形象墙的内容一般包括旅行社名称、企业标志，有的旅行社也会将企业的核心经营理念或企业宣传语体现在形象墙上。

其次，店内醒目位置要悬挂服务网点营业执照和服务网点备案登记证，便于游客识别和主管部门检查。

（2）区间划分

为了更好地为游客提供服务，方便顾客根据进店需求快速找到对应的区域，门店进行店内布置时应当进行区间划分。门店可以根据店内面积的大小和提供服务的类型，将店内划分为产品陈列区、接待咨询区、休息等候区、后勤工作区等不同的区间。

（3）物品陈列

门店的物品陈列也是旅行社管理和形象的重要体现。井然有序、主次分明的物品陈列，给顾客留下美好的印象；横七竖八、杂乱无章的物品摆放，让顾客觉得旅行社管理无序，望而生畏。

门店进行物品陈列时应注意：产品陈列分类明确、伸手可取、避免空缺；物品摆放整洁、有序，方便使用。

笔记

四、任务实施

实训项目	门店资质考察
实训时间	
实训要求	1. 熟悉门店的概念及作用 2. 掌握门店的设立条件和设立程序 3. 掌握门店装修布置的要领
实训地点	多媒体教室
实训材料	多媒体
实训内容与步骤	一、实训准备 学生分组，进行门店设立者和渠道专员的角色分配，编写脚本，每个小组写出本店设立情况说明，并制作成 PPT。 二、实训开始 1. 小组派代表扮演门店设立者，介绍门店的设立情况。 2. 小组派代表扮演渠道专员，对门店设立情况进行考察、审核。 三、实训考核、点评 教师就课前准备情况、课中门店设立和资质考察展示情况、团队合作等方面进行示范性点评，然后小组间互评，师生共同总结任务要点，纠正任务实施过程中存在的问题，提出改进性建议。

五、任务评价

门店资质考察考核评价表

考核项目	具体内容或要求	扣分项	得分
门店设立条件和程序体现完整	1. 有门店选址说明 2. 有场所、设施情况说明 3. 有店名的说明 4. 有注册登记过程说明 5. 有备案登记材料准备 6. 有备案过程说明	总分 60 分， 缺一项扣 10 分	
门店资质考察全面合理	1. 对门店设立条件有考察 2. 对门店的选址有考察、评判 3. 对门店的装修有指导、评判	总分 30 分， 缺一项扣 10 分	
PPT 制作精良	1. 有数据佐证 2. 有图片佐证	总分 10 分， 缺一项扣 5 分	

六、任务巩固

调研本地旅行社部分门店的选址、店面装修等情况，编写调研报告。

自我分析与总结

任务二　门店监督管理

案例导入

七月正是某地的旅游旺季，旅行社的一家门店门庭若市。店员小郭让一位想去青岛，但不确定玩几天的客人先浏览几份产品宣传资料，同时还为另一位想领着孩子去海边度假的顾客提供咨询服务。这时，店内又来了一位四十多岁的女士，进门就和小郭打招呼。小郭一看，是多次在店里消费过的李女士，连忙站起来迎接，给李女士让座后，热情询问李女士有什么需求。李女士说想去大连旅游，小郭又详细给李女士介绍有关大连的旅游线路产品。被晾在一边的两位客人几次想询问小郭购买产品的情况，都被小郭忽略了。他们觉得小郭服务不能一视同仁，对老顾客热情周到，对新顾客却冷漠、怠慢，心里很不舒服。想去青岛的客人耐着性子在旁边等，想领着孩子去海边度假的顾客看小郭没有搭理自己的意思，直接愤然离开，而且心里决定以后再也不来这家门店了。

【讨论】

请同学们认真阅读案例，进行分组讨论，想一想小郭对顾客的接待有什么失误的地方？可能给旅行社带来什么不良影响？面对多名顾客需要服务时，门店店员应该如何接待？

【案例评析】

小郭面对不同时间先后到来的客人不能按顺序接待，而且厚此薄彼，让被怠慢的顾客心生不满。小郭的不规范服务，使顾客对旅行社印象欠佳，甚至产生成见，流失客源。面对多名顾客需要接待时，门店店员应该按照顾客到来的先后顺序提供服务，对于后来的顾客给予解释，让其耐心等候。

一、任务描述

门店是旅行社的分支机构，是以旅行社名义开展业务的，经营责任也由旅行社承担。因此，旅行社必须加强对门店的监督管理。旅行社对门店的监督管理主要从门店装修、经营范围、产品销售、统一财务、统一咨询服务规范几个方面展开。

二、任务学习目标

1. 熟悉旅行社统一管理的内容

2. 熟悉旅行社统一财务的内容

3. 掌握旅行社统一招徕的内容

4. 掌握旅行社统一咨询服务规范

三、完成任务需要的新知识

《旅行社条例实施细则》第 21 条规定，旅行社服务网点不具有法人资格，以设立服务网点的旅行社的名义从事《旅行社条例》规定的经营活动，其经营活动的责任和后果，由设立社承担。

由此法律规定可以看出，旅行社服务网点（门店）从事的一切业务都是旅行社名义下的业务，影响旅行社的口碑和信誉，造成的责任和法律后果也由设立社承担。因此，旅行社必须加强对服务网点的管理。

《旅行社条例实施细则》第 25 条规定，设立社应当加强对服务网点的管理，对服务网点实行统一管理、统一财务、统一招徕和统一咨询服务规范。

根据此项法律规定，旅行社对服务网点（门店）的管理主要从管理、财务、招徕及咨询服务规范四个方面展开。

（一）统一管理

旅行社对门店的统一管理主要体现在以下三个方面：

1. 统一门店标识、标牌

门店店面装修时要根据设立社的统一样式规范装修，各门店标识、标牌统一，门店工作人员也应该统一着装，佩戴统一工作牌，给游客树立本企业的统一形象。

2. 统一经营范围

（1）旅行社门店要接受设立社的统一管理，不得从事招徕、咨询以外的活动。

（2）旅行社根据业务不同又分为经营国内、入境业务的旅行社和经营出境业务的旅行社。门店的经营范围必须与设立社类型一致，经营范围一致。

3. 统一产品销售

门店只能销售旅行社指定的产品。门店每天接待游客的同时，还要接待许多供应商派出的销售人员。这些销售人员是到门店推销产品和提供产品跟踪服务的，他们会将本企业的产品优势，尤其是给门店的优惠、让利着重介绍给门店。门店人员一定要明确，只能销售经过旅行社考察、认证的供应商的产品，其他供应商不论产品多么新颖、优惠幅度多么大，都不能与之合作。

（二）统一财务

1. 门店财务管理的要求

（1）严格遵守国家财务管理的法律法规，与旅行社实行统一财务管理与核算；

（2）营业收入必须进入旅行社账户，不得随意支取，不得存入私人账户；

（3）接待顾客要先收款，后服务，不允许赊欠。如果门店负责人同意垫款运作，要自行承担收款责任和垫款可能带来的财务风险，避免给旅行社带来损失。

思考讨论

举例说明，门店负责人在什么情况下会答应客人在未收到或未足额收到团款时，仍然安排客人旅游？

____

____

____

____

____

2. 营业收入的上缴与确认

（1）门店营业收入上缴方式

①到旅行社财务部上缴现金；

②通过银行柜台汇款至旅行社账户；

③通过银行柜台、银行自助设备、网上银行、手机银行等多种方式向旅行社转账。

（2）营业收入确认

①到旅行社财务部上缴现金的，财务部开具缴款凭证，确认收入；

②通过银行柜台汇款的，凭借银行开具的汇款单据，财务部查询到账，确认收入；

③通过银行柜台、银行自助设备、网上银行、手机银行等多种方式向旅行社转账的，分别凭银行单据或网上转账记录跟财务部核对，财务部查询到账，确认收入。

需要说明的是，现在很多旅行社使用了业务操作系统，门店的所有产品销售、缴费、签订合同、客户信息录入等业务，全部在旅行社的系统中完成。这样，客人的旅游费用在报名时直接就进入了旅行社的账户，不需要门店一笔笔费用上缴，只需要在一定的业务周期内与旅行社的财务部门核对一下总金额，以便作为考核业绩的凭证。

（三）统一招徕

1. 门店以旅行社的名义招徕客人

门店没有企业法人资格，对外宣传、招徕全部是以旅行社的名义进行的。客人进入的是某一家具体的门店，但购买的是门店所属的旅行社产品，评价针对的也是门店所属的旅行社。

2. 门店以旅行社名义与顾客签订合同

门店与顾客达成交易后，要签订书面的旅游合同。合同必须使用旅行社统一内容的合同范本，合同的一方当事人是旅行社，合同的最后落款也是旅行社，并加盖旅行社公章。

（四）统一咨询服务规范

1. 电话咨询服务要求

（1）接听电话时，应在三次铃声响起之前接听，首先向对方问好并且自报旅行社及门店名称；

（2）如果是老顾客打来的电话，要尽快说出对方姓名；

（3）通话时话筒不要与嘴距离过近，声音不要过大；

（4）语音、语气要表现出礼貌、热情的态度，使用“您好”“谢谢”“对不起”等礼貌用语；

（5）认真倾听对方的讲话内容，并记录要点，如果未听清或有内容需要确认，可以礼貌地请求对方重复一遍；

（6）如果有信息查询等原因中断电话，让对方等待不宜超过 17 秒；

（7）如果对方指明找的人不在，要主动询问是否需要留言；

（8）来电涉及的问题自己无法处理，可以坦率地告知客人，恰当回答如“对不起，我去帮您找同事来回答”或“我去请示领导，您稍等”；

（9）电话来时如果正在接待来访的客人，应向客人表示歉意再接听电话。如果接听电话的过程中有急事要处理，或有客来访必须中断电话，要向来电者致歉，并表示稍后会回电话；

（10）接到投诉电话时，不论客人态度、语气有多么差，都不能与客人发生冲突，应耐心安抚客人，了解、记录情况，设法解决问题；

（11）接听所有的电话；

（12）结束通话时要礼貌地道别，等对方先挂电话；

（13）工作时间不打私人电话，接听私人电话也要迅速结束通话，严禁使用营业电话聊私事，避免客人打不进来。

2. 来店客人接待要求

（1）门店工作人员在营业时间不得擅离岗位；

（2）有客人进店，要起立、问好、让座；

（3）来店客人较多时，要按照进店顺序进行接待，避免出现先接待熟悉的客人，给其他客人留下被忽视、被怠慢的感觉；

（4）对于预约来访的客人以及经常来店的客人，要热情欢迎，做到能直呼其名，给客人以亲切、服务周到的感觉；

（5）客人离店时要起立、送客，并表示欢迎下次光临。

3. 接待服务规范

（1）使用标准普通话、礼貌用语待客；

（2）有问必答，百问不厌；

（3）服务语言简洁明了、规范、准确，避免用含混不清、模棱两可的话敷衍客人；

（4）态度诚恳，专心致志。接待客人时，要放下手头的工作，专注解答客人的问题，避免出现心不在焉、反应迟缓的现象。

笔记

四、任务实施

实训项目	门店监督管理
实训时间	
实训要求	1. 掌握门店监督管理的主要内容 2. 掌握门店接待服务要求 3. 掌握门店接待服务规范
实训地点	多媒体教室
实训材料	多媒体
实训内容与步骤	一、实训准备 学生分组，编写脚本、分配角色，展示门店接待客人场景，并现场指出问题和改进意见。 二、实训开始 1. 小组选派代表分别扮演门店店员和顾客，展示接待客人的场景。 2. 小组选派代表，扮演渠道专员，指出店员接待过程中的问题，并给出改进建议。 三、实训考核、点评 教师就课前角色分配、脚本编写，课中接待场景展示情况、团队合作等方面进行示范性点评，然后小组间互评，师生共同总结任务要点，纠正任务实施过程中存在的问题，提出改进性建议。

五、任务巩固

列举超出门店招徕、咨询范围的经营活动。

自我分析与总结

项目总结

依法设立门店，有效监督管理，小门店打开大市场

近年来，我国旅游业快速发展，旅游消费需求增长迅速。为方便旅游者获取旅游信息、报名参团出游，旅行社开设门店，采用连锁、加盟等方式扩大经营规模。旅行社在增加门店数量的同时，必须加强对门店的监督管理，保证门店依法设立、依法经营。旅行社通过增设门店和有效的监督管理，既方便组团、提高了成团率，同时也完善了旅行社产品的直销网络、提高了竞争力。一家家小小门店，为旅行社打开了更加广阔的市场。

项目练习

1. 旅行社门店有什么作用？
2. 设立旅行社门店需要具备什么条件？履行哪些程序？
3. 旅行社的门店应该如何装修和布置？
4. 旅行社对门店的管理主要从哪些方面展开？

模块二

匠心独运 产品策划

LÜXINGSHE

YEWU CAOZUO SHIXUN SHOUCE

模块导读

旅行社产品是旅行社的核心销售单元。旅行社产品的策划是指立足于旅游目的地的资源禀赋，通过分析市场受众对旅行方式、获取信息渠道、美学取向等方面的需求，对各类资源进行合理化的取舍和组合的过程。本模块从旅行社产品策划流程和旅行社产品策划实例两个项目展开，理论部分化整为零拆解策划步骤，实践部分选取目前市场上的热门产品类型进行策划实践，结合实战案例分析、讨论与实训，构建起旅行社产品策划的完整闭环。如图 2-1 所示：

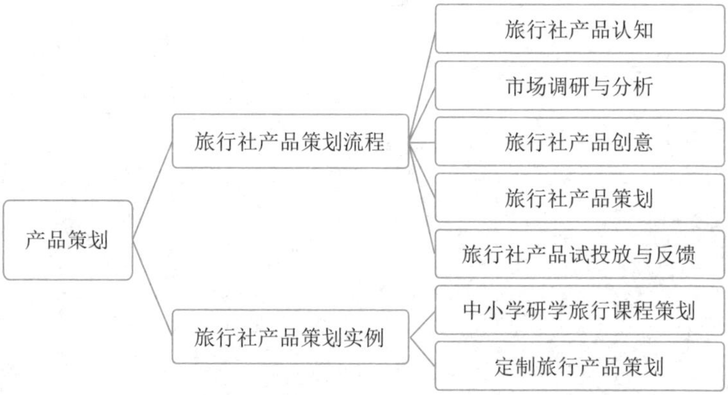

图 2–1

项目一 | 旅行社产品策划流程

项目导读

旅行社产品的策划是一个组合概念，完整的旅行社产品策划是以游客为中心，通过主题突出、内容丰富、布局合理的各元素组合而成。本项目从旅行社产品认知、市场调研与分析、旅行社产品策划创意、策划实施、试投放与反馈等方面介绍旅行社产品的策划流程，帮助学生了解并掌握旅行社产品策划的全过程。

涉及岗位介绍

旅行社产品设计师：主要负责相关旅游资源的挖掘、组合和已投放市场产品的维护与优化，为市场销售人员和产品执行人员传达产品理念并提供相关资讯支持。产品设计师需要具有敏锐的市场嗅觉，能精准捕捉市场需求和热点，对产品涉及线路沿线各项资源了如指掌，精确把握资源配比，还需要具有良好的审美认同，把握目标市场的审美取向，方能策划出市场认可的产品。

项目学习目标

知识目标	1. 了解旅行社产品的概念 2. 熟悉旅行社产品的特点 3. 掌握旅行社产品策划的各项流程
能力目标	1. 具备策划不同类型旅行社产品的能力 2. 具备资源的梳理、筛选和组合的能力

素质目标	1. 培养学生敏锐的市场洞察力和资源组合能力 2. 培养学生独到的旅游美学欣赏眼光
思政目标	1. 引导学生建立开放性、系统性、实践性思维 2. 培养学生大胆尝试、勇于创新的精神 3. 培育学生精益求精的工匠精神

项目实施

本项目从“旅行社产品认知”“市场调研与分析”“产品创意”“产品策划”“试投放与反馈”五个任务着手，层层深入，引导学生由浅入深，逐步认知旅行社产品策划的概念、流程与方法，理解并掌握产品策划的技能。

任务一　旅行社产品认知

案例导入

新型冠状病毒疫情暴发以来，旅游市场遭遇重创。后疫情时代，旅行社如何“破局”走出经营困境，是摆在旅行社行业面前的主要问题。

跨省旅游停摆之后，省内近郊游、城市周边游、乡村生态游成为热点。虽然跟团的游客并不多，但旅行社仍然看到了商机，那就是游客个性化、品质化、体验化旅游需求旺盛。业内人士认为，传统的旅游线路和组团模式已经过时，但小包团和私人定制方兴未艾。今后旅行社需要提高产品策划和研发能力，才能不断扩大市场占有率。疫情是危机，也是调整产业结构的契机，旅行社要在疫情期间苦练“内功”，提升业务能力，来应对疫情过后“井喷式”的旅游发展。

【讨论】

请同学们认真阅读案例，进行分组讨论，疫情期间旅行社产品策划要考虑哪些因素？

【案例评析】

由于旅行社产品的综合性、不可储存性和易波动性等特征，使得旅行社产品十分脆弱，无论哪个产品环节发生变化，都会直接影响到旅行社产品的生产和消费。旅行社在产品策划中要充分考虑到产品的特点，运用创新理论，发散思维，不断寻找市场的切入点，才能在逆境中生存。

一、任务描述

旅行社产品策划是在对旅行社产品的内涵、分类、特点等清晰认知的基础上，根据旅游市场的需求和目的地资源优势，对旅行社产品进行研制、开发和优化的过程。旅行社的产品策划贯穿于旅游活动全过程，是构成旅游服务体系设计的重要组成部分，也是旅行社增强竞争能力，立于不败之地的关键支撑。

二、任务学习目标

1. 了解旅行社产品的内涵
2. 熟悉旅行社产品的分类
3. 掌握旅行社产品的特点

三、完成任务需要的新知识

（一）旅行社产品的内涵

对于不同的主体而言，旅行社产品的内涵是不同的。从旅游企业供给的角度看，旅行社产品是指凭借一定的旅游资源、旅游设施及其他媒介，为旅游者提供的、满足旅游者需求的各种有形产品和无形服务的总和；从消费者需求的角度看，旅行社产品是指旅游者为了获得物质和精神上的满足，支付一定货币购买的一段经历和感受。整体上看，旅行社产品是指能够满足旅游者在旅游过程中的各种欲望和需要的物质实体和非物质劳务的总和。

（二）旅行社产品的分类

旅行社产品的类型有多种划分方法，以下介绍几种常见的分类方法。

1. 按产品功能分类，可分为：观光游憩类，目的地为自然风光、名胜古迹、城市风光等；休闲度假类，目的地为海滨、山地、温泉、乡村等；生态旅游类，目的地为森林、海洋、草原等；专项旅游类，旅游活动内容为文化娱乐、游学、商贸购物等。

2. 按旅游者的组织形式，可分为团体产品和散客产品。

3. 按产品包含的内容，可分为包价旅行社产品（包括全包价产品、半包价产品、小包价产品、零包价产品等）和委托代办业务（包括代办交通票务、订房、订餐、租车、订票、会务安排等）。

4. 按消费的层次，可分为经济型、标准型、豪华型等。

5. 按空间位移距离，可分为出境游、国内游、省内游等。

（三）旅行社产品的特点

旅行社产品作为一种特殊的产品，不同于常见的有形实物产品，而是一种集合了有形实体和无形服务为一体的综合性产品。由于受其概念的多样性影响，目前学术界对旅行社产品的特点也存在较大的分歧，这里选取了较为广泛认可的八大特点。

1. 综合性：旅行社产品涉及旅游过程中的六大要素，是有形的物质设施与无形服务的组合，涵盖交通、餐饮、住宿、娱乐、景区、购物等多项要素，是由多部门、多行业联合提供的服务的总和。

2. 无形性：消费者购买的一般性产品都是有形的实物，而旅行社产品购买的是一段经历，是知识、文化和美的传递与精神的愉悦，这些看不见摸不着的无形感受，就是购买到的旅行社产品。

3. 文化性：旅游的本质是一种文化活动，文化是旅游的灵魂。旅游者求新求异的精神追求和审美需要，就是购买文化、消费文化、享受文化的过程。旅行社产品通过生产文化、传播文化和经营文化，成为当今世界上最广泛、最大众的文化交流方式。

4. 生产与消费的同步性：不同于常规产品生产和消费的分离，旅行社产品从旅程一开始，便由旅游企业借助一定的旅游资源和旅游设施提供旅游服务，因此生产的开始就是消费的开始，旅游者参与生产产品的过程同时也是消费产品的过程，所以旅行社产品的生产和消费具有高度的同步性。

5. 不可储存性：与一般的产品不同，旅行社产品的效益和价值是固定在时间上的。由于生产和消费在时空上的同步性，旅行社产品无法像其他产品一样暂时储存，等待时机出售。没有旅游者购买时，旅行社产品就不会生产出来，只有旅游者购买旅行社产品时，其价值才会以交换价值的方式体现出来。

6. 时间性或季节性：旅行社产品的季节性主要是指旅游者的需求会根据时间、季节的不同而变动，旅行社产品也会因此而变动。如冬季北方寒冷的时候，北方旅游者大多会选择温暖的南方城市旅行，节假日和黄金周的出行人数明显增多等，或某一种景观是只有某一个时间段或季节才有的独特景观。

7. 同质性：由于旅行社产品需要依赖其他相关的旅游资源和设施提供辅助，这就使得旅游经营者之间提供的产品几乎大同小异，同质化严重，如相同的酒店、餐厅、景区、线路等。这就要求旅游企业在设计旅行社产品时要多方面创新。

8. 易波动性：由于旅游者实现旅游活动的过程涉及众多因素，因此无论何种因素发生变化，都会直接或间接地影响到旅行社产品生产和消费的顺利实现。这使得旅行社产品十分脆弱。自然灾害、战争危险、政治动荡、国际关系、政府政策、经济状况以及疫病流行等变数，都会引起旅游市场的极大波动，使得旅行社产品的生产和经营产生很强的不稳定性。

思考讨论

旅行社产品策划可以在哪些方面创新？

____

____

____

____

____

笔记

四、任务实施

实训项目	旅行社产品认知
实训时间	
实训要求	1. 了解旅行社产品的内涵和分类 2. 熟悉旅行社产品的特点
实训地点	多媒体教室
实训材料	多媒体、产品特点知识卡等
实训内容与步骤	一、实训准备 学生分组，分类别搜集整理旅行社产品相关资料，制作 PPT。 二、实训开始 1. 小组派代表展示 PPT，阐述旅行社产品的概念、分类。 2. 小组代表对旅行社产品特点进行举例说明。 三、实训考核、点评 教师就课前资料收集的完成情况、课中 PPT 制作和展示情况、团队合作等方面进行示范性点评，然后小组间互评，师生共同总结任务要点，纠正任务实施过程中存在的问题，并提出改进性建议。

五、任务评价

旅行社产品认知考核评价表

考核项目	具体内容或要求	扣分项	得分
旅行社产品的内涵	1. 从旅游企业供给的角度看 2. 从消费者需求的角度看	总分 20 分，缺一项扣 10 分	
旅行社产品的分类	1. 按产品功能分类 2. 按旅游者的组织形式分类 3. 按产品包含的内容分类 4. 按消费的层次分类 5. 按空间位移距离分类	总分 40 分，缺一项扣 8 分	
旅行社产品的特点	1. 综合性有实例、有阐述 2. 无形性有实例、有阐述 3. 文化性有实例、有阐述 4. 生产与消费的同步性有实例、有阐述 5. 不可储存性有实例、有阐述 6. 时间性或季节性有实例、有阐述 7. 同质性有实例、有阐述 8. 易波动性有实例、有阐述	总分 40 分，缺一项扣 5 分	
合计			

六、任务巩固

结合实际，谈谈旅游者的旅游动机大概有哪几类？

自我分析与总结

任务二　市场调研与分析

案例导入

贵州某地接旅行社拟开发一款品质游产品投放华东市场。公司产品策划部门着手开展产品需求的市场调研与分析。通过信息收集、电话采访和发放调查问卷等形式，对上海、南京、杭州等城市的合作组团社和消费者需求进行了调研，同时通过各种渠道收集目前市场上最有竞争力的贵州旅行社产品信息，分析其特点。经过近一个月的市场调研，综合运用多种分析方式，产品策划人员根据调查和信息收集的结果，撰写了市场调研分析报告，为后续的产品策划提供了方向和数据支撑。

【讨论】

请同学们认真阅读案例，进行分组讨论，案例中的贵州某旅行社为新产品上市做了哪些工作？有什么意义？

【案例评析】

案例中，该旅行社的产品策划人员深度调查分析了产品拟投放市场的需求和本地市场最具竞争力产品的相关信息，经过分析后形成报告，为后续的产品策划提供可靠的多方面参考。

一、任务描述

旅行社产品和其他产品一样，策划的终点是销售。被市场广泛认可的产品，一定是基于对市场需求的调查研究和科学研判。产品策划前的市场调研与分析是必不可少的内容。不重视市场需求，从自己的主观认知去开发产品，会导致旅行社产品与旅游者的需求吻合程度低，自然就很难实现其经济价值。

二、任务学习目标

1. 了解市场调研与分析的目的
2. 熟悉市场调研分析的对象与内容
3. 掌握市场调研的分析方法与报告的撰写

三、完成任务需要的新知识

（一）市场调研的目的

旅行社市场调研的目的主要有以下三点：

1. 了解客源市场现状、目标客户群的需求特点，以此找到旅行社产品满足旅游市场需求的突破口。

2. 为旅行社产品策划提出具体的针对性措施。

3. 在日益激烈的市场竞争中，为塑造产品的核心竞争力提供参考性的依据与可行性的建议。

（二）市场调研的对象与内容

组团旅行社市场调研的对象主要是旅游者，地接旅行社的产品策划还需要对上游合作的组团社进行调研。调研的内容通常因需求而异，但一般都会包括以下几点：

1. 旅游者的特征

旅游者的特征既包括旅游者的构成特征，如年龄、职业、性别、家庭结构、收入水平等，也包括旅游者的消费特征，如旅游消费意识与习惯（出游频率、旅行方式等）、旅游消费力、旅游消费结构（产品消费的数量比例、相互关系等）、旅游消费水平等，还包括影响因素，如旅游者的收入水平、旅游产品的结构、旅游产品的质量以及旅游者的心理等。掌握旅游者的特征，可以帮助旅行社更好地实现客源市场的定位和客户群体的细分。

2. 旅游动机

旅游者的出游动机受多种因素影响，既包括个人因素，如身体状况、文化程度、人际交往等方面的动机；也包括外部因素，如社会风气、旅游业综合形象等。旅游动机的调研能够帮助旅行社找到更好的产品策划切入点。

3. 游程质量感知

游程质量感知是旅游者对以往旅行社产品的质量感知（总体氛围、安全、环境、管理、收费等），对旅游公司的质量感知、导游服务质量感知、旅游价值感知，还包括游客满意度、游客忠诚度、游客抱怨等。游程质量感知调研对产品策划中质量控制、服务提升等方面都有重要的指导作用。

4. 竞争产品信息

主要包括相似或同类竞争产品的基本情况，如产品特色、营销模式、市场规模，盈利情况以及增长态势等。

（三）市场调研抽样数量

市场调研抽样数量主要是指前期拟定的调研规模，可根据具体的产品需求来确定。如 300~500 人以上的旅游者、10 家以上的旅行社等。

（四）市场调研的方法

产品的市场调研与分析是一项有组织、有计划的活动。调研选择的范围要适当，主题不宜太过于宽泛，太过于宽泛的主题容易使调查的范围太广，造成人力物力和时间成本的浪费；也不宜太过于狭窄，过于狭窄的主题无法通过调研和分析充分了解市场情况，易产生遗漏从而错过重要的信息。调研方法的选择需同时兼顾人员配置、时间节点和财务预算。旅行社也可委托专业的市场调查公司进行针对性的调研。以下是几种常见的调研方法。

1. 信息收集法

通过多种渠道搜集旅游客源地的社会经济发展状况、现有相近或类似的产品信息、旅游者需求的统计数据等资料，摘取与调研内容相关的部分，并对其加以分类、整理和筛选，方便后续进行相关的数据提取。信息收集法所得的信息是第二手资料，获取的难度和成本较低，但需注意选取可靠的数据来源，如政府相关部门、权威机构的官方网站等渠道，力求数据准确、真实。

2. 问卷调查法

问卷调查法是产品市场调研中最常用的一种方法，多使用集体分发或线上填写等多种方式进行。问卷的结构主要分为说明部分、甄别部分、主体部分和个人资料部分；形式上采取开放性和封闭性相结合的方式；在问题结构上采取分制评价量表，有自由选择、强制性选择、偏差选择、自由问答等几种方式；问卷的设计逻辑采取思路连续法，即按照被调查者思考问题和对产品了解的程度来设计。问卷调查法的主要优点在于标准化和低成本。

3. 访谈调查法

访谈调查法是以直接询问调查对象来获得信息资料的一种方法。通过对旅游者、旅行社从业人员进行询问或访谈，能够更加准确地获取有价值的信息。具体可以通过个别走访、集体座谈、电话访谈或留置问卷等方式开展。访谈法单次收集的人员有限，整体成本较高。

（五）调研结果分析

完成调研样本收集后，需要对其进行分析。调研结果的分析方法，常见的有描述性统计分析和数据统计分析法。描述性统计分析包括样本基本资料的描述，通过各变量的次数分配及百分比分析，以了解样本的分布情况。数据统计分析法借助于分析软件，对收集到的信息进行数据的分类、归纳和分析，并生成调研结果。

（六）调研分析报告的撰写

调研分析报告是将市场调研结果以书面形式呈现，也是对调研分析工作的总结。一般分为技术性报告和结论性报告，技术性报告注重过程，结论性报告注重结果。市场调研分析报告多为结论性报告，内容包含调研的时间、地点、调研目的、调研内容及结果等，可利用信息技术和图表等形式，直观准确地反映调研分析结果。调研报告需提出最终的结论和建议，为后续产品策划做参考。

思考讨论

市场调研中最重要的内容是什么？请举例说明。

笔记

四、任务实施

实训项目	市场调研与分析
实训时间	
实训要求	1. 了解市场调研与分析的目的 2. 熟悉市场调研分析的对象与内容 3. 掌握市场调研的分析方法 4. 掌握调研报告的内容并能撰写调研报告
实训地点	多媒体教室
实训材料	多媒体、调查问卷等资料
实训内容与步骤	一、实训准备 学生分组，确定调研目的和调研对象，可选择线上及周边区域开展。 二、实训开始 1. 小组人员确定调研内容。 2. 运用各种调查方法完成调研。 3. 对搜集到的信息进行汇总、整理。 4. 分类别分析并提取核心资源整合提炼。 5. 撰写调研分析报告。 6. 各小组派代表阐述本组的调研报告。 三、实训考核、点评 教师就调研目的和对象的选择、调研方法和过程、调研结果分析、报告撰写等方面的完成情况进行示范性点评，然后小组间互评，师生共同总结任务要点，纠正任务实施过程中存在的问题，并提出改进性建议。

五、任务评价

市场调研与分析考核评价表

考核项目	具体内容或要求	扣分项	得分
调研目的	1. 体现了解客源市场现状、目标客户群的需求特点的目的 2. 为产品策划提出针对性措施 3. 体现塑造产品核心竞争力的目的	总分 30 分， 缺一项扣 10 分	
调研的对象与内容	1. 调研对象选择恰当 2. 调研内容设计合理	总分 10 分， 缺一项扣 5 分	

续表

考核项目	具体内容或要求	扣分项	得分
调研的方法	1. 信息收集法有采用 2. 问卷调查法有采用 3. 访谈调查法有采用	总分 30 分， 缺一项扣 10 分	
调研结果分析	1. 调研结果的分析方法选择恰当 2. 有数据分析并生成调研结果	总分 20 分， 缺一项扣 10 分	
调研分析报告撰写	1. 准确反映调研分析结果 2. 提出最终的结论和建议	总分 10 分， 缺一项扣 5 分	
合计			

六、任务巩固

大连市 A 旅行社欲策划一款面向中小学生的市内研学产品，需要调研分析大连市内中小学校的研学课程需求情况。如果你是项目负责人，如何开展调研与分析？

自我分析与总结

任务三　旅行社产品创意

案例导入

峨眉山 A 旅行社计划推出一款冬季峨眉山旅行产品投放海南市场，对客源地市场进行调研后发现，海南的旅游者冬日出游倾向于冰雪运动和养生保健，对宗教类人文景观也颇有兴趣，因此产品研发部门提出了诸多创意，最终通过筛选和论证，确定推出一款以冰雪节和祈福为主题的三日游产品。第一日探寻峨眉之美，第二日感受冰雪欢乐，第三日温泉疗养问茶养生，将问道祈福、滑雪体验、温泉疗养糅合在一起，满足多方位出游需求，仅需一次就能深度感知峨眉山的精华和冬日魅力。产品投放市场后，受到了消费者的一致好评。

【讨论】

请同学们认真阅读案例，思考讨论，峨眉山 A 旅行社策划的产品为什么会受到消费者的一致好评？

【案例评析】

案例中，峨眉山 A 旅行社的产品策划人员深度分析冬日峨眉山的景区特点，以冬日冰雪节为依托，既契合了客源地旅游者的出游需求，又展现了冬日峨眉山的独特美景，通过对当地资源的创意整合和重组，策划出集观赏、体验、娱乐、祈福、疗养于一身的综合性产品，达到了 1+1 ＞ 2 的效果，因此受到了消费者的一致好评。

一、任务描述

创意是产品发展的动力。旅行社产品创意是对文化和资源的合理构想，将奇思妙想与目的地资源相融合，通过整合和重组资源要素，挖掘文化内涵和游览深度，辅之以情景化和动态化的设计提升体验性，将文化与资源活化，进一步增强旅行社产品的吸引力，适应不断发展的旅游市场。旅行社产品的创意既可以是个人对于资源的综合感知，加之观念、知识、经验、技能和对市场的熟悉和预判，也可以是团队合作的产物。要注意的是，创意只是初步的构想，并非所有的创意都能成功转化为旅行社产品，一个合理而可能的创意转化还需要经过多方面的可行性论证。

二、任务学习目标

1. 了解旅行社产品创意的内涵与特征
2. 熟悉旅行社产品的创意来源
3. 掌握旅行社产品的创意论证

三、完成任务需要的新知识

（一）旅行社产品创意的内涵

创意的本质特征是求新求异。旅行社产品的创意内涵，表现为创造性思维与目的地资源相融合后产生的富有创造性、具有市场价值和审美价值的可行性新颖构想。就外在形式而言，旅行社产品创意表现为不同的风格与类型，既有静态元素的组合，也有动态元素的混搭；从内在表现上看，旅行社产品创意是通过创造性思维挖掘旅行中可叠加的文化艺术和审美价值，最终创造出新的市场价值的过程。

（二）旅行社产品创意的特征

1. 创造性

旅行社产品创意的本质，是不断发掘潜在资源和新媒介推陈出新。创意没有固定的、一成不变的模式，但都具有新颖、独特等共同特征。创意是在对现有资源和技术的理解认知基础上，衍生出的新的抽象思维或发掘出的新的隐藏潜能，经由创造性的组合或搭配，使旅行社产品不同于原来的“串联式”“叠加式”结构，因此有了新的功能、特色和卖点。

2. 关联性

旅行社产品的创意是现有资源的元素重组或异态混搭，其前提条件是有丰富的不同类型、不同形态的元素可供取用，通过不同的搭配方式最终形成不同的结果。旅行社产品是典型的关联性产品，其与文化、科技、资源、旅游市场需求等均密切相关。

3. 增值性

借助旅行社产品创意，能够整合资源、提升功能、制造卖点、促成销售，达到提升品牌，增加旅游企业的综合效益，发挥各类资源的群体力量与组合优势，发现旅游资源的新功能，实现旅行社产品功能多元化的效用。旅行社产品创意旨在挖掘内涵、提升品质从而创造差异，形成独特卖点，找到实现旅游资源价值转化旅行社经济价值的新路径。

4. 超前性

旅行社产品的创意不仅要紧跟市场需求，还要对未来市场的发展变化趋势进行预测和评估，需要具有一定的超前性，这是旅行社产品创意的重要原则。超前性在实践中运用得当，可在一定程度上引导旅游市场的消费走向，达成产品创意的初衷。实现旅行社产品策划的超前性，要以深入的调查研究和理性的分析判断为前提，不能脱离现实、天马行空地凭空臆想，要立足资源实际，面向未来市场，具有科学性和准确性。

（三）旅行社产品的创意来源

1. 立足资源特色，面向市场需求

随着旅游市场的不断成熟和细分，传统的以全包价为代表的大众旅游模式逐渐向个性化的旅游模式过渡。旅游需求的个性化催生了产品创意的个性化。产品创意既要立足目的地和企业自身资源特色，又要面向市场需求。但需注意的是，旅游市场的需求并非一成不变而是动态发展的，需密切关注市场动态，做出准确的判断和定位。产品创意可体现在产品类型上，如更有深度、更独特、更具体验性与参与感、更能融入目的地的文化和人文氛围，从而获得别样的旅行经历；也可体现在服务内涵上，深度挖掘服

务创新，引领需求，如新疆某旅行社开发的特种旅游产品“穿越天山”，围绕天山探险这一主题成功开发了一系列产品，依靠的就是旅行社拥有科考级的专业向导优势。尽管这种创新具有一定的壁垒和难度，但其主要思路是挖掘自身资源，面向市场需求。

2. 挖掘文化内涵，紧跟热点事件

文化与旅游互为灵魂与依托，旅行社产品的核心竞争力最终体现为文化内涵的竞争。文化内涵的挖掘不是简单的活动项目叠加，而是一种全新的文化形态。如“寻宋之旅”产品，齐集了苏州的园林、寺院、博物馆、甪直古镇等小众旅游地，穿插苏州评弹欣赏和慵懒的古玩市场寻宝，浓郁的文艺气息与苏州的城市气质相得益彰，使旅游者获得了极佳的文化旅行体验。

热点事件的产生是互联网迅猛发展的必然趋势。从故宫建成600周年的文化大展到枫泾古镇的幽静小街；从雪后的老君山到浙江舟山的花鸟岛，文化内涵的挖掘紧跟热点话题或事件，借助热点事件的高曝光度和市场热度可以更好地捕捉创意灵感。正如“丁真现象”引发的四川甘孜理塘的旅游热走红旅游市场，迅速涌现出一批与理塘相关的产品，极大地带动了当地的旅游产业。

3. 跨界跨专业合作，催生产品灵感

旅游业是一项典型的融合型产业，数字经济时代下，多样化是旅行社产品最突出的特征。通过跨界拓宽旅行社产品的创意空间，以旅游之名跨界、跨专业融合创意，强强联合，相互赋能，可以发挥“1+1＞2”的魔力，催生新创意产品，延伸产品链条。“旅游+”已衍生出工业旅游、康养旅游、休闲农业旅游、生态旅游、购物旅游、研学旅游等多种产品新业态，部分产品跨界与电竞、国风潮玩、猎奇探险等行业碰撞出了新的火花。

4. 注重内部人员的创意

有研究显示，内部人员的创意更具实践性和可行性。旅行社的前台接待人员、市场销售人员、导游人员等，都是很好的内部创意来源。前台接待人员和市场销售人员在与旅游者和分销商接触的过程中，可直接观察或接收到客户和市场的需求信息；导游人员活跃在产品生产和消费的第一线，可便捷地收集旅游者的个性化需求与真实反馈。这些信息来源广泛、可信度高，因此旅行社要重视内部人员的创意。旅行社可通过奖励机制，鼓励员工提出创意方案，一旦采纳给予一定的奖励，激发员工对创意的思考与收集。

思考讨论

旅行社产品创意是否具有时效性？为什么？

（四）旅行社产品的创意筛选与论证

并不是所有的创意都能实现或适合当前的市场需求，广泛采集产品创意后，还需要对创意进行筛选与论证，选取最佳的创意。创意筛选与论证主要是对产品开发的成本、目标市场的规模、同类产品竞争状况、综合投资回报率等进行评估。从创意是否符合企业的战略目标并最大程度地利用了企业的核心业务优势，产品是否强化了与重要客源的联系，产品的研发投放市场是否能服务于旅行社的企业定位和品牌定位，旅行社的人力、物力、财力及运作经验是否可以确保该创意得以实现，到产品结构是否合理，新产品如何有效地利用现有资源等诸多方面进行论证。

笔记

四、任务实施

实训项目	旅行社产品创意
实训时间	
实训要求	1. 熟悉旅行社产品创意的内涵与特征 2. 掌握旅行社产品创意的来源 3. 能够完成产品创意的筛选和论证
实训地点	多媒体教室
实训材料	多媒体、产品创意材料等
实训内容与步骤	一、实训准备 学生分组，各小组分别按照资源类型、产品类型、指定区域收集创意，制作PPT。 二、实训开始 1. 小组派代表展示产品创意。 2. 小组代表阐述对创意进行筛选和论证的理由与过程。 3. 小组代表对最终确定的创意项目进行展示和解读。 三、实训考核、点评 教师就课前资料搜集、课中创意发掘、筛选和论证完成情况等方面进行示范性点评，然后小组间互评，师生共同总结任务要点，纠正任务实施过程中存在的问题，并提出改进性建议。

五、任务评价

旅行社产品创意考核评价表

考核项目	具体内容或要求	扣分项	得分
创意内涵和特征的掌握	1. 体现创造性 2. 体现关联性 3. 体现增值性 4. 体现超前性	总分 20 分，缺一项扣 5 分	
旅行社产品的创意来源	1. 立足资源特色，面向市场需求 2. 挖掘文化内涵，紧跟热点事件 3. 跨界跨专业合作，催生产品灵感 4. 注重内部人员的创意	总分 20 分，缺一项扣 5 分	
旅行社产品的创意筛选	1. 考虑开发的成本、目标市场的规模、同类产品竞争状况、综合投资回报率等 2. 符合企业的战略目标并最大程度地利用了企	总分 60 分，缺一项扣 10 分	

续表

考核项目	具体内容或要求	扣分项	得分
旅行社产品的创意筛选	业的核心业务优势 3. 强化了与重要客源的联系 4. 服务于旅行社的企业定位和品牌定位 5. 旅行社自身资源是否可以确保该创意得以实现 6. 产品结构合理、资源利用充分		
合计			

六、任务巩固

随着我国经济不断发展，生活水平和医疗水平的不断提高，“银发旅游”市场异军突起，请你谈一谈“银发一族”的旅游产品设计创意。

自我分析与总结

任务四　旅行社产品策划

案例导入

随着旅游市场的不断发展，旅游业竞争日趋激烈，小众旅游群体的出游需求不断被关注。上海A旅行社关注到了旅游者中的特殊人群——摄影爱好者。他们热爱摄影，具有足够的消费能力，对线路要求高。为此，上海A旅行社邀请摄影专家实地考察，在上海市场设计推出了系列产品——“好摄之旅”。首个产品为长白山冬季“好摄之旅”专线——长白山西坡、北坡、魔界4日游，上海A旅行社利用自身拥有的独立航线优势，开通“上海—长白山”旅游航线。该产品选取了长白山的精华景点，既能拍摄雪山、雾凇、冰雕、雪雕，天气条件允许还可以登临长白山主峰。行程中设计了拍摄冬日雪域之巅的天池、西坡的原始风貌、魔界的雾凇盛景。冬日的长白山夜晚温度极低，为保证团队能够在早晨五点半准时出发，拍到魔界的日出和雾凇，司机需要在前一天夜里每隔三小时发动一次车，以保证发动机不被低温冻住，这在常规的旅行团中是绝无仅有的服务项目。全程还配备专业向导推荐最佳拍摄点并留足拍照创作时间。住宿方面选取长白山脚下的温泉酒店，可以体验“身在温泉中、头发结雾凇”的奇特感受。餐饮方面安排了最地道的东北菜，感受东北民风。行程结束后，旅行社还举办了“长白山摄影大赛”等活动，吸引了大量关注，获得了旅游者的一致好评。

【讨论】

请同学们认真阅读案例，进行分组讨论，上海A旅行社摄影类小众产品成功的原因有哪些？

【案例评析】

本案例中，上海A旅行社在同质化严重的市场竞争中，关注到了细分市场和小众客群需求，在产品设计时充分利用了自身的优势，同时注重挖掘和组合当地住宿、餐饮、娱乐等方面的特色元素，提升服务品质，并通过叠加活动的形式进一步增强客群的黏性，吸引潜在的消费者，是一项成功的产品策划。

一、任务描述

旅行社产品策划是指根据旅游资源优势和旅游市场的需求，对各项资源和创意进行组合、开发、研制、优化的过程。旅行社产品策划的内容主要包括：产品市场分析与定位、旅游项目设计、游玩方式设计、旅游要素配置、营销策略的选择等。诚然，不同类型和主题的旅行社产品策划的内容和侧重点均有不同，但设计程序基本趋于一致。

二、任务学习目标

1. 了解旅行社产品策划的原则
2. 熟悉旅行社产品策划的程序
3. 掌握旅行社产品策划的内容

三、完成任务需要的新知识

（一）旅行社产品策划的原则

1. 以人为本原则

旅行社产品作为一种服务型产品，需以旅游者的需求为依托。既要注重旅游者的个性化游览需求，还需兼顾情感需求和人文关怀。旅行社产品一方面要满足旅游者安全、舒适的生理需求，另一方面需注重整体过程的愉悦性、审美性、体验感和获得感，兼顾精神文化需求。旅行社产品应尽可能融线路和服务为一体，对整个过程有递进式的设计与把控，注重宣传与体验的同一性，即宣传销售时的承诺与实际旅行体验保持一致，产品和服务相得益彰，避免出现销售时的承诺与实际体验不符的情况。在整体的线路设计安排与服务人员的服务态度，以及对特殊人群个性化需求的应急处理等方面，也要体现以人为本的原则。

2. 主题突出原则

旅行社产品由于其自身的特点，往往具有高度的相似性。因此匠心独具、特色鲜明的主题是产品的点睛之笔。突出的主题可以体现在产品的名称和线路组合上，既能直观地传达产品的差异性和卖点，也点出了其文化内涵。如青岛推出的“老城拾光之旅”，“老城拾光”的主题给人一种光阴渐缓的怀旧感。浸润在青岛宜人的气候中，漫步于充满文艺气息的街道上，历史街区的建筑风格与城市气质完美融合，给人以如遇知音故友般的亲切、放松与舒适。这种人文情怀与城市文化共生的美好画面，只是想到就已引人入胜。

3. 布局合理原则

旅行社产品是各类资源和要素的组合，根据产品的不同类型和特点，在“行”与“游”的时间分配、同类型景区的重复度、路线的空间设计、体验项目的安排等布局方面，应考虑到旅游者的心理和生理需求变化的特点，力求布局合理、搭配适宜。旅游者的体验既是递进式的，也是张弛有度的，要不断创造不同的体验，激发旅游者的游兴，使其获得独一无二、妙不可言的旅行感受。好的旅行社产品策划就像一本构思精巧的小说，有序章、有过渡、有高潮、有尾声，读完掩卷长思，回味不绝。

（二）旅行社产品策划的程序与内容

1. 产品市场分析与定位

产品的市场分析主要包括对当前市场的供求关系和市场需求特征的分析。研判市场供求关系，在于寻找市场的可进入空间，了解竞争产品的相关信息，确定产品的设计方向、特色及价格空间，同时比照竞争产品进行定价。对市场需求特征的分析，则可辅助餐饮、住宿、景点等项目的取舍与组合。

旅行社产品的定位可根据产品自有特色进行定位，如江西的红色文化主题游，黑龙江的冰雪游；也可根据性价比定位，如豪华型、标准型；还可根据产品用途和目标客户群进行定位，如研学游、亲子游等，也可以借助竞争产品定位或重新划分产品类别进行定位。

2. 旅行项目设计及产品命名

旅行项目设计是根据旅行社产品的定位，策划设计具有核心吸引力的项目内容。其主要包括景点筛选、组合和体验性活动的融入。景点的筛选和组合需考虑路线的合理性、劳逸结合程度、风格差异等内容，体验性或互动性项目融合要适度、巧妙、呼应主题。如青海柴达木海西全景＋青海敦煌张掖大环线，附赠敦煌沙漠露营体验（可选沙漠露营或沙漠游玩后返回酒店住宿），相互串联的设计突出了产品特色；成都某旅行社为周末游市场推出的安仁古镇“景区＋剧本杀”2 日游产品，全套服道化加持下的民国风沉浸式剧本杀《今时今日安仁・乐境印象》带来了新奇逼真的旅行体验，收到了极佳的市场反馈。

旅行社产品命名的方式没有固定要求，常见的有以目的地＋时间来命名，如华东五市 7 日游；以游览主题命名，如北海道滑雪之旅；或套用文学、诗词等来命名，如“二十四桥明月夜”中秋之旅；或利用特色＋副标题的方式命名，如丝路花雨——探索甘肃等，可根据产品特色选取合适的命名方式。

3. 游玩方式设计

从旅游企业的角度来说，游玩方式设计就是对旅游者出游中涉及的各要素进行创意策划和设计安排，最大程度地利用旅游目的地的各类资源，为旅游者创造最佳体验并使旅游企业获得最大收益的过程。通俗地讲，就是旅游者在旅游过程中的生活方式设计和旅游中的“玩法”安排。从旅游者需求的角度而言，就是按照旅游者的不同需求对旅游目的地的核心要素的设计和组合。旅行社产品的特点不同、旅游目的地资源不同、旅游者的需求不同，游玩方式的设计也各有差异。游玩方式设计首先要按照观光、休闲、康养、购物、游学、节事等不同产品类别设计主体游赏和呈现方式；其次组合饮食、住宿、交通等基础服务，并叠加具有目的地风情特色的文化体验及娱乐方式，使旅游者在旅行体验的全过程中获得不同于寻常的独特体验，最后对全程涉及的元素进行合理化整合，形成全程的结构、理念、效率的最佳集合体。

4. 旅游要素配置

旅游要素配置即对食、住、行、游、购、娱六要素进行设计。

（1）“食”

按照特色、丰富、创意、品质的“吃法”来进行设计。不同地域的特色美食是当地地理、气候等因素的综合产物，浸润着深厚的历史文化与风物传统，要善于发现和挖掘独具民俗风情的特色食品，以入口的食物体现文化的吸引力。丰富是指在不违背我国相关政策法规，尤其是关于野生动植物保护的相关条例前提下，尽可能丰富地展现饮食的多样性，兼顾不同类型的需求；创意是指可搭配当地独有的食材，不断开发新的跨界创意菜品；品质是指在餐饮企业的选择上，要选择品质可靠、具有一定知名度和品牌度的商家，在餐厅的类型上也可以不断拓展。饮食安排方面，还应兼顾不同类型的需求，做到丰简有度，倡导节约，杜绝浪费。

（2）“住”

住的设计中，要在住宿的档次结构和布局体系上体现组合新意。通过安排特色住宿或升级住宿等方式提升住宿的传统功能，使住宿也能成为旅游者提升文化体验的重要途径。如海南的树屋、山西的地窨院、东北的火炕等，都可以体验特色的住宿文化。

（3）“行”

行的设计较为复杂，需从交通的空间尺度来划分，大体可分为三类：一是客源地与目的地之间的交通方式，俗称大交通；二是目的地与景区的区间交通；三是旅游景区内的小范围交通，俗称小交通。大交通受制于客源地与目的地之间的交通体系，可参考具体的游程安排及产品层次而定；区间交通方式视具体情况而定，通常为火车、汽车或自驾车。景区内小交通方式多样，常见的有索道、电瓶车、游船、观光电梯等，可根据旅游者的需求沟通安排。

（4）“游”

游的设计内容是指游览的方式，主要包含游览的景点、游览线路和游览时间三方面。“游”的设计需在有限的时间里，让旅游者欣赏到最具观赏性和代表性的景点，观赏体验更加全面广阔且拥有足够的观赏时间。同一个景点游览的侧重点、路线和时间不同，都会影响旅游者整体的旅游感受；资源特点、产品主题或旅游者旅行目的的不同，游览方式也各有不同。因此“游”的设计首先要对目的地的大环境和景区内部有足够了解，才能将其宏观与微观的元素进行最佳组合。要根据目的地经济发展水平、周边环境状况、景区状况等不同，设计相应的游览方式，为不同层次与需求的旅游者创造独一无二的体验。

（5）“购”

购物的设计是指旅游过程中对旅游商品的交易设计。旅游商品是一种兼具物质和精神属性的特殊商品。旅游活动中广义的购物范围很广，有的购物活动本身就是特殊的旅游资源，提供丰富的旅游购物资源，满足游客的购物体验需求，已成为某些旅游目的地最具吸引力的内容之一。狭义的购物设计特指购买具有地方特色、民族特色或民间特色的旅游商品，包括但不限于风物特产、旅游纪念品、旅游工艺品、文创产品等。在购物的类别策划设计上，要坚持有特色、高品质、有品位和多层次，以满足不同类型旅游者的需求，购物地点也要选择正规的商店或企业。

（6）“娱”

娱乐活动设计是指对旅游过程中可观赏或参与的娱乐活动的设计。可按旅游者在旅游目的地的参与程度，分为文化娱乐型（观赏戏剧等表演类节目）、游艺运动型（滑雪、射箭、打高尔夫球等运动项目或比赛）、参与表演型（观赏或体验历史文化表演、剧本杀、游乐园、节事活动等）和参观型（观赏民俗工艺、服饰或艺术展示等）。在娱乐活动设计过程中，要充分挖掘民族化、地方化、民俗化或其他具有代表性的文化娱乐项目，让旅游者获得全方位的旅游娱乐体验。

5. 定价及营销策略的选择

（1）旅行社产品的定价策略

产品定价的目的是顺利打开市场。常用的定价方法有三种：市场撇脂定价（高定价）、市场渗透定价（低定价）和适宜定价（介于二者之间）。

①市场撇脂定价（高定价）适用于较为细化、专业化的独特产品，采取高价投放市场，可以使旅行社在短期内获得高额利润，具有一定的独家垄断性和降价的空间。

②市场渗透定价（低定价）适用于常规新产品，与同类型产品差别不大，但在采购或自身资源方面有渠道优势，采取低价投放市场，可以迅速打开市场，以量取胜。低价会对竞争者产生排挤，从而达到长期占有市场

的目的。

③适宜定价（介于二者之间）较为保守，适用于有创新但力度不大的新产品，对旅行社采购资源优势依赖不大，是一种稳扎稳打的策略。

思考讨论

旅行社产品定价有无可参照的标准？是定价高比较好还是越低越好？为什么？

（2）旅行社产品的营销策略

旅行社产品的营销活动贯穿产品设计的全过程，因此产品设计成形时就需制定好营销策略。营销策略设计需对目标市场开展调研，通过相关数据的分析与整理，制定营销方案，选择营销方式。常见的营销策略有整合营销和分众营销。整合营销是以旅游者为核心，综合使用各类型传播方式与消费者双向沟通，达到产品行销的目的。分众营销是指通过周密的市场调查，对目标消费客户群进行细分，以适应特定群体的特定价格，通过特定的渠道和方式进行精准营销。分众营销的针对性更强，效果往往立竿见影。实际操作中，需按照产品的不同特征选取不同的营销策略。

笔记

四、任务实施

实训项目	旅行社产品策划
实训时间	
实训要求	1. 了解旅行社产品策划的原则 2. 掌握旅行社产品策划的流程与内容 3. 能够独立完成产品策划
实训地点	多媒体教室
实训材料	多媒体、产品策划资料等
实训内容与步骤	一、实训准备 1. 教师提供实训可选的目的地和产品类型，每一项均为单选，避免重复。 2. 学生分组选择目的地和产品类型，分工合作进行产品策划并制作 PPT。 二、实训开始 1. 小组成员分工收集目的地资源，对产品进行分析与定位，设计旅行项目及游玩方式，配置旅游要素，进行产品定价及营销策略的选择； 2. 小组派代表进行 PPT 演示，阐述本组的产品策划过程和成果。 三、实训考核、点评 教师就各小组资料收集、项目设计组合、资源配置、产品的完整性、团队合作等方面进行示范性点评，然后小组间互评，师生共同总结任务要点，纠正任务实施过程中存在的问题，并提出改进性建议。

五、任务评价

旅行社产品策划考核评价表

考核项目	具体内容或要求	扣分项	得分
旅行社产品策划的原则	1. 体现以人为本原则 2. 体现主题突出原则 3. 体现布局合理原则	总分共 30 分，缺一项扣 10 分	
旅行社产品策划程序与内容	1. 产品分析与定位准确 2. 旅行项目设计合理与命名规范完整 3. 游玩方式设计合理 4. 旅游要素配置合理 5. 产品定价策略的选择恰当 6. 产品营销策略的性价比高 7. 产品的整体具备完整性	总分共 70 分，缺一项扣 10 分	
合计			

六、任务巩固

请你为刚刚参加完高考的学生设计一款为期一周的旅行社产品，目的地自选。

自我分析与总结

任务五　旅行社产品试投放与反馈

案例导入

山西H旅行社开发了一款山西品质游产品“寻找失落的经典”投放华东市场，以山西中北部地区最具代表性的云冈石窟、五台山、平遥古城等景点为主线进行策划，叠加了特色服装接机、专享温馨卡、佛乐演奏、莲灯祈福等众多体验类项目。目标客群为厌倦低质低价、注重旅游品质和体验价值的游客。产品试投放市场后，收获了很多反馈和建议。其中一部分反馈很有建设性，如：区间交通时间超过3小时，是否可以考虑增加茶点？山西是戏曲的摇篮，是否可以安排当地的戏曲表演以增强文化氛围？产品策划团队对此类建议进行了采纳，后续增加了专属的零食礼包，内含传统点心、茶包，还根据季节投放了润唇膏、夏日防晒用品等，并配发便携式垃圾袋；也增加了独家戏曲表演环节。“寻找失落的经典”投放华东市场后，获得了良好的市场反馈和口碑，企业年接待量不断攀升，成为山西地接旅游市场上最具代表性的首选产品。

【讨论】

请同学们认真阅读案例，进行分组讨论，一项旅行社产品试投放市场后最应该重视的是哪一种反馈？为什么？

【案例评析】

案例中，旅行社产品投放市场后，最终的体验与感知对象是旅游者，因此旅游者对于线路安排、活动设计的合理化反馈是旅行社最应该重视的信息，也是产品改进的方向。H旅行社根据反馈调整了相应的服务内容，组成一个完整的优质服务链条，是产品获得成功的重要因素。

一、任务描述

旅行社产品作为特殊的消费品，市场是评价其综合价值最直观的评委。尽管旅行社产品在设计时，经过对消费者和市场的调查和研判，对每个环节都进行了相应的评估和预测，但这种预测很大程度上带有产品研发者对于调研结果的主观判断。无论旅行社产品的创意多么新奇独特，能否达到预期的效果都需要在市场上接受检验。因此在产品正式投放市场前，需先进行产品的试投放，即试产试销，发现产品实际操作中存在的问题并优化修正。通过试投放，也可初步分析产品的获利模式。

二、任务学习目标

1. 了解旅行社产品试投放的目的
2. 熟悉旅行社产品试投放的操作流程
3. 掌握旅行社产品的评价反馈与优化

三、完成任务需要的新知识

（一）旅行社产品试投放的目的

旅行社产品试投放的主要目的，是了解产品销路、检验市场营销组合策略的优势、收集合作商和旅游者的评价反馈信息，以及发现实际操作中存在的瑕疵和问题并进行产品优化。

（二）旅行社产品试投放流程

1. 适量投放产品

旅行社产品试投放不同于成熟产品的常规销售，不宜大规模投放，可通过可靠渠道适量投放测试。如果开发产品的旅行社是产品的销售终端，可在具有一定忠诚度的老顾客群体中推广；如果开发产品的旅行社是批发商，可通过试销优惠、优先体验等方式推广投放。适量的投放也有助于对产品质量的把控，但适量不代表渠道越单一或量越少越好，多渠道适量投放的测试效果会更为多元，最终结果也更具参考性。

2. 标准化运营产品

试投放产品在品质方面要严格按照产品设计的标准把控，这就需要旅行社内部良好的沟通与合作。产品研发部门与计调部门、资源采购部门等严密对接，沟通相应的执行与服务标准，充分利用各种资源，降低成品成本和直观价格，对于产品设计中的亮点元素或独特设计要着重关注落实，注重产品的实效，保证产品的质量。同时，要对较为薄弱的要素或环节提供备选的方案，以备不时之需。

3. 产品信息反馈与评价

产品试投放的目的是收集反馈与评价。旅游者、产品执行人（通常为导游）或经销商的反馈，可以帮助旅行社产品开发部门精准地发现产品的短板和瑕疵，清晰地洞察市场和客户的真实期待和潜在的需求。

常用的产品信息反馈收集方法有直接询问法和问卷调查法。无论是哪种收集方法，都要注意以下四点：一是问题的设置要清晰，设置的范围要避免太大，或过于空泛，不好回答，问题的设置要易于理解，避免产生歧义；二是对不同的调查对象要进行细分，如性别、年龄段等，以便做更加细化的分类分析；三是避免单一渠道的反馈，单一渠道的反馈信息容易产生同一性，信息覆盖不够全面；四是避免太早或过晚地邀请客户反馈，太早的反馈不能涵盖产品的全貌，太晚又容易有偏差，可选择在行程过半时和全部完成后及时收集。

4. 产品优化

收集到的反馈信息和评价经过综合的分析后，研发部门要根据问题的类型进行针对性的修正和改进优化。对于产品投放渠道和营销方面的反馈，可进行渠道多样化改进和营销人员培训；对于产品结构性的反馈内容，可进行可行性调整；对于服务人员问题反馈，可进行内部的技能提升培训、人员调整或流程操作训练。至于一些完全和产品无关的情绪宣泄，则无须干预。产品优化时需注重对创新性、要素唯一性上的优势予以保留与加强，去粗取精，进一步提升产品性能，以便大规模推广。

思考讨论

信息反馈收集方式中，你认为最可靠的是哪一种？为什么？

笔记

四、任务实施

实训项目	旅行社产品试投放与反馈
实训时间	
实训要求	1. 了解旅行社产品试投放的目的 2. 掌握旅行社产品试投放的操作流程 3. 能够收集旅行社产品的反馈信息并进行评价 4. 能够根据反馈信息的评价结果对产品进行优化
实训地点	多媒体教室
实训材料	多媒体、产品试投放相关资料等
实训内容与步骤	一、实训准备 1. 老师讲解产品试投放与反馈的操作流程。 2. 学生分组，交叉将上一任务中策划完成的产品试投放，并收集反馈。 二、实训开始 1. 小组成员讨论试投放目的。 2. 选定试投放渠道。 3. 产品质量控制监督。 4. 信息反馈的收集整理。 5. 小组选派代表阐述产品优化的过程和结论。 三、实训考核、点评 教师就各小组资料准备情况、渠道选择及反馈收集等方面进行示范性点评，然后小组间互评，师生共同总结任务要点，纠正任务实施过程中存在的问题，并提出改进性建议。

五、任务评价

旅行社产品试投放与反馈考核评价表

考核项目	具体内容或要求	扣分项	得分
产品试投放的目的	1. 体现对产品销路的了解 2. 体现对市场营销组合的检验 3. 收集评价反馈信息 4. 发现实际操作中存在的瑕疵	总分 20 分，缺一项扣 5 分	
产品试投放流程	1. 适量投放 2. 标准化运营	总分 20 分，缺一项扣 10 分	
产品的信息反馈与评价	1. 体现信息反馈的重要性 2. 有明确的信息反馈收集对象 3. 信息反馈的收集方式多样且合理 4. 反馈结果分析与评价全面、专业	总分 40 分，缺一项扣 10 分	
产品优化	1. 投放渠道和营销方面有改进 2. 产品结构有可行性调整 3. 服务人员技能有提升 4. 非产品问题一般无须干预有体现	总分 20 分，缺一项扣 5 分	
合计			

六、任务巩固

山东曲阜某旅行社推出了一款名为“明礼生活，修贤度假”的主题 2 日游产品，是以当地的尼山书院主题酒店为度假地，结合太极、书法、茶道体验为一体的休闲度假产品。产品亮点：早起晨读，在青山碧水间打一场以柔克刚的太极拳，傍晚挥毫抄写论语金句，置身于古色古香的建筑中，如隐士般与朋友烹茶小聚，获得别样的度假体验。请你为这款产品模拟试投放并提出优化建议。

自我分析与总结

项目总结

好的旅行社产品是“向往的生活”

旅行社产品策划需要根据旅游市场需求和旅游资源优势，对旅游产品进行研制、开发和优化。要立足目的地资源优势，结合市场需求，以理性与感性相结合的思维方式创造出独具特色的产品。旅行社产品策划师要有一双善于发现美的眼睛，寻找资源特点，追踪市场热点，突出产品亮点，打造产品卖点。一个好的旅行社产品需具备明确的市场定位、鲜明的特色，深厚的文化内涵、良好的运营方式、独特的销售主张，才能在竞争中获得胜出的机会。

好的旅行社产品能以新奇独特的创意、合适的游玩方式、恰如其分的服务植入，使旅游者获得截然不同的旅行体验，并最终使旅行社产品成为旅游者向往的生活方式。

项目练习

1. 旅游市场调研及分析的方法有哪些？
2. 旅行社产品的创意来源都有哪些？
3. 旅行社产品策划的原则是什么？
4. 谈谈旅行社产品的试投放流程。

项目二 | 旅行社产品策划实例

项目导读

旅行社产品随市场需求的变化而不断改变，随着旅游者的旅游经验日益丰富，非从众心理日趋增强，开始追求更加细分化、专业化、个性化的旅行社产品。市场需求的变化是旅行社产品创新的原动力，在充分了解文化潮流和旅游者需求的基础上，旅行社只有不断推陈出新，有针对性地开发能够契合旅游者需求的产品，才能保持持久的竞争力。

对常规性的旅行社产品如观光、休闲、度假、商务等产品的设计，现有教材中均有不同程度的涉及，在此不再赘述。本项目选择了近年来最为热门的中小学研学旅行课程策划和定制旅行产品策划进行阐述，并辅以案例，为旅行社新产品的策划提供一些参考。

涉及岗位介绍

研学旅行指导师：主要负责策划、制订或实施研学旅行课程方案，在研学旅行过程中组织和指导中小学学生开展各类研究学习和体验活动。研学旅行指导师需掌握研学旅行政策法规知识、相关研学旅行目的地及营地的情况、研学旅行安全风险管理知识、基本的安全防护救护知识与灾害应急常识等，还需掌握研学旅行课程方案设计、课程及体验活动实施等知识。

旅行定制师：接受旅游者的委托，根据旅游者的需求单独设计行程、报价并提供全程服务，包括但不限于单项旅游服务、会议旅游服务、奖励旅游服务、特种旅游服务等。旅行定制师需要熟悉目的地的旅游资源、设备设施、文化背景、民族风情等内容，还需具备一定的消费心理学、消费行为学等知识，能根据客户的需求变化与方案反馈调整产品，始终以良好的服务态度、专业的行业知识来获得客户的信任，从而促成业务的成交与合作。

项目学习目标

知识目标	1. 了解中小学研学旅行课程的含义 2. 熟悉定制旅行产品的策划原则和流程 3. 掌握以上两种类型旅行社产品的设计方法
能力目标	1. 具备综合运用产品设计方法设计产品的能力 2. 具备设计特色创意研学产品的能力 3. 具备风险防范与应急处理能力
素质目标	1. 培养学生时刻关注行业动态的意识 2. 培养学生夯实专业基础的观念 3. 培养学生注重知识积累与创意实践相结合的精神
思政目标	1. 激发学生热爱祖国、热爱家乡的情怀 2. 培养学生独立思考、勇于创新的精神 3. 培养学生以人为本、服务游客的意识

项目实施

本项目从“中小学研学旅行课程策划”和“定制旅行产品策划”两个类型的产品策划展开。从课程类型、课程特征和设计要点等方面入手设计中小学研学旅行课程，结合策划实例，引导学生发散思维，开发课程特色和体验价值，拓展产品的创新能力；从客户沟通、资源匹配、方案命名与构思、方案撰写与视觉设计等方面着手定制旅行产品策划，提高与客户的沟通交流能力和产品定制技能。

任务一　中小学研学旅行课程策划

案例导入

童心向党·党的故事我来讲

——纪念中国共产党成立 100 周年主题研学课程方案

课堂说明：“不忘来时路，永远跟党走”，在 2021 年中国共产党成立 100 周年之际，山西太原开展“童心向党·党的故事我来讲”主题研学活动，少年儿童用他们稚嫩的声音再现党史中的山西故事，在诵读中厚植爱党、爱国、爱社会主义的情感，传承中国共产党百年红色基因，更加坚定听党话、感党恩、跟党走的人生信念。

课程目标：

1. 通过实地探访太原解放纪念馆，了解太原解放历史，发掘感人至深的历史故事，引导学生们了解先烈的艰辛，明白今天的幸福生活是无数英雄烈士用鲜血换来的，要用真诚的态度刻苦学习，以优异成绩向建党 100 周年献礼。

2. 通过组织学生参观太原解放纪念碑、徐向前元帅铜像区、烈士纪念碑区、烈士陵园、双拥展览馆和重型兵器展，进一步培养学生深入观察和感知的能力，提高学生的综合参与度，渗透爱国主义思想。

3. 通过丰富的学习内容和学习方式，引导学生知党爱党，厚植热爱社会主义的情怀。

4. 通过“党的故事我来讲”主题活动，培养学生的表达能力和资料的收集整理能力，使学生在讲故事活动中获得更多的学习方法，提升综合素质。

5. 通过小组活动，提高团队合作意识，牢记党的重要事件，激发学生的学习热情和团队协作能力。

知识推荐:

书籍:《中共山西历史青少年读本》《党的故事：学生诵读本》

电影:《建党伟业》

短片:《红色风华——讲给青少年的山西故事》《太行红缨枪》

课程大纲:

课程单元及学习主题		研学地点
太原解放	太原解放的过程及其价值	太原解放纪念碑区
元帅风采	徐向前元帅的成长经历和感人故事	徐向前铜像区
党史故事	党史中的山西故事	烈士纪念碑区
时代新风	新时代的双拥故事	双拥展览馆
强国有我	共和国的艰辛历程	重型兵器展区

行程安排

时间	活动内容
8:00-8:10	在校操场集合整队，强调活动具体要求，更换小红军服装。
8:30	登车出发（行车过程中，可为学生讲解太原城市历史）。
9:00	到达太原解放纪念馆，整理队伍进入纪念馆。
9:10—10:10	参观太原解放纪念碑区，为纪念碑进献花圈、默哀，听讲解员讲解那一段惊心动魄的历史。
10:10—11:50	参观徐向前元帅铜像区，开展“党的故事我来讲”主题活动，各小组代表讲述党的光辉历程中闪亮的故事。由老师组成的评委小组评出优秀作品并颁发证书。
11:50—12:30	休息区午餐，休整。
12:30—13:10	参观烈士纪念碑、烈士陵园。
13:10—14:40	参观双拥展览馆，制作双拥主题手抄报。
14:40—15:50	参观重型武器展，开展“建党知识对对碰”活动。
15:50—16:00	集合登车，准备返校。
16:30	返回学校，研学活动结束。

【讨论】

请同学们认真阅读案例，分组讨论研学类课程设计的特点是什么？

【案例评析】

本案例中的研学课程设计紧跟热点事件，依托地域文化，通过实地参观＋互动活动的方式，追忆革命年代可歌可泣的故事，以实际行动传承红色基因，践行红色精神。活动设计“研”“旅”融合，寓爱国主义教育于参观游览之中，将革命历史、革命故事和革命精神通过活动厚植学生心底。

一、任务描述

随着研学旅行的不断升温和发展，中小学研学旅行课程策划成为旅行社开展青少年业务的新热点。鉴于研学旅行的含义界定和研学旅行的教育功能，旅行社开发的研学旅行产品通常称为研学旅行课程。目前，市场受众面最广的是中小学研学旅行课程。旅行社通过利用丰富的教育旅游资源，进行具有文化传承、技艺体验、科普研究等功能的研学旅行课程设计，培养中小学生自我学习与思考能力，增强自我创新精神，激发创新意识，改变中小学生的学习形态，全面展示课程的开放性、主体性、互动性和时代性的特征。

二、任务学习目标

1. 了解中小学研学旅行课程的含义
2. 熟悉中小学研学旅行课程的类型和特征
3. 掌握中小学研学旅行课程的设计要点

三、完成任务需要的新知识

（一）中小学研学旅行课程设计的含义

2016 年，教育部等 11 部门联合印发了《关于推进中小学生研学旅行的意见》（以下简称《意见》），对研学旅行明确定义为：“中小学研学旅行是由教育部门和学校有计划地组织安排，通过集体旅行、集中食宿的方式开展的研究性学习和旅行体验相结合的校外教育活动，是学校教育和校外教育衔接的创新形式，是教育教学的重要内容，是综合实践育人的有效途径。"《意见》还指出，研学旅行"一般安排在小学四到六年级、初中一到二年级、高中一到二年级"，研学旅行内容为"小学阶段以乡土乡情为主，初中阶段以县情市情为主，高中阶段以省情国情为主"。

中小学研学旅行课程设计是指以中小学生研学为目的，通过对各类旅游资源和社会资源的调动与组合，最终形成的综合性、系统性旅行课程方案。该方案需满足以下要素：一是该产品的参与对象为中小学生；二是有明确的教育目标和内容；三是参与对象以参观型、体验型、研究型或综合实践的方式来进行；四是通过旅行的方式在校外开展；五是有完整的学习过程及最终实物呈现。

（二）中小学研学旅行课程的类型和特征

1. 中小学研学旅行课程的类型

中小学研学旅行课程以研学目标为根据，兼顾不同学龄段学生的身心发展规律，根据不同学龄段所学知识内容研发课程体系。中小学研学旅行课程的内容由多个既有独立性又相互关联的课程单元组成，课程单元内涵丰富，分类维度众多，常见的有按照教学方式分类，如参观式课程、体验式课程、研究式课程、服务性课程和社会学习类课程；或按照课程主题分类，如红色思政类课程、自然科学类课程、传统文化类课程、国防科技类课程等。

2. 中小学研学旅行课程的特征

（1）"研""旅"融合性

中小学研学旅行课程是教育和旅行相融合的突破性实践，既是旅游业态的创新，也是教育改革的创新。国家层面的相关文件明确说明，研学旅行是以中小学教育目标为导向的教育旅游，与学段、学科、中小学生素养等密切关联，教育功能也不再是简单地以具有教育价值的旅游资源来决定，而是对旅游资源进行课程化设计，寓教于乐，以实现教育功能。作为一款教育类的旅行社产品，中小学研学旅行课程的核心价值在于教育功能的实现。

（2）综合实践性

中小学研学旅行课程蕴含丰富的教育内容，涉及众多的资源、人员和空间的转换。一方面中小学生走出学校，走向自然和社会机构，参与生产和生活活动，向自然和社会学习；另一方面，教师和其他相关人员参与其中组织、协调、调动资源，中小学生在研学过程中经历自然、历史、文化、生活与社会等各个方面的生活实践以及研究性学习等重要内容，都是典型的综合实践性。

（3）体验情境性

中小学研学旅行课程是一项内容繁多的活动，其过程的体验情境性特征格外明显，从学生们踏上行程开始旅行，到人文体验、生活实践和研究性学习等，所有的感官都要参与进来，对山川风物、社会人文等方面的认知不仅仅是通过书本的文字介绍、老师或讲解员的解说和自己的印象，更是每一位参与的同学在切身的情境体验中真实感受到的。无论是面向哪个阶段的学生，开展何种模式的研学旅行课程，想要发挥研学旅行课程在促进学生健康成长和全面发展等方面的重大作用，都要在创造体验的情境上下功夫，引导学生“情境自洽”，这也是研学旅行课程的魅力所在。

（4）探究开放性

研学旅行课程是开放性的学习空间，重在对感兴趣的内容进行实践探究，要为学生创设实践探究的“场”域，既可以丰富实践体验，又可以深化问题探究，促进实践能力发展。研学旅行课程不同于一般性的旅行活动，要有“研”有“学”，有“游”有“乐”，以学习共同体的方式开展集体性学习活动。学生自主选择活动方式，自主管理学习、活动和生活，发现自我价值和自身潜能，积极应对复杂多变的陌生环境，适应新的社会生活，探究“研”与“学”的路径。在社会和自然课堂中学习、体验，目标定位更综合、更开放。

（5）过程趣味性

研学旅行课程是寓教于乐的课程，充分考虑到中小学生的年龄和思维方式特点，在轻松愉悦的氛围下开展学习和探究，在充满趣味性的过程中最大程度地激发学生学习的热情。生动的语言、丰富多彩的参与方式、引导启发式的情境创设等都能激发学生学习的兴趣，使学生们保持高度的专注、投入和参与性，使每一位学生都有展示自己的机会，真正实现乐学相融。

（三）中小学研学旅行课程的设计流程

1. 调查分析研学需求

研学课程源自现代素质教育需要，具体的课程需求又因地域、学校、学龄段的差异而各不相同。因此在设计研学旅行课程前，需要调查学校对于课程的需求情况。研学课程的需求调查通常从学校的基本信息、课程意向、接待标准、以往课程情况等几个方面展开。调查的对象可分为三个层次，一是校内研学课程的主要负责人，一般为主管领导如学校的校长或副校长、德育部主任等；二是参与研学课程的相关教师，主要包括年级组长、班主任、任课老师等；三是参与研学的学生。调查的方式可以是专题会议式、访谈式或问卷调查式。

调查结束后，需对调查的结果进行分析，便于了解学校的基本情况和对课程的需求，分析学生学情、不同学龄段的身心特点、接待标准等，为课程设计提供参考思路。

2. 设计课程主题，制订课程目标

研学课程的主题主要基于学校对课程的需求和构想，如本学年度研学的方向、课程的知识目标或类别等。很多时候，学校提出的构想和方向较为宽泛，定位较为模糊，这就要求课程设计者将信息分析后进一步地具体化，结合学情特点设计相关的课程主题，并制订课程目标。

课程主题需用精炼的标题来增加吸引力。标题要能体现课程的主要内容，便于理解和记忆，可结合当前的热点事件或热门话题，也可融入诗句或一语双关，起到画龙点睛的作用。课程目标的制订因学校、学段、主题的不同而不同，一般依据学校的既定目标、学情分析、课程内容、资源特色而定，既要切合实际需求，也要考虑当地的资源配置。研学课程的目标一般包含知识目标、能力目标、素质目标和思政目标。

3. 选择研学资源，设计课程内容

研学课程是行走的课堂，需要走出校门到广博的自然和社会中去学习，根据课程的主题和目标，结合学段及当地资源情况选择相应的研学资源，通过多种渠道收集资源信息并进行分类整理后备选。选定后，还需对资源做进一步的了解和实地考察，主要内容包括但不限于开放时间、预约通道、服务项目、场地环境、相关费用等方面，确定业务对接人及联系方

式等。

研学课程的内容设计以课程目标、学情特征为依据，主要包含了参观体验的线路、活动场馆、属地资源、相关服务及可提供的技术支持。研学课程的内容通常是以模块化或单元化的形式呈现，每个模块或单元彼此独立又具有一定的关联关系，一般会基于课程的主题或教学方式来设计课程模块内容。以参观式课程为例，常见的模块内容包括：

（1）知识基础模块：了解学生对相关知识的掌握情况，可在国家规定的教学课程内容基础上延伸扩展，也可依据地方特色课程、校本课程的特点和实践，以及常识类知识和能力素养程度等方面展开设计。

（2）明确参观内容和学习目标：选择具有代表性的课程内容，对照课本已有知识，拓展知识的宽度和深度，并根据具体的需求和时长设计相应的学习目标。学习目标应结合资源、需求和学情酌情设计。参观内容要繁简有序，详略得当，有选择性地进行。

（3）设计参观方式：根据课程内容和知识要求，设计相应的参观方式。常见的参观方式有讲解式参观和任务驱动式参观。无论哪种参观方式，都需要合理设计参观路线，尽量单向参观，不走回头路，若参与人数较多、场地受限时，可设计参观节点相同但顺序略有差异的 B 路线（第二路线），错峰参观以保证最佳的学习效果。

（4）设计讲解词：明确参观的内容、学习目标和参观路线后，需设计相应的讲解内容。讲解内容设计要根据参观方式、路线、学生的学情来确定知识的拓展宽度和深度。以达成学习目标为根本，内容要力求真实准确，符合主流价值观，语言要根据内容调整，可适量运用诙谐风趣的表述以增加趣味性，尽量贴近青少年的语言习惯和理解能力，切忌过度追求专业和高深。

（5）制定活动规则，设计活动流程：活动规则的制定主要包括课程内容完成的具体时间、完成形式（独立完成或小组完成）、完成程度等要求。活动流程的设计主要分为活动前准备（如小组分配）、组织活动开展、活动后成果展示和总结三部分，可根据不同课程类型酌情设计。

4. 学习成果展示，安排课程行程

完成课程目标和课程内容学习后，会产生相应既定的学习成果，可根

据课程类型的不同设计不同的成果展示方式。如参观式课程中的摄影作品、诗歌散文；体验式课程中完成的模型或作品；研究式课程完成的课程记录、总结报告等。适当的展示方式会进一步增强学生的参与感和成就感。

课程的行程安排涉及交通方式、行程路线、住宿、餐饮等方面，本地课程可直接联系相应的资源采购，异地研学需选择具有资质和良好信誉的接待机构，合作进行资源的采购和线路安排，严格按照研学课程的设计推进，保障课程设计的完整实施和目标达成。

思考讨论

你认为最受中小学生欢迎的学习成果展示是哪一种？为什么？

____

____

____

____

____

5. 核算课程成本，撰写课程方案

课程设计结束后，需进行详细的成本核算，如设计的成本与学校的预算要求不符，则需要对方案进行调整直至符合要求。成本核算内容一般包括大交通、区间交通、住宿、餐饮、门票、场地、物料、研学指导师、机动费用等。一般按照单人费用核算，研学指导师的费用核算较为复杂，一般应独立核算。整个成本核算可制作成成本核算表，列出相关项目，避免遗漏。

核算符合要求后，着手撰写研学课程方案。研学课程方案是研学活动的依据和指南，主要包括课程介绍、课程内容说明、课程服务保障、课程评价等内容。可根据课程类型不同酌情设计组合。

6. 设计研学课程学生手册和工作手册

研学课程学生手册是学生参加研学课程活动的指南，主要包括课程介绍、安全须知和总结与评价三个部分。课程介绍涵盖课程概况、行程安排、行前提示、课程单元设计等内容；安全须知包括安全注意事项、出行常

识、应急情况处理等内容；总结与评价主要是指对学生学习效果的总结与评价，一般采用量化评价，评价的内容从课前的准备情况、课中表现、课后的成果展示和综合表现三个层面展开，评价的主体可以是学生自我、教师、研学指导师、家长等。学生手册的设计、排版、印刷、装订按照不同课程和内容而定，尽可能采用图文并茂和表格化的形式，以便于阅读和填写。

研学课程工作手册是研学指导师进行研学活动实施的依据。内容包括汇总工作信息表、工作执行表、注意事项。汇总工作信息表包括学生和教师的信息、分车、分房、分餐、票务、物料等内容；信息工作执行表包括工作的时间、流程、分工等内容；注意事项包括饮食菜单及禁忌、天气预报、酒店提示、应急方案等内容。一般以清晰明了的表格形式呈现，研学指导师和参与研学活动教师人手一册，以便于统计和填写。

（四）中小学研学旅行课程设计实例

海拔 2358 米地理大发现——历山丛林探险记课程方案

课堂说明

山西省垣曲县东南部的垣曲黄河·历山风景区是山西省最大的自然生态旅游基地。主景区舜王坪海拔 2358 米，为历山主峰，因舜耕而得名。峰顶有总面积为 5400 余亩的天然绿草如茵的亚高山草甸，有“云中草原”“空中花园”之美誉，其三面悬崖峭壁，登临远眺，绵延无际的原始森林中，起伏的山峦宛若绿色海洋中的小岛随波荡漾，蔚为壮观。

猕猴源景区位于垣曲西哄哄村和阳城的东哄哄村交界处，是历山珍奇动植物科考基地，景区内常年聚集着千余只野生中条猕猴，是华北地区最大的野生猕猴驯养基地。

课程目标

知识目标：

1. 在博物馆认知历山的植物与化石资源，进一步了解标本和化石的相关知识。

2. 历山猕猴源实地探访，与中条猕猴面对面，了解猕猴的生活习性等知识。

3. 徒步穿越历山山林，探究海拔与植被关系的地理阶梯知识。

4. 对照《本草纲目》，认知历山的植物中药草知识。

5. 在徒步穿越中普及野外生存的知识。

6. 感受大自然的险峻神奇，树立人与自然和谐共生的生态保护知识。

技能目标：

1. 通过观察动植物，培养观察、辨识动植物的方法与技巧。

2. 通过制作植物相框，培养动手能力与审美能力。

3. 通过采集中草药的任务驱动，培养辨识及采集中草药的方法与技能。

4. 通过穿越原始森林，培养登山运动的技能。

5. 通过穿越山林，培养野外辨别方向的技能。

6. 通过小组任务驱动，培养团队协作互助的技能。

素养目标：

1. 认识自然，亲近自然，体验人与人、人与自然以及自然自身的和谐与平衡。

2. 认识自然，观察自然，走进自然，体验人与自然共存的美好。

3. 亲近自然，激发快乐的体验。

4. 亲近自然，激发学生天性，在大自然的互动中让孩子注意力更集中，获得全方位的成长。

5. 在自然中舒解压力，开阔心胸。

6. 动用全部感官感受自然，锻炼更敏锐的五感。

思政目标：

1. 培育学生求真务实、实践创新、精益求精的精神。

2. 培养学生踏实严谨、吃苦耐劳、追求卓越的优秀品质。

3. 培育健康的审美情趣、乐观的生活态度，把爱国主义、民族情怀贯穿渗透到课程教学中，帮助学生树立起文化自觉和文化自信，激发爱国主义情怀和民族自豪感。

4. 在知识传授和能力培养中弘扬社会主义核心价值观。

5. 传播爱国爱党、积极向上的正能量，培养科学探究精神。

知识推荐

推荐书目:《动植物之百科全书》《本草纲目》(彩图版)

课程特色

1. 主题化：以“海拔”为主线，两天深度游一座山，体验“人和自然”。

2. 趣味化：两大主题版块设置，十大任务进阶，增强孩子探究的兴趣。

3. 探险化：横穿丛林，探险地理阶梯，增长野外生存的基本技能。

4. 成果化：研学学习成果 7 项 + 研学物化成果 13 项，多达 20 项成果。

5. 教育化：以历山国家级自然保护区为载体，让自然教育真实发生。

6. 安全化：户外专家指导，1:10 师资配比，保障教学确保安全。

7. 综合化：自然教育 + 户外教育 + 地理感知 + 旅行体验 + 亲子互动。

行程安排

问题驱动	人与自然，自然与人，如何更好地共存共生？					
序号	时空		主题		行程安排	课程内容
1	第一天 舜王坪脚下	7:30-9:00 运城—垣曲县城	「人和自然」自然中的人	破冰开营	出发，安全行车； 车上完成《开营仪式》。	任务一： 领受《任务》
2		9:00-10:30 垣曲自然博物馆		自然搜寻	抵达垣曲县城，参观学习全国第一座县级自然博物馆——垣曲自然博物馆，探究化石和标本的奥秘。	任务二： 考究标本与化石
3		10:30-12:30 垣曲县城—历山宾馆		在路上	出发，安全行车。	完成研学卡
4		12:30-13:30 历山餐厅		中餐	靠山吃山，靠水吃水。	任务三： 自然的味道

续表

序号	时空		主题		行程安排	课程内容
5	第一天 舜王坪脚下	13:30-13:45 历山餐厅—猕猴源景区	“人和自然”自然中的人	在路上	出发，安全行车。	
6		13:45-15:30 历山猕猴源景区		自然萌宠	前往历山猕猴源景区，游览沟谷风光，与中条猕猴群近距离互动。	任务四： 猕猴互动体验
7		15:30-15:45 猕猴源—宾馆		在路上	出发，安全行车。	
8		15:45-18:30 舜王坪外		自然猎人	集体出行，分组前往舜王坪山脚，在69岁的老向导带领下，采摘野菜，做成美味晚餐；按要求采集植物素材，分组制作“植物相框”，把绿色装进画框。	任务五： 野外采集手工课
9		18:30-19:30 历山餐厅		自然味道	靠山吃山，靠水吃水。	任务三： 自然味道
10		19:30-20:30 会议室		野外 安全课	专题讲座； 拓展游戏。	任务六： 拓展游戏 专题讲座 《野外生存安全课》
11	第二天 舜王坪坪内	6:30-7:40 历山宾馆	“人和自然”自然中的人	早餐	1. 起床，洗漱； 2. 打理背包； 3. 早餐。	
12		7:40-8:00 宾馆—舜王坪景区		在路上	出发，安全行车。	
13		8:00-9:30 舜王坪上山路		攀登2358	登山 乘坐景区小交通转山路，一览中条层林风光；抵达古帝躬耕牌坊后，以组为单位开始登山观察赛。 小提示：安全登山不远行。	任务七： 登山野外观察

续表

序号	时空		主题		行程安排	课程内容
14	第二天 舜王坪坪内	9:30-11:30 舜王坪上	“人和自然”自然中的人	打卡识药	草甸 一脚踏入5400余亩的亚高山草甸，眼前豁然开朗；舜王庙礼拜，奶泉旁取水，观月亭边一览众山小，天书石、南天门探听亚高山草甸的声音；演绎一出千米草甸“我是谁”的游戏。 小提示：保护草甸不破坏。	任务八：“耐思”摄影
15		11:30-14:00 舜王坪下山路		野外生存	地理阶梯： 徒步山林，穿越针叶林、小叶林、灌木丛、神奇的碎石咕噜汤坡；探究海拔与植被的关系；野外生存。 小提示：穿行山林，不乱跑。	任务九：穿越丛林
16		14:00-14:15 舜王坪—餐厅		在路上	出发，安全行车。	车上休整
17		14:15-15:15 舜王坪—餐厅		中餐	靠山吃山，靠水吃水。	用餐
18		15:15-15:45 餐厅		丛林归来	对两天的自然探险做总结，并颁发证书。	任务十：结营
19		15:45-18:45 历山—运城		安全返程	休整。	

* 此行程仅供参考，最终以《出团通知书为准》。		
服务标准	费用包含	1. 门票：课程中所含景点门票和景区内交通费； 2. 交通：空调旅游大巴； 3. 住宿：1晚农家乐； 4. 用餐：1早餐3正餐＋野餐小餐包（此为坪顶野餐，食物自带）； 5. 导师：研学指导师＋户外教练＋69岁当地药农向导＋安全员；1 ：10配比； 6. 课程：研发费＋课程材料包＋工具包使用费＋场地费＋专家费等； 7. 保险：1200万旅行社责任险＋研学专有意外险； 8. 赠送：营员帽。
	费用不含	1. 课程工具包：仅限课中使用，课后回收；若有需求请联系指导师； 2. 个人消费等。

续表

评价	课程习得评价	过程性评价	1. 活动中，观察和即时评价，是指导师的重要教学方式之一。 2. 每项任务都设置有课前规则宣布，课后评价、解析教学环节。
		成果性评价	研学学习成果：海拔观测卡 1+ 猎人搜寻卡 1+ 本草九宫图卡 1+ 舜故事打卡图 1+ 方位认证图卡 1+ 丛林穿越图 1+ 研学证 1=7 卡 研学物化成果：植物相框作品 1
	研学服务评价	客户对机构评价	另附
课程保障	课程质量保障	专家顾问团	1. 自然教育专家； 2. 户外活动专家； 3. 垣曲自然博物馆专家； 4. 历山自然保护区专家； 5. 资深当地向导 + 药农； 6. 研学课程教育专家。
	安全保障	执行团队	1. 研学指导师：严格执行课程规则，把控安全； 2. 专业户外教练：项目专项实施，专业保障野外安全； 3. 资深当地向导：导引路径，助力课程开展； 4. 研学安全员：专人专事安全护航。
		医疗保障	1. 医务急救箱，按标准配备，随团应急； 2. 紧急就医信息： （1）垣曲县城：垣曲县中医医院 地址：垣曲县新城大街 112 号，距离自然博物馆 2.3 公里，开车 5 分钟，电话：0359-6023644； （2）历山景区：历山舜王坪景区内设有医务室，可紧急处理擦伤等外伤； （3）历山镇：历山镇中心卫生院，地址：垣曲县历山镇同善村，距离同善村 200 米，距离历山舜王坪景区 40 公里，开车一个小时；距离猕猴源景区 45 公里，开车一个小时 15 分钟，历山镇中心卫生院医务人员 14 名，电话：138××××××××。 3.《安全应急预案》（另附）。
		注意事项	1. 第二日午餐时间较晚，团队准备简易小餐包，更多食品请自行准备； 2. 手机必带，并充饱电，充电器和充电宝备用； 3. 请务必遵守时间，准时或提前抵达指定地点集合； 4. 请遵守野外活动规则，遵守亲子研学纪律，尊重课程老师安排；有事提前沟通。 5. 此为 2 天 1 夜课程，请自带洗漱包等个人用品。
	野外事项	野外装备	1. 着装：长衣长裤，随身带两件外套（抓绒卫衣和防雨挡风的冲锋衣）、登山鞋或运动鞋、棉质厚实的长袜，忌穿板鞋凉鞋拖鞋； 2. 防蚊虫：风油精 / 清凉油 / 花露水 / 青草膏等； 3. 急救包； 4. 饮用水：大水壶 + 小水杯； 5. 免洗洗手液或湿巾纸（活动中洗手）

续表

课程保障	野外事项	野外安全	1. 认识历山的危险动植物，学习如何预防； 2. 学会“打草惊蛇”——防蛇的好方法； 3. 袜子把裤腿包起来，有效抵御蚂蟥。
课程收获	学生成果 / 收获	23 项三维目标	1.6 大学科知识贯穿：地理、植物、动物、登山、野外生存、人文历史； 2.6 大技能提升； 3.6 大素养养成； 4.5 大思政意识落实。
		8 项成果物化	研学学习成果：海拔观测卡 1+ 猎人搜寻卡 1+ 药草九宫图卡 1+ 舜故事打卡图 1+ 方位认证图卡 1+2358 丛林穿越图 1+ 研学证 1=7 卡 研学物化成果：植物相框作品 1
		6 项教育融合	自然教育 + 户外教育 + 地理感知 + 旅行体验 + 团队互助 + 思政教育

（资料来源：山西博物明德研学教育中心，王瑞瑜作品）

笔记

四、任务实施

实训项目	中小学研学旅行课程策划
实训时间	
实训要求	1. 了解中小学研学旅行课程的类型和特征 2. 掌握中小学研学旅行课程的设计要点 3. 能小组完成研学课程的设计
实训地点	多媒体教室
实训材料	多媒体、中小学研学旅行课程策划相关资料等
实训内容与步骤	一、实训准备 1. 学生分组自选设计课程的主题及学龄段，注意主题不要重复。 2. 小组成员分别扮演不同角色，模拟调研、策划等过程。 二、实训开始 1. 选定目标客户，调研并分析其研学需求； 2. 设计课程主题，制订课程目标； 3. 选择研学可用资源，设计课程内容； 4. 设计学习成果展示，安排具体行程； 5. 核算成本，撰写课程方案； 6. 设计并展示研学课程学生手册和工作手册。 三、实训考核、点评 教师就课前准备情况，课中各项任务完成情况、团队合作等方面进行示范性点评，然后小组间互评，总结任务要点，纠正任务实施过程中存在的问题，并提出改进性建议。

五、任务评价

中小学研学旅行课程策划考核评价表

考核项目	具体内容或要求	扣分项	得分
研学需求调查及分析	1. 调查对象的选择恰当 2. 调查方式的选择合理 3. 调查结果分析全面	总分 15 分，缺一项扣 5 分	
课程主题设计及课程目标制订	1. 课程主题定位明确 2. 课程标题选择恰当 3. 课程目标制定完备	总分 15 分，缺一项扣 5 分	
研学资源选择及课程内容设计	1. 各类资源的筛选与对接合理 2. 课程内容的设计与呈现方式选择合理	总分 10 分，缺一项扣 5 分	

续表

考核项目	具体内容或要求	扣分项	得分
课程成果展示与行程安排	1. 课程成果的展示方式合理 2. 课程行程的各项目安排及调整合理	总分 20 分，缺一项扣 10 分	
课程成本核算与课程方案撰写	1. 成本核算方式、核算项目及核算表的制作规范 2. 课程方案的撰写规范	总分 20 分，缺一项扣 10 分	
研学课程学生手册及工作手册设计	1. 学生手册设计完整、合理 2. 工作手册设计完备	总分 20 分，缺一项扣 10 分	
合计			

六、任务巩固

江西省南昌市某小学拟开展毕业年级爱国主义主题研学活动，请你为即将毕业的六年级学生设计一个为期一天的研学课程方案。

自我分析与总结

任务二　定制旅行产品策划

案例导入

2018年1月，凯撒旅游推出子品牌“明智优选”，瞄准定制旅游市场，开启“专属定制路线”“1对1定制师服务”“发现旅行灵感”等多种玩法，实现10~15秒接单的快速响应，并率先尝试“定制旅游+知识付费”模式，整体定制效率提升了50%。

“明智优选”以“1人出行，4人服务”为服务理念，致力于提供个性化的旅行体验。“4人”中，涵盖以专业素养协助客人设计及规划线路行程的“定制师”；贯穿整个服务流程的“旅游顾问”；根据线路设计甄选优秀供应商、提供高性价比方案的“计调”；以及查缺补漏、确保整体服务体验的“客服”，多维度全面护航定制旅程。

凯撒旅游明智优选COO（首席运营官）田宁介绍：“截至2019年第二季度，明智优选定制游在凯撒旅游已经有近万笔的订单，付费定制师的转化率25%以上，平均客单价每人3.5万，同比2018年前两季度，独立的访客量增长51%，客户下单量增长61%，成单流水增长110%。”

2013年以来，随着国内旅游消费升级，人们对旅行产品的需求发生了前所未有的变化，跟团游、自助游已不能满足人们高品质、个性化的旅行需求。定制游逐渐成为当下旅行产品的发展趋势。包括携程在内的旅游企业纷纷亮出“定制牌”，相继布局在线定制游。伴随着产业专业化程度和效率的提升，定制游可能成为未来潜力最大的旅游板块。

（资料来源：凯撒旅游微生活公众号；旅业网公众号）

【讨论】

请同学们认真阅读案例，进行分组讨论，开展定制旅游服务需要具备哪些条件？凯撒旅游在定制产品服务上都有哪些优势？

【案例评析】

不同于标准化的旅行社产品，定制旅行产品比拼的是旅游企业的资源整合能力及服务人员的专业素养，尤其是旅行定制师的专业素养。他们需要洞悉客户需求，并能够快速响应需求，需要对目的地旅游资源非常了解，并具有专业的定制产品设计能力。凯撒旅游依托自身的定制师群体专业优势，收获了良好的效益和市场反馈。

一、任务描述

定制旅行产品策划是指旅行定制师根据旅游者的旅行需求，对各项旅游要素和服务项目进行量身定制的组合和设计的全过程。定制旅行产品策划包括：旅行方案设计、命名、旅游要素及活动安排、行程报价、视觉设计、路书编撰等内容。不同类型、不同主题的定制旅行产品策划内容虽各有侧重，但设计程序基本趋于一致。

二、任务学习目标

1. 了解定制旅行产品的概念和特点
2. 熟悉定制旅行产品的客户分类
3. 熟悉旅行定制师的工作内容、知识和技能要求
4. 掌握定制旅行产品策划的流程和内容

三、完成任务需要的新知识

（一）定制旅行产品的概念和特点

1. 定制旅行产品的概念

定制旅行产品是旅行定制师以顾客旅行需求为导向，合理配置各类资源和关联服务组合而成的综合型旅行产品。

2. 定制旅行产品的特点

（1）产品策划精益化。定制旅行产品策划的目标不是广阔的市场，而

是以顾客的具体需求为导向，完全精益化生产。

（2）产品内容个性化。内容设计遵循客户意愿，强调对资源的深度挖掘和组合能力，高度个性化，不易被复制。

（3）产品定价透明化。一团一价，明确收取服务费。

（4）产品行程自由化。行程自由度大，旅行定制师一对一提供专业服务，司机和导游提供专属服务，行程可根据心情和身体状况随时调整，极大地提高了旅行的便利程度。

（5）产品延展跨界化。定制旅行产品延展性强，成功的产品更便于跨界延伸转化。

（二）定制旅行产品的客户分类

定制旅行产品的客户分类方法众多，可根据获客渠道分为线下客户和线上客户。线下客户可面对面沟通提供服务，线上客户可通过电话、邮件或社交媒介交流沟通；也可根据客户群体分为企业客户和个人客户；还可根据客户消费水平分为高端定制客户和大众定制客户。高端定制客户通常更注重资源的稀缺性和服务的极致性，以及定制师对客户需求的独特理解、资源匹配能力和对目的地的认知；大众定制客户一般对稀有资源的需求不大，更注重产品资源的搭配和组合能力以及设计方案的综合性价比。

（三）旅行定制师的工作内容、知识和技能要求

定制旅行产品的服务流程涉及多个岗位和人员，旅行定制师是最核心的岗位。

旅行定制师是客户个性化旅行的设计者和服务管家。需要了解和判断客户的需求和偏好，为其量身定制个性化产品，落实各项资源安排。旅行定制师的工作内容包括提供专业的行前咨询服务、量身定制个性化的行程，并执行落实行程中的资源配置、活动安排等细节，处理行程中出现的问题和紧急情况。旅行定制师需熟练掌握目的地资源情况，并掌握心理学、营销学等相关知识，还需具备较强的沟通组织协调能力和应急事件处理能力，熟练使用各类办公软件，涉外产品定制还需具备较强的外语听、说、读、写能力。

（四）定制旅行产品的策划原则

1. 最大程度地贴近客户需求

定制旅行产品策划的目的是为客户量身打造特色的出行方案，因此要

通过沟通明确客户的确切需求。根据沟通获取的客户需求，可分为明确需求和不明确需求。明确需求是指通过面对面交流、电话沟通或客户在线下单时填写的定制单等内容中明确提出的需求。不明确需求是指客户提供的信息不全、不够明晰或没有明确的想法和意愿，这种情况下要通过再次联络核实，尽可能多地获取客户的确切需求。对于资源可以满足的部分，要完全按照客户的需求予以满足，资源无法满足时，以满足客户的核心需求为先，积极为客户寻求解决方案，并尽可能地贴近客户的需求。

2. 有效匹配资源

对客户需求进行判断和识别，找出核心需求并匹配相关的资源与服务，如交通、住宿、餐饮、景点安排、娱乐、体验活动、购物、签证等。如果是企业客户，除常规资源外还需匹配团建、会议、晚宴等内容。资源匹配过程中要始终以客户的需求为指向。

3. 保证产品信息的完整性

定制旅行产品和常规产品一样，都有完整的产品信息，如行程的主题、产品特色、行程的各环节衔接等。尤其是交通、住宿、餐饮、签证等信息要完整披露具体的名称、位置、特色、营业时间等内容，以便客户参考。

4. 保障产品的独特性和可行性

定制产品最大的特点就是完全跟随客户意愿。一项优秀的定制旅行产品就像是一部精心导演的电影，有序幕、有发展、有高潮、有结尾才能留下深刻美好的印象。这就要求产品设计时，在遵循客户核心需求的基础上尽可能地突出特色，使客户有意想不到的收获。对于客户不具有可行性或资源无法匹配的要求，要及时告知客户并提供合理化的建议和意见，必要时设计备选方案，确保整体产品的可行性。

（五）定制旅行产品策划的流程和内容

1. 与客户沟通

定制旅行产品的设计导向是客户的需求，与客户沟通是获客的重要环节。旅行定制师要完整获知客户需求，需要掌握沟通的方法和技巧，站在专业和顾客利益的角度，凭借语言、文字、新媒体等媒介，为客户提供建议、意见、解决方案和增值服务。旅行定制师要综合运用分析能力、实践能力、创造能力和说服能力，获取、核实、挖掘客户的需求，达成定制意向。

2. 资源匹配

为客户匹配资源要素是定制旅行产品的核心环节，资源要素配置包括但不限于交通、住宿、餐饮、景点、活动项目和特色服务。若客户对其中的某一项或多项有明确的要求，如客户指定了某酒店或某种房型、某一类活动等，以客户的指定要求协调配置。客户未指定或不确定的资源项目，可在充分了解资源的基础上，为客户提供推荐建议并辅以推荐的理由，以便客户决策。

3. 产品命名

定制产品命名的方式多种多样，可根据产品的资源特色来命名，如壁画之旅；也可根据季节或目的地名称命名，如冬韵黑龙江；还可根据目的地形象和特色命名，如文艺意大利等。除了主标题，还可以巧妙运用副标题补充，进行文采修饰，如“圣地探秘 · 一生一次以色列约旦文化探寻 13 日经典之旅”等。总而言之，定制产品的命名要主题鲜明，用词精练，突出个性和特色，能契合客户的兴趣并打动客户。

4. 产品特色提炼

产品特色的提炼是旅行定制师基于客户需求的落实和自己对目的地资源及旅游美学的独到见解。其中既包含较容易提炼的特色，如酒店、餐厅、景点、用车、活动安排、导游等，还包含了以何种维度、何种深度解读旅游目的地，创意组合资源以及旅行方式。产品特色的提炼并非极度奢华资源的堆砌，而是多项活动综合而成的独特旅行体验的总结和升华。

5. 报价调价

产品设计初步完成后要进行报价。报价时对交通、酒店、景点、用餐、特色活动、接送机等项目要进行分拆报价，其他项目可进行打包报价。交通、酒店等公共资源报价要对比其他渠道同类产品的价格后，合理浮动报价。报价时要注意各项资源的成本单位，如机票是单人价格，酒店是每间的价格，总报价金额单位是“元”，避免出现计算错误。各类资源中成人和儿童的价格要分别列出，最好以表格方式呈现，一目了然。报价送呈客户后，客户可能会对部分报价有异议，可再次沟通说明或进行局部行程调整后重新报价。

6. 方案撰写及路书设计

产品总体框架确定以后，需撰写完整的产品设计方案并编制路书。产品设计方案需包括引言部分、方案特色、行程安排、注意事项等内容。路书既是一次旅行的详细计划脚本，更是为定制旅行产品客户量身打造的个性化出行攻略。

路书的内容可根据产品性质灵活调整，最常见的内容包括以下几类：一是旅行目的地及周边地图，方便客户查看旅行位置与路线，对于需要自驾的客户可以计算里程和时间，动态安排旅行进程；二是旅游目的地及经过地区的自然环境、历史文化、风土人情、民族宗教禁忌等介绍，便于快速领略当地风光和人文风情，避免触及禁忌；三是交通、酒店、餐饮、景点、娱乐项目介绍推荐及预订，以及当地的地道玩法甚至最佳摄影时间与位置；四是着装建议、友情提示及天气情况；五是应急联络电话及处理方式等。部分路书还设计了便于书写的手账记事等板块，方便客户随时记录旅行感受。

7. 方案视觉设计及出品

完成的旅行方案核对无误后，要经过视觉设计制作出最终成品呈现给客户。视觉设计的元素主要包括文字、图片、色彩、排版及新媒体的运用。

（1）文字方面主要对字体、字号、文字颜色、字间距、行间距等方面进行设计。正文要选择边界清晰便于辨认的字体，如宋体；标题字体选择较为宽泛，可根据产品风格自选，但通常要易于辨认，方便读取。字号的选择正文通常为 14~16px，标题或说明性的文字可酌情调整。文字的颜色要贴合产品主题并与版面底色相协调，如蜜月游可适当使用红、粉色，亲子游可使用多种颜色。字间距一般默认跟随办公软件系统，行间距通常为 1.5 倍，如客户是老人、儿童或特殊视力者，可适当调整扩大字、行间距，便于阅读。

（2）图片的选择一般要与产品主题或同版面文字有一定的对应关系。构图独特，轮廓突出，整体协调，一般选用原创图片或付费购买，要有版权意识，以避免不必要的纠纷。

（3）色彩方面的设计主要是整体色调及配色风格。根据产品的特点和主题选择相对应的色调和配色，能起到增强主题、营造氛围的效果。同时要兼顾不同国家 / 地区、种族等地域文化差异，如海洋类产品宜选用蓝色，静谧美好；企业团队类产品宜选择深灰色，沉稳大气。

（4）随着新媒体技术的不断发展，越来越多的方案以非纸质版的“云”形式呈现。无论是纸质版或是“云”形式，经过视觉设计后的产品方案需反复校对确定无误，制作完成或排版印刷后出品呈现给客户，标志着定制旅行产品设计完成。后续可展开预定操作与客户关怀等工作。

思考 讨论

举例说明，视觉设计中色彩表达的重要性。

____

____

____

____

____

（六）定制旅行产品实例

我的幸福旅拍——在巴黎邂逅一场法式浪漫

【设计灵感】

1. 不用担心旅途的麻烦，你只需负责貌美如花，我们负责咔嚓咔嚓，关于爱和风景的拍摄，我们很在行！

2. 深入到巴黎最古老却又是最年轻的玛黑区、最贴近巴黎人日常生活的左岸，让你体验浓浓的法兰西风情！

3. 特别赠送：巴黎不可错过的浪漫塞纳河游船之旅！

【行程特色】

1. 爱美是天性，会美是本事，首席摄影团队为你打造专属妆容及拍摄风格，全程中文沟通，全天一对一拍摄，留下你最美的影像！

2. 玛黑区让你过足文青瘾，穿梭在琳琅满目的个性小店的巷弄中，可以闻到犹太料理的香料味，走在小城堡的建筑群里，在充满异国文化的各个角落，感受艺术创意氛围，穿越历史了解玛黑的前世今生。

3. 乘坐塞纳河游船，观赏塞纳河及两岸风光，别有一番情趣。塞纳河（La Seine）穿过巴黎市区，河上著名的桥有亚历山大三世桥、新桥、米拉博桥，沿岸可以看到诸多名胜，如卢浮宫、大王宫、小王宫、奥赛博物馆、巴黎圣母院、艾菲尔铁塔、国民议会、夏约宫等。

4. 精心安排卢浮宫专业讲解，让你不仅能欣赏到诸如《蒙娜丽莎》《维纳斯》《胜利女神》《狮身人面像》《自由引导人民》等卢浮宫镇馆之宝，更带你发掘鲜有游客知晓的隐藏艺术瑰宝。

5. 从味蕾开始感受巴黎。巴黎无疑是优雅的法国饮食文化中最具代表性的一座城市，海鲜、蜗牛、鹅肝、鸭胸肉、牛羊排，都是塞纳河畔慵懒而精致的巴黎地道美食。

【行程安排】

时间	地点	行程安排	景点推荐
DAY1	飞往巴黎	您将乘坐航空公司客机飞往法国首都——巴黎，到达之后，当地的专业司陪已经手持您的名牌热切期待您的抵达！司陪将引领您入住酒店进行休整。	
DAY2	巴黎	全天旅拍，首席摄影团队为您打造专属妆容及拍摄风格，全程中文沟通，全天一对一拍摄，留下最美的影像！	
DAY3	巴黎	游览被法国人民誉为“世界上最美丽的广场”——协和广场，乘车经豪华幽雅的世界街——香榭丽舍大街，在宏伟壮丽的凯旋门、埃菲尔铁塔前驻足留影。参观法国国家艺术宝库、世界三大博物馆之一——卢浮宫，乘船游览巴黎塞纳河，欣赏沿途浪漫美景。	协和广场 / 凯旋门 / 埃菲尔铁塔 / 香榭丽舍大街 / 卢浮宫 / 塞纳河游船
DAY4	巴黎	参观巴黎著名的宫殿、世界五大宫殿之一——凡尔赛宫，漫步玛黑区，在琳琅满目的个性小店的巷弄中穿梭，在艺术之都的氛围里陶醉，过足文青瘾。	凡尔赛宫 / 玛黑区
DAY5	巴黎	漫步巴黎左岸，体验最法式的精神与特色，贴近巴黎人的日常生活，到传统市场、著名的甜品店、巧克力店和咖啡店逛逛，到充满人文气息的咖啡馆里享用一杯咖啡！品尝法式特色餐，下午自由活动，畅享购物的乐趣。	
DAY6	飞往	前往机场办理值机手续，搭乘国际航空公司飞机返回，结束愉快的旅行！	

（资料来源：凯撒旅游网明智优选频道）

笔记

四、任务实施

实训项目	定制旅行产品策划
实训时间	
实训要求	1. 了解旅行定制师的工作内容、知识和技能要求 2. 掌握沟通的方法与技巧 3. 掌握定制旅行产品设计的流程和内容
实训地点	多媒体教室
实训材料	多媒体、产品设计相关资料等
实训内容与步骤	一、实训准备 学生分组并编写脚本，小组成员分角色扮演客户、旅行定制师，进行模拟沟通与产品定制。 二、实训开始 1. 与客户沟通，了解客户需求，达成定制意向。 2. 以客户需求为导向匹配各类资源。 3. 为产品命名，提炼产品特色。 4. 报价并根据客户需求调整。 5. 产品其他信息梳理。 6. 方案撰写与路书设计。 7. 方案视觉设计及出品。 三、实训考核、点评 教师就课前脚本编写、沟通技巧、定制产品完成情况等方面进行示范性点评，然后小组间互评，师生共同总结任务要点，纠正任务实施过程中存在的问题，并提出改进性建议。

五、任务评价

定制旅行产品策划考核评价表

考核项目	具体内容或要求	扣分项	得分
定制旅行产品概念	对概念的理解掌握	总分 10 分，缺一项扣 10 分	
定制旅行产品的特点	1. 产品策划精益化 2. 产品内容个性化 3. 产品定价透明化 4. 产品行程自由化 5. 产品延展跨界化	总分 25 分，缺一项扣 5 分	
旅行定制师的工作内容和知识技能要求	1. 产品定制工作内容体现完整 2. 知识技能要求运用熟练	总分 10 分，缺一项扣 5 分	
定制旅行产品的策划原则	1. 最大程度地贴近客户需求 2. 有效匹配资源 3. 产品信息的完整度 4. 体现产品的独特性和可行性	总分 20 分，缺一项扣 5 分	
定制旅行产品策划流程和内容	1. 与客户沟通，展现良好的形象，掌握沟通的方法与技巧。 2. 资源匹配，以客户的指定要求协调匹配资源要素 3. 产品命名，选取合适的产品命名方式 4. 产品特色提炼，产品在线路、服务等方面特色鲜明 5. 报价调价，计算报价如有异议，再次沟通调价 6. 方案、路书撰写完整，内容适当 7. 方案的文字、图片、色彩及排版设计及最终呈现形式合理且具有特色	总分 35 分，缺一项扣 5 分	
合计			

六、任务巩固

20 世纪 70 年代，上海的刘先生在新疆插队时认识妻子并结婚，10 年后因工作原因返回上海。今年是刘先生与妻子的金婚之年，请你为其策划一款为期一周的新疆旅行产品。

自我分析与总结

项目总结

旅行方案策划——"将梦想照进现实"

经济的不断发展，为旅游业提供了广阔的发展空间，也对旅行社提出了巨大的挑战。旅行社产品形式不断翻新，催生旅行社走向策划时代。

随着国家政策导向和市场需求，研学旅行策划、定制旅行策划成为旅行社新的业务方向。挖掘和提取资源特色、优化和配置资源、提供优质服务保障，使得每一次的策划和设计都能按照预定的计划与目标实现，旅行社产品策划人员变身旅行"魔法师"，在一次次的"情境代入"中，创造出一个又一个的策划方案，将客户的梦想照进现实。

项目练习

1. 中小学研学旅行课程的特征有哪些？
2. 列举中小学研学旅行课程的设计流程。
3. 简述旅行定制师的工作内容、知识和技能要求。
4. 简述定制旅行产品的策划原则。
5. 简述定制旅行产品方案的视觉设计要素。

模块三

童叟无欺 产品销售

LÜXINGSHE

YEWU CAOZUO SHIXUN SHOUCE

模块导读

旅行社的产品要想占领市场，实现营利，销售工作必不可少。旅行社完成销售业务的部门主要包括门店、销售部、网络交易平台等。门店主要服务散客市场，销售部针对团体客户和同业旅行社，网络交易平台进行线上销售。本模块根据销售服务对象和程序的不同，分成门店销售、市场销售、线上销售以及售后服务四个项目进行介绍。模块涉及业务如图 3–1 所示：

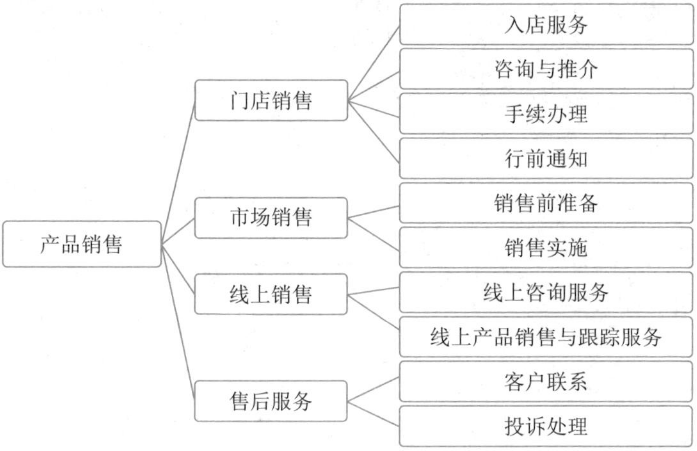

图 3–1

项目一 | 门店销售

项目导读

旅行社的门店，也叫门市部、服务网点，是为旅行社招徕游客并提供咨询、宣传等服务的分支机构。门店是旅行社形象展示的一个窗口，门店店员是旅行社最直接的形象代表，其服务的好坏直接决定着游客对旅行社的评价。旅行社门店主要完成散客市场的产品销售，针对的是一些个人、家庭、朋友等随机客源。门店店员为完成销售目的，从客人进店开始要进行入店服务—提供咨询—产品推介—手续办理—行前通知等一系列流程。本项目将按照门店对客服务流程的内容进行介绍。

涉及岗位介绍

门店店员：主要完成门店接待工作，向游客提供旅游咨询、产品推介、手续办理等一系列服务。门店店员的日常业务包括熟悉产品、办公软件操作、客户接待、产品推销、办理收客手续、客户联络等。对于不断变化的顾客需求和层出不穷的旅行社新产品，门店店员必须具备勤奋好学的优良品质；同时为接待好不同类型的顾客，门店店员还必须具备良好的人际交往能力和沟通能力；日常琐碎的工作内容及络绎不绝的往来客人，要求门店店员具备耐心细致的工作作风和亲切友好的工作态度。优秀的门店店员是展示旅行社良好企业形象的代表。

项目学习目标

知识目标	1. 熟悉旅行社的产品体系 2. 掌握门市对客服务流程 3. 掌握门市对客服务技巧
能力目标	1. 具备辨认进店顾客类型的能力 2. 具备针对不同类型顾客的特征提供服务的能力 3. 具备与顾客进行有效沟通的能力
素质目标	1. 培养学生自主学习、终身学习的意识 2. 培养学生服务游客的意识
思政目标	1. 培养学生爱岗敬业、甘于奉献的精神 2. 培养学生游客为本，服务至诚的旅游行业核心价值观

项目实施

本项目从“入店服务”“咨询与推介”“手续办理”“行前通知”四个任务着手，从“识别顾客、指示引领、洽谈、签约”这些环节学习旅行社门店基本知识和技能。引导学生增强服务意识，树立宾客至上的服务理念，通过学习和训练成长为最佳的旅行社企业形象代表。

任务一　进店服务

案例导入

六月正是某地旅游旺季，某旅行社的一个门店顾客川流不息，门店店员小韩非常忙碌。午后突降大雨，店里进来三位客人，一位年轻女士被雨淋湿了，一直在门口处徘徊，不时张望雨势；一位老年男士，直接走到产品展示区翻阅旅游宣传彩页，并没有与小韩搭话；还有一位中年大姐，一进店就冲小韩而来，问她最近有没有去大连的旅游团，报名多少钱一位？小韩热情接待了中年大姐，详细回答了她关于大连旅游的相关问题，大姐比较满意，表示回去跟家里人商量一下，会尽快前来报名。小韩将大姐送到店门口，表示随时欢迎她来报名。这时外面雨基本停了，淋了雨的那位年轻女士离开了门店。小韩回到店里，看到那位老年男士还在货架前浏览，并没有特别关注的线路。小韩对他说:“先生您可以随意浏览，近期我们的海滨产品、避暑产品卖得都不错，您可以关注一下，有什么需要介绍的您随时叫我。”老先生看了一下小韩，点头示意，没说什么，继续看宣传彩页，过了一会儿就离开了门店。

【讨论】

请同学们认真阅读案例，进行分组讨论，想一想小韩对三位客人的态度有什么差别，为什么对三位不同的客人要差别对待?

【案例评析】

案例中，门店店员小韩对进店避雨的年轻女士，采取的是听之任之的态度；对咨询顾客中年大姐给予了热情接待，回答顾客的相关提问，吸引她的购买欲望；对于老年男士给予适时关注，也给了足够的空间让他自由浏览。小韩对三位顾客的差别对待，是因为三位顾客进店的目的不同，年轻女士只是为了躲雨，没有服务需求，小韩对她听之任之；中年大姐进店就开始咨询，小韩给予热情接待；老年男士进店只是为了看一看，没有直接的购买诉求，小韩给了他足够的空间。作为门店店员，要学会通过观察顾客的行为举止分析判断顾客的进店目的，继而提供对应的服务。

一、任务描述

门店店员为了做好顾客接待，首先要做好相关准备工作，包括自身形象准备、办公场所准备、办公设备准备等。在顾客进入旅行社门店后，门店店员要通过观察顾客的行为举止，识别和判断顾客的进店目的，根据顾客的不同类型提供相应的服务。

二、任务学习目标

1. 熟悉门市接待相关准备工作
2. 熟悉门市店员的服饰、语言、表情、举止要求
3. 掌握不同类型进店顾客的特征和服务策略

三、完成任务需要的新知识

（一）门店接待相关准备工作

1. 自身形象准备

门店店员作为直接为客人提供服务的旅行社工作人员，作为旅行社的第一形象代表，在进行接待工作前，首先应对自己的仪容着装进行相关准备。

（1）仪容仪表

作为门店店员，应该有整洁得体的仪容仪表。男性店员头发整洁干净，前发不遮额，侧发不盖耳，后发不及领；女性店员不披头散发，头发干净，整齐束发，同时发色自然，避免过于鲜艳的色彩。女性店员宜化淡妆，避免浓妆及喷洒香味过浓的香水；首饰佩戴应适度，避免佩戴造型夸张的饰品。

（2）服饰着装

门店店员工作时应着统一的旅行社工作制服，若无工服可着职业正装，避免无领无袖、短裤等服装。另外，服装应保持整洁、干净。

（3）仪态礼仪

门店店员在工作场所应保持端正的姿态、得体的礼仪。站立时抬头挺胸，端坐时双腿并拢，不靠椅背，走路时挺拔、稳健，说话时自然大方、面带微笑，使用文明、礼貌用语。

2. 办公场所准备

旅行社门店作为接待顾客的重要场所，应保持环境整洁、干净。电话机、电脑、传真机、复印机等必要的办公设备要齐备。旅行社线路产品宣传册等摆放陈列规整、有序，便于顾客浏览和查询。门店营业执照、备案登记证等要悬挂于门店的醒目位置。

3. 办公设备准备

门店的电话机、电脑、传真机、复印机等设备要保持正常的使用状态。门店店员每天到店后要及时开启电脑，打开相关业务操作软件，浏览各业务部门近期线路排期和可售情况。

（二）门店迎客知识

1. 迎客的语言

顾客进店时，门店店员应使用礼貌语言问候。“您好”是最常用的问候语，也可以根据时间的不同使用“上午（中午、下午）好”并配合使用“请进”“欢迎光临”“请随意浏览”“有什么可以帮助您的吗？”等问候语。门店店员问候顾客时声音适中，不宜音量过大，切忌大喊大叫。

2. 迎客的表情

门店店员迎接问候顾客时，要自然注视对方，表情亲切、真诚、专注，面带微笑，力求给顾客留下美好深刻的第一印象。

3. 迎客举止

顾客进店时，门店店员自然起身，走到店门前主动为顾客开门，并轻轻地关上。对顾客微微倾身以示尊重，微笑问候，表示对顾客的欢迎。

（三）判别顾客入店需求及对应服务

1. 业务无关型顾客

进店目的：这类顾客进店的最初目的与旅行社门店的业务毫无关系，入店后不会停留过久，可能是天气非常炎热，进店吹吹空调；可能是外面正下大雨，进店避避雨；也可能是逛街走累了，进店歇歇脚。他们关注的点不在店内，反而会不时张望店外的情况，看雨是否停了，太阳是不是不那么晒了，或者要等的网约车是不是来了，一旦雨停了、车到了、休息好了，这类型顾客自然便离店而去。

举止表现：这类顾客的识别方法很简单，他们入店后会回避店员目光，对店员的主动问候与服务也不会给予正面回应，或者到产品陈列区，或者直接在有座椅的地方坐下休息。

对应服务：虽然这类顾客只是匆匆过客，但他们可能是过去的老顾客，曾经来过本店，印象较好，所以把短暂停留的地点选在本店，要比贸然进入一家不熟悉的店面更放心。这类顾客也可能是潜在的购买者，通过短暂停留发现本店的产品新颖、服务周到，从而对本店产生信赖和认可。因此，门店店员对于业务无关型顾客可以听之任之，给他们留下“自由停留”的宽容度，避免出现“不买产品就不欢迎”的“势利”态度。

2. 参观浏览型顾客

进店目的：这类顾客进店初始没有消费意向，由于爱好旅游，路过旅行社门店就会进来参观浏览一下，看看近期有没有设计新颖的旅游产品上市，主推热销的旅游目的地是哪里，旅游线路的价格变化大不大，了解一下旅行社有没有什么优惠促销活动，等等。

举止表现：这类顾客因为对旅游信息比较感兴趣，所以会在店外驻足浏览，如果门店外LED显示屏或大幅宣传广告足以全面展示近期旅游信息，他们可能就不会进店“参观”了。如果店外信息不能满足这类顾客的“好奇心”，他们就会进店看看。参观浏览型顾客进店后不会和店员主动搭话，可能在门店店员招呼时点头示意或礼貌微笑，然后径直走到产品陈列区，浏览各种宣传资料。这类顾客在店外的驻足和店内的欣赏都是速度一致，不急不缓，一般没有特别的停顿和关注点。

对应服务：这类顾客一般为旅游爱好者，又或者是业内人士，对旅游信息比较关注，出游意图比较理性，出游计划也会比较周密。如果门店里的产品与他可能的出游目的地、行程设计、交通方式、住宿条件等都匹配，将会成为其重点浏览的对象。这类顾客在此次进店参观时出游意向并不明确，因此他们不会主动向店员咨询，可能只会在浏览时把感兴趣的旅游信息默默记在心中，以便之后做进一步的打算和计划。所以门店店员对这类顾客不必过多的问候和服务，要留给他们参观浏览的时间和空间，但应该密切关注他们的动向，如果他们流露出对某条线路的独有兴趣并有咨询意愿时，应及时给予解答和服务。

3. 咨询产品型顾客

进店目的：这类顾客在进店时已经有了初步的出游意向，或者目的地明确，但具体出行时间没确定；或者有休假，但到哪里旅游没想好；或者有一笔旅游预算，但旅游目的地、交通方式、出游形式都没想好；又或者时间和消费金额都不成问题，但到哪里旅游，怎么旅游都不知作何选择，等等。

举止表现：这类顾客一般不做他选，直奔旅行社门店而来，进店后也会直奔产品陈列区寻找自己心仪的产品。如果遇到心急的顾客，可能还会略过陈列产品直接向店员咨询自己感兴趣的线路。这类顾客不管是自行浏览还是直接问询，都会有一定的选择范围，比如某一旅游目的地、某一出游时间段、某一价位区间，等等。

对应服务：这类顾客有一定的出游意向，但没有最终确定，是门店店员应该着重关注和争取的潜在客户。面对这类顾客，在其浏览产品时应给予密切的关注，如发现他们已经锁定了某一条特定线路时，可以主动上前进行说明，介绍产品特色和优势。当发现顾客对旅游产品的某些要素有疑问时，应及时上前给予解答。总之，面对这类型的顾客，要表现出足够的耐心和热情，尽量说服其购买产品。

4. 询价对比型顾客

进店目的：这类顾客在进店前已经明确了出行的时间、旅游目的地，对锁定线路的基本行程安排也较为清楚，而且已经到其他旅行社进行过相关线路咨询，对其他旅行社门店的报价也已经掌握，其进店的主要目的就是了解本店相同线路的报价来进行比较，价低者是其优先选择的对象。

举止表现：这类顾客进店时只会关注其选定线路的相关宣传资料，而且目光的焦点会集中在价格上。有一些直爽的顾客进店后会直接开门见山，向店员问询其欲购产品的价格。

对应服务：询价对比型的顾客出游意向很明确，是门店店员争取的对象。这类顾客购买的主要影响因素是价格，门店店员与其交谈时可以设法了解他们的“心理价位”以及他们已经获悉的同行报价，再报出本店的产品价格，同时要观察顾客对报价的反应，细致观察顾客的神态和语气变化，从而判断其对本店产品价格的接受程度。无论本店的产品价格有没有优势，门店店员都应留住客人。如果客人对本店的产品报价比较满意，要通过继续服务使顾客变为买家；如果从顾客的反应判断其对本店的报价不满意，店员也要给顾客介绍本店产品的优势，比如住宿条件优越、航班安排合理、全程没有购物和自费项目，等等。

5. 购买意向型顾客

进店目的：这类顾客来到门店的目的很明确，就是购买产品、办理签约手续，可以说已经是门店的既定购买者。他们不是第一次光临门店，已经通过之前的咨询和对比，全面掌握了行程安排、住宿条件、交通方式、报价及价格构成等全部产品信息，完成了购买决策的过程，明确了在本门店购买产品的意向，入店后将会直接购买相关产品。

举止表现：这类顾客来本门店已非初次，对店内布局陈设比较了解，因此不会再去关注店门口的宣传信息和店内的产品陈列区，而会自觉主动地来到咨询服务区找寻相熟的店员，进行相关产品购买的细节确认，继而签订合同。一些看中旅行社品牌、忠诚度高的老顾客也是“购买意向型顾客”的成员，他们如果有欲购产品，会直接来门店咨询、签合同、付款，不会犹豫，快速高效完成交易，这类顾客是门店店员最“喜闻乐见”的类型。

对应服务：这类顾客再次光临门店，或者是本店的常客，他们不需要店员初始的介绍和引领服务，一般会自行来到办理相关业务的区域，可能还会主动找寻已经提供过前期服务的相关店员。作为门店店员应该记住这类顾客的面孔，熟悉顾客的基本信息，主动招呼问候顾客，提供相关服务。这类顾客进店，门店店员应该微笑、热情提供服务，给予顾客宾至如归的接待体验。

6. 已购后续型顾客

进店目的：这类顾客已经购买了旅游产品，签订了旅游合同，再次入店是为了办理一些后续业务，比如提交随行人员的健康证明、提交签证资料、领取出团通知书、参加行前会，等等。

举止表现：这类顾客不是初次来店，熟门熟路，不会在宣传区、产品陈列区停留，一般会直奔办理手续的区域，找寻熟识的店员主动说明来意，办理相关手续。

对应服务：面对已购后续型顾客，门店店员仍然要主动热情地给予接待，尽快帮助客人把后续业务办理好，显示出店员的专业素养和对顾客的熟悉与重视。

7. 售后投诉型顾客

进店目的：这类顾客是已经将本店购买的旅游产品体验完成，由于各种原因对产品或服务不满意，前来投诉的。

举止表现：这类顾客不是第一次来门店，对店内环境比较熟悉，因为要投诉往往情绪不佳，或者沮丧，或者激动，或者愤怒。他们不会关注店内的宣传资料和陈列产品，而是进店直接找店员倾诉或发泄不满的情绪。

对应服务：门店店员在了解顾客进店目的后，应尽快将投诉型顾客引领至会客室或可以和店内其他客人隔开的区间，尽量安抚客人的不良情绪，让顾客能在平和舒缓的状态下反映和解决问题。

思考讨论

上述七种类型的顾客，哪一些是门店店员应该着重争取并有可能成为实际买家的客人？为什么？

笔记

四、任务实施

实训项目	进店服务
实训时间	
实训要求	1. 熟悉门市接待准备工作的内容 2. 能够判别不同进店顾客的类型 3. 能够为不同类型的顾客提供对应服务
实训地点	多媒体教室
实训材料	多媒体、旅行社产品宣传彩页等
实训内容与步骤	一、实训准备 学生分组，提前一周安排学生前往旅行社门店调研，观察不同类型入店客人的言谈举止以及门店店员的对应服务情况，写出调研总结。 二、实训开始 1. 小组派代表汇报门店调研情况，分析、点评旅行社门店店员的服务。 2. 各小组相互交流调研的心得和感悟。 3. 小组派代表总结今后的职业能力提升计划。 三、实训考核、点评 教师就课前旅行社调研总结的完成情况、课中调研汇报、职业能力提升计划的完整性、严谨性、团队合作等方面进行示范性点评，然后小组间互评，师生共同总结任务要点、纠正任务实施过程中存在的问题，并提出改进性建议。

五、任务评价

进店服务考核评价表

考核项目	具体内容或要求	扣分项	得分
门店调研内容全面	1. 体现门店环境、设施、设备情况 2. 体现门店店员仪容着装、礼貌礼仪情况 3. 体现门店产品陈列情况 4. 体现进店顾客类型及店员对应服务情况	总分 40 分，缺一项扣 10 分	
调研汇报专业性强	1. 发现门店的优势与不足 2. 顾客类型观察汇报全面 3. 发现门店店员的对客服务技巧 4. 发现门店店员存在的问题	总分 40 分，缺一项扣 10 分	
职业能力提升计划合理有针对性	1. 提出具体的专业能力提升方向 2. 结合专业学习和技能训练，提出可行的专业能力提升方法	总分 20 分，缺一项扣 10 分	
合计			

六、任务巩固

利用业余时间调研旅行社门店，收集顾客需求情况，总结年龄、性别、职业对旅游出行需求的影响，并提出对应的服务策略。

自我分析与总结

任务二　咨询与推介

案例导入

某日临近下班时，门店里进来一位老太太。老太太告诉门店店员小周，她想和女儿一起去台湾，问有没有五月份的团。小周说有团，还详细介绍了行程。这位老人了解行程后就开始提问题，一会儿说阿里山有爬山项目，自己年龄大，腿脚不灵便，会不会爬不动？一会儿说上台北101大厦自己会恐高，会不会晕倒？一会儿说台湾是南方，与北方口味不同，去了自己会不会吃不惯那里的饭？总之各种疑虑，各种担忧……面对出游意向明确但疑虑重重的顾客，小周十分有耐心，将顾客抱有疑虑的几个问题一一给予解答，并让顾客看了以往去台湾游客的意见反馈，赴台游客满意率很高，对台湾的风景、饮食、旅行社服务等评价也很高。小周的介绍和展示打消了老人的顾虑，最终双方签订了旅游合同。

【讨论】

请同学们认真阅读案例，分组讨论，想一想小周面对一位顾虑重重、满是疑问的顾客，最终为什么能成功地与顾客签订合同，完成产品推介？

【案例评析】

首先，小周的服务很有耐心，没有因临近下班而不耐烦。其次，小周使用了一定的产品推介技巧，利用旁证材料——“参团游客意见反馈”来打消顾客的疑虑。小周耐心细致的服务态度和恰当的服务技巧，最终赢得了顾客的认可。

一、任务描述

门店店员在面对顾客咨询时，根据顾客的不同类型按照服务流程提供对应的服务。当咨询服务能够解答顾客的疑问、满足顾客需求时，门店店员可以适时地进行产品推介。门店店员在做好产品推介准备后，要把握主动推介的时机，运用产品推介的技巧，按照产品推介的流程进行产品推介。

二、任务学习目标

1. 熟悉咨询顾客的类型
2. 掌握现场咨询的服务流程

3. 熟悉旅游产品构成要素的推介内容
4. 熟悉产品推介服务的准备工作内容
5. 掌握产品推介的内容与推介技巧
6. 掌握散客拼团产品的推介流程
7. 掌握定制游产品推介的流程

三、完成任务需要的新知识

（一）咨询顾客的类型和对应服务

1. 目标未定型

顾客特点和代表性问话：这类型顾客对于出行没有明确的目标，旅游目的地、出游时间甚至产品的价格都没有严格的要求，代表性的问话有：

“最近哪条旅游线路是顾客最喜欢的？”

“这个季节哪里的风景最好？”

“最近想领着孩子出去转一转，最好是能让孩子长见识的地方，能推介一下吗？”

“我是学校老师，暑假有什么地方值得去看一看的？”

对应服务：这类顾客来店咨询，门店店员首先要帮顾客确定出游目标。这个确定的过程也是店员和顾客交流的过程，店员应该询问顾客出游的目的地方向、出游时间的区间、出游开支预算、交通工具的选择、住宿标准的预期以及有无禁忌（如哪些地方不去）等问题。在掌握顾客的基本出游意向后，门店店员第二步要做的就是根据顾客的出游要素需求推介相关的产品，并进行全面详尽的介绍。介绍时还可以将一些含金量高的专业信息传递给客人，如哪些景点知名度不高，但风景很美；哪些地方虽然里程长，但沿途风景值得欣赏；哪些地方是新兴起的网红打卡地，拍照特别好，等等。

2. 目标确定型

顾客特点和代表性问话：这类顾客与目标未定型顾客情况相反，他们有明确的出游目标，不会受店员的影响轻易改变，对于自己锁定的目标事先已做过一定的“攻略”，比较了解。这类顾客或者是对本旅行社比较熟悉，是店里的老顾客，或者是前来比价，确定最终选择的门店。他们来到门店后很少迂回曲折，往往开门见山，典型的问话有：

“你们网上宣传的华东五市特惠团现在还有名额吗？”

“你们店门口广告上写的‘海南双飞五日游全程海景房’这条线卖得怎么样？能介绍一下吗？”

“我想去桂林，你们有这条线的团吗？”

“昆明大理丽江双飞六日游报价多少钱？”

对应服务：对待这类顾客，门店店员要根据顾客需要解答问题，详细介绍顾客关注产品的情况，将产品构成要素全面展现给顾客，并着重突出本店产品的特色和优势。对于比价的顾客，更要突出本店产品的与众不同和价值所在。

思考讨论

你认为门店店员如何在本店产品价格不具备优势时，留住比价型顾客？

____

____

____

____

____

3. 目标初定型

顾客特点和代表性问话：这类顾客对出游有一定的选择范围，但目标较为笼统，确定性不强，有更好的选择时可能就会放弃原有目标；或者是只确定了出游线路的部分要素，但没有完全确认整个行程的安排，如目的地确定了，但玩几天、选择什么档次的产品没定好；或者出游的时间段定了，但去哪旅游没确定；又或者有一笔旅游预算，但怎样合理安排行程不确定，等等。代表性问话有：

“去青岛旅游有几天的团？一般是乘坐什么交通工具？”

“年底我有七天带薪年休假，我准备一个人去海边玩一玩，有什么好的线路推荐吗？”

“暑假我们一家三口准备出国旅游，三万块预算，你给推介一条性价比最高的线路。”

“周末我们几个同学想去登山，你觉得去哪儿合适？”

对应服务：面对这类型顾客，门店店员要在他们给出的要素范围内给予解答和介绍，要在限定范围内把相关产品的特点、优势和区别给客人列举出来，供客人自行选择。如果符合要求的产品较多，选择范围过大，可以继续询问顾客更为具体的要求和限定条件，缩小推介范围，帮助客人高效地做出选择。

（二）现场咨询服务流程

旅行社门店店员对于来店咨询的顾客，可以按照如下流程进行接待：

1. 安排就座

门店店员通过进店服务分辨出顾客为咨询型顾客时，应主动安排顾客在咨询台就座，热情微笑并配合恰当的指引手势。条件许可的情况下，店员在顾客就座后可以提供茶水服务。

2. 了解需求

门店店员首先应了解顾客的出游意向，掌握顾客的出游要素。如：对什么景点感兴趣、出行天数、随行几人、预算多少、准备乘坐什么交通工具等。

3. 展示产品

在了解顾客的出游需求后，门店店员应迅速向顾客展示相关产品资料，指出产品名称、报价、出行日期和天数等信息，并将产品特色及卖点介绍给顾客，吸引顾客的兴趣。

4. 对应推荐

门店店员通过观察和与顾客的交流，找出一条最符合顾客需求的线路进行重点推荐和介绍，帮助顾客了解产品基本要素信息。进行产品说明时，店员要结合顾客需求阐明产品特色与亮点，激发其购买欲望。当顾客对推荐线路表示不满意时，门店店员可以罗列其他相关产品，在顾客表示出兴趣时继续做深入介绍，切忌失去耐心。

5. 促进信任

门店店员在产品推荐时要把握顾客心理，灵活运用推销技巧和参谋推荐方法，打消顾客的种种疑虑，促进其对产品的信任。同时，门店店员要突出产品特色和顾客利益，促成顾客的购买。

6. 礼貌告别

经过一番沟通交流，顾客表示要考虑一下或与家人商量时，门店店员仍然要展现出足够的礼貌与热情，感谢顾客光临本店，诚意邀请顾客再次光临，同时给出本店的名片，并留下顾客联系方式。顾客离店时门店店员要起身送客，同时要说“期待您下次光临”“请慢走”“静候您确认好来店联系”等礼貌用语。门店店员将顾客送出门店，目送顾客上车或离开，待顾客移出视线时，才可以结束送客服务。

（三）旅行社产品构成要素及推介重点

旅行社产品是旅行社将餐饮、住宿、交通、景点、购物、娱乐等多种单项服务整合在一起，加入自己的设计和服务，打包提供给游客的一种有形实物和无形服务的组合产品，具有综合性的特点。因此，门店店员向游客推介旅行社产品就需要掌握全面的产品要素知识，具备熟练的业务能力。

1. 食

民以食为天，游客旅游出行中“食”是基本需求之一，同时也是旅行社产品不可或缺的构成要素。门店店员在旅行社产品推介时，要将餐饮的安排介绍清楚，包括用餐标准，餐饮数量，几早餐几正餐，是自助早餐还是围桌早餐，几人一桌用餐，正餐包含几菜几汤，主食的品种和数量等。如果产品中含有目的地的特色饮食，应作为亮点着重介绍，向游客说明地方特色菜点的种类和特色餐厅的情况。旅行社推出的全包价跟团游产品包含用餐服务，但半包价、自由行等类型产品不含餐。如果门店店员介绍的是不含餐产品，用餐为客人自理，店员也应向游客说明目的地有什么值得品尝的特产名吃，哪些特色餐厅可以选择，并向游客说明目的地就餐的便利，打消顾客疑虑。

2. 住

旅游出行，休息好很关键，安排住宿是旅行社产品的重要内容，也是不可或缺的构成要素。门店店员在推介旅行社产品时，关于住宿要介绍清楚住宿类型，如民宿、农家乐、特色客栈或者星级酒店；住宿酒店名称、档次，如果是星级酒店要说明酒店星级、客房类型；如果提供的是无星级的民宿等住宿服务，要把住宿条件介绍清楚，如几人间，房间内有无独立卫生间及洗浴设施，有无空调、彩电、电脑、网络等。如果门店店员向游客推介的是度假型产品，要着重突出住宿优势，如五星级、海景房、亲子房、免费升级住宿、酒店健身房免费体验、酒店有温泉、酒店临海滩等。

3. 行

交通安排是旅行社产品的重要构成要素，也是决定产品价格、行程远近的重要影响因素。交通费在旅游费用中所占比例极大，尤其乘飞机出行，交通费用要占到一半左右。旅游交通在旅行社产品中表现为三种形式：一是从客源地到目的地的“大交通”，有飞机、高铁、火车卧铺、轮船、长途汽车等几种类型，具体选择哪种交通方式要根据旅游线路长短及游客需求决定；二是旅游目的地各景点间的交通，一般以旅游巴士为主；三是景区内的“小交通”，有环保电瓶车、索道缆车、小火车、游船（艇）等。门店店员在介绍交通安排时，需要向游客说明交通工具名称、机场（火车站、码头）位置、交通工具出发到达时间、舱位等级、儿童收费标准、景区内小交通是否自费等。如果游客是自驾出行，门店店员应提供行程路线的推荐，自由行产品应向客人说明旅行社是否提供酒店至交通场站的接送服务等。

4. 游

游客出游最直接、最主要的目的就是游览、观光，中国地大物博，旅游资源丰富，各旅游目的地旅行社产品策划都会将本地最具特色的旅游资源安排其中。因此，门店店员在推介产品时要着重介绍“游”这一要素，具体说明线路中所含景点的名称、游览所需时间、门票是否自理等。如果有自费景点，可以介绍这些景点在当地的知名度和所处的地位，为游客决策提供参考。

5. 购

购物在旅游活动中是一个很重要的环节，既能满足游客的需求，又能增加旅游的收入。但是，2013 年 10 月实施的《中华人民共和国旅游法》第 35 条规定：“旅行社组织、接待旅游者，不得指定具体购物场所，不得安排另行付费旅游项目。但是，经双方协商一致或者旅游者要求，且不影响其他旅游者行程安排的除外。”因此，在旅行社组织的旅游活动中不会安排旅游购物。但是，门店店员在推介旅行社产品的时候，可以给游客介绍相关旅游目的地的土特产品、地方品牌，以供游客自由购物时参考。

6. 娱

娱乐活动在很多旅游线路中也是特色和亮点的体现，丰富多彩、雅俗共赏、特色鲜明的娱乐活动也是很多游客感兴趣的旅游要素。比如很多旅游目的地都推出了具有本土特色的实景演出，体现当地的历史和文化，是文旅融合的典型项目。门店店员在向游客介绍时要说明行程中的娱乐活动特色，以及是否需要自费。

7. 导游

旅行社产品中关于导游服务，门店店员应告知游客旅游团是否安排全陪、领队。如果是地陪导游员直接在旅游目的地接站，无全陪、领队服务，门店店员要向游客说明。对于出境旅游产品，游客要向领队司机支付小费，且费用不包含在旅游团费里，门店店员也要向游客说明。

8. 签证

门店店员在介绍出境旅游产品时，要向游客说明需要准备哪些出境证件，如护照、港澳通行证、台湾通行证等；辅助游客办理签证、签注时，需要游客本人准备哪些资料，提交资料的时限是哪天等。

9. 保险

保险有自愿保险和强制保险两种类型，游客外出旅游涉及的旅游意外险属于自愿保险，客人可以根据自身需要自愿购买。但是作为门店店员，在介绍旅游产品时应该建议客人购买旅游意外险，游客如果有此意愿，旅行社可以帮助客人代为办理购买保险的手续。旅游意外险的保险期限为旅游出行的期限，保险费用根据旅游目的地和旅行社产品中所含高风险项目的不同而不等，客人可以根据自身需求进行选择。

（四）散客拼团产品推介

散客拼团产品，是指以散客为主要接待对象，旅游行程安排与价格都由产品设计人员事先确定，散客旅游者按需选择参团，人数达到成团数即可发团的产品。散客拼团产品是门店销售的主要对象，也是门店店员向游客推介的主要内容。

1. 推介前准备工作

（1）全面掌握产品信息

第一，要精通本旅行社产品的要素构成、类别、特色、优势，了解相关产品尤其是替代产品的信息；第二，掌握本社产品与竞争旅行社同类产品相比较的优势和劣势，能够在游客提出比较时，扬长避短地提出有说服力的依据；第三，熟悉本旅行社当季产品报价及价格构成，做到游客询问时张口即来，且准确无误；第四，对本社主推的线路掌握行程安排和主要卖点，在游客咨询时能够绘声绘色地进行介绍，激发游客的购买欲；第五，掌握本旅行社产品的相关操作信息，如机票预订、签证办理、同业报价与直客报价的区别、团费让利的权限等。

（2）充实专业知识、提升服务技能

门店店员在工作中应不断充实诸如游客消费心理、旅游产品营销、旅游景区介绍、旅游政策法规等相关专业知识，不断提升自己的服务技能，实现高效、优质的产品推介。门店店员要通过和游客的沟通与对话，察言观色、揣摩游客心理，分析游客出游意图，完成推介，最终达成交易。

2. 产品推介内容

（1）产品信息。游客进店开门见山，直接询问有没有去某地的产品、某条线路价格多少钱等，门店店员应首先进行解答和推介，从而满足顾客“迫切”的需求。

（2）产品概况。包括旅游目的地、交通方式、游览天数、产品报价等。

（3）产品亮点。包括热销程度、性价比、行程优势等。

（4）对比相关产品。通过对比相关产品凸显推荐产品的特色和优势；或者通过分析阐明顾客咨询的产品不能满足其需求，借此推介更符合顾客初衷的产品，并引导顾客理性消费。

（5）其他相关信息。如成团人数缺额、报名缴费时限、签证资料提交时限、特殊团队年龄限制等。

3. 产品推介技巧

（1）划定范围

门店店员在向顾客推介产品时，通过了解顾客需求划定一定的范围，避免盲目推销浪费时间。划定范围可以在旅游目的地、预设费用、出行天数、旅游动机四个要素中选择一个或几个进行推介，这样能提高推介效率。比如海岛游、预算 2000 元之内、出行五天之内、观光游等。

（2）突出重点

门店店员要快速识别顾客的关注要点，并根据关注度不同进行排序，如目的地、费用、时间等，把顾客对产品的最大关注点放在前面，依次进行介绍。

（3）询问沟通

门店店员通过适时对顾客询问、观察顾客反应，快速掌握顾客需求，针对性地进行推介，同时通过不断与顾客沟通得到顾客对推介产品的反馈信息，及时调整自己推介的内容和方向，最终达成顾客购买产品的目的。

（4）降低期望

游客出门旅游往往抱着美好的期望，希望风景优美、交通快捷、餐饮美味、住宿舒适，最好还能人少、花销少。但是，目前国内旅游市场现状决定着旅游活动中难免会出现一些不尽如人意的地方，此外不同游客对不同的景观欣赏体验感也不尽相同。因此，门店店员在产品推介时应向顾客说明旅游中可能遇到的问题，做到实事求是，避免夸夸其谈，让顾客出游前做好充分的思想准备，降低过高的期望值。比如，在旅游旺季景点游客众多，可能会出现排长队的现象；有一些境外的酒店房间狭小，床位窄，星级水平和国内也有差别；旅游团餐能吃饱，但味道不能跟家里比，等等。门店店员将实际情况提前向游客说明，可以避免游客出行时失望，甚至回程后投诉的情况。

4. 产品推介流程

（1）谈话交流，掌握意向

门店店员通过与顾客交流，应快速掌握顾客出游目的地、时间、预算等信息及出游意向。

（2）把握需求，提供方案

门店店员在了解顾客出游意向后，需要快速分析顾客需求，并将本社与顾客需求匹配的产品罗列出来进行介绍，供游客选择。这个过程非常考验门店店员的工作能力和经验，门店店员要力求迅速反应、准确推介。

（3）解释内容，打消疑虑

当门店店员把参考方案提供给顾客后，顾客会有一个浏览熟悉产品行程的时间。在这个过程中如果顾客提出疑问或作出不解的表情时，门店店员应及时进行解释，并恰到好处地突出产品的特色和卖点，打消顾客的疑虑。

（4）抓住时机，促成购买

如果门店店员从顾客的言谈举止中能够看出其对产品的兴趣，或顾客明确要求要进一步了解产品详情时，说明前期的推介服务已经有了成效。这时，门店店员应该趁热打铁，答疑解惑，说明产品就是顾客需要的，促成顾客购买。

（五）定制游产品推介流程

定制旅游产品是旅行社根据顾客的个性化需求，如兴趣爱好、出行人数、旅游时间、预算等情况，为顾客设计出一系列极具特色的创意行程，并单独核算价格的产品。

1. 掌握意向，提供方案

在与游客沟通，掌握游客的个性化出游意向后，门店店员应尽快找到对应的预制旅游产品信息，利用本社现有产品为顾客提供一个或几个出行方案，并说明推介理由，以供顾客比较并做出选择。顾客如果提出一些与本社现有产品不符的要求，门店店员也尽可能地在现有产品的基础上进行行程安排的调整，而且调整越少越有利于后期计调人员的行程安排和费用核算。如果顾客坚持选择旅行社现有产品以外的非常规行程，门店店员要向顾客解释，由于其需求的特殊性，行程安排和费用核算都需要计调人员专门为客人详细落实，请顾客留下联系方式，方便后续联系。

2. 后台沟通，核算报价

由于定制旅游产品在行程安排、出团人数等方面与旅行社现有产品有区别，所以门店店员无法在游客咨询时直接给出确定的报价，需要跟后台的计调人员沟通，将游客的特殊需求传达给计调人员，计调人员进行详细核算才能给出报价。因此，门店店员要向游客说明，核算报价需要顾客等候。当计调人员核算出定制旅游产品的准确报价后，门店店员应在第一时间通知客人。

3. 发送产品，接受审阅

旅行社计调人员将设计完成的定制游产品行程单及报价发送到门店后，门店店员通过电话、邮件、微信等方式将产品内容传达给客人，接受客人对产品的审阅。在与客人沟通过程中，门店店员应详细解释行程安排的落实情况，重点说明根据游客要求精心设计的与常规行程不同的独特点。如果游客有不明白的地方可以邀请游客来店面谈，对于一些 VIP 大客户也可以由门店店员亲自登门给予解释。门店店员将产品发送、解释工作做完后，应留给客人一些考虑的时间，等候客人的反馈意见。

4. 完善细节，确定购买

当定制游产品购买者对产品内容存有异议时，门店店员可以协同计调人员进一步优化完善线路。客人对行程设计安排如果满意，门店店员就可以提出签订合同、支付费用的要求。

思考讨论

作为门店店员，在与定制旅游产品的咨询客人交流时，如何制定出上中下三种服务方案来满足客人的不同需求？

笔记

四、任务实施

实训项目	咨询与推介
实训时间	
实训要求	1. 能够识别不同咨询顾客的类型，按照现场咨询服务流程提供咨询服务 2. 能够按照产品推介流程提供推介服务 3. 产品推介时能够完整阐述产品内容、熟练运用推介技巧
实训地点	多媒体教室
实训材料	多媒体、旅行社产品宣传资料
实训内容与步骤	一、实训准备 学生分组，编写门店店员提供咨询推介服务的脚本，指定不同的小组分别完成不同顾客类型、不同产品类型的服务脚本设计。 二、实训开始 小组成员分别扮演门店店员、咨询顾客。 1. 小组负责人介绍本小组场景设定。 2. 小组成员按照角色分配展示门店咨询推介服务的过程。 三、实训考核、点评 教师就课前脚本编写的情况、课中角色扮演的合理性、服务规范性、团队合作等方面进行示范性点评，然后小组间互评，师生共同总结任务要点、纠正任务实施过程中存在的问题，并提出改进性建议。

五、任务评价

咨询与推介考核评价表

考核项目	具体内容或要求	扣分项	得分
脚本编写合理	1. 小组成员分工明确 2. 场景设计符合门店咨询与推介的情景设定	总分 20 分，缺一项扣 10 分	
门店咨询与推介流程体现完整	1. 针对不同类型顾客提供对应的服务 2. 推介时体现出了完整的产品构成要素及相关推介内容 3. 针对不同产品类型需求的顾客展示相应的推介流程	总分 60 分，缺一项扣 20 分	
产品推介技巧运用熟练	1. 门店店员在交流洽谈中自然地展现推介的技巧 2. 向顾客提供礼貌、亲切、周到的服务	总分 20 分，缺一项扣 10 分	
合计			

六、任务巩固

写出门店店员接待七种类型顾客的对话片段。

自我分析与总结

任务三　手续办理

案例导入

某日旅行社门店店员小徐接待了一对新婚夫妇，并详细介绍厦门蜜月旅行产品，随后游客表示等回家考虑后再定。结果第二天一大早他们又来了，一见到小徐，立刻过来搭话："我们昨晚商量好了，接受你的推介去厦门度蜜月，参加你们4月18号的旅游团。"于是，小徐很快与他们签订了国内旅游合同，并收取了费用。

【讨论】

同学们说一说，案例中门店店员小徐在游客明确表示愿意参团后，提供了哪些服务?

【案例评析】

与旅游者或旅游者代表签订合同、收取费用等手续是门店店员的基本工作内容，也是必须掌握的基本技能。案例中小徐向顾客提供的是手续办理服务。

一、任务描述

门店店员在与顾客达成购买旅游产品的意向后要与顾客签订旅游合同，明确双方的权利与义务。作为门店店员，应熟悉团队境内旅游合同示范文本及团队出境旅游合同示范文本的主要内容及法律效力，能与顾客按规范的程序签订合同并向顾客提供相关的解释说明服务。门店店员在顾客报名时还能准确地收取费用、开具票据，收取相关报名资料并对资料进行初步审核。

二、任务学习目标

1. 熟悉团队境内旅游合同示范文本的主要条款
2. 掌握签订境内旅游合同的注意事项
3. 熟悉团队出境旅游合同示范文本的主要条款
4. 掌握签订出境旅游合同的注意事项
5. 掌握收费和开票的注意事项

三、完成任务需要的新知识

（一）团队境内旅游合同的主要条款

1. 合同的第一章　术语和定义

合同的第一章包含合同的第一条本合同术语和定义，介绍了十六个术语的定义。

（1）团队境内旅游服务，指旅行社依据《中华人民共和国旅游法》《旅行社条例》等法律、法规，组织旅游者在中华人民共和国境内（不含香港、澳门、台湾地区）旅游，代订公共交通客票，提供餐饮、住宿、游览等两项以上服务活动。

（2）旅游费用，指旅游者支付给旅行社，用于购买本合同约定的旅游服务的费用。包括交通费、住宿费、餐费（不含酒水费）、旅行社统一安排的景区景点的门票费、行程中安排的其他项目费用、导游服务费、旅行社（含地接社）等其他服务费用。

（3）履行辅助人，指与旅行社存在合同关系，协助其履行本合同义务，实际提供相关服务的法人、自然人或者其他组织。

（4）自由活动，特指《旅游行程单》中安排的自由活动。

（5）自行安排活动期间，指《旅游行程单》中安排的自由活动期间，旅游者不参加旅游行程活动期间，每日行程开始前、结束后旅游者离开住宿设施的个人活动期间，旅游者经导游同意暂时离团的个人活动期间。

（6）不合理的低价，指旅行社提供服务的价格低于接待和服务费用或者低于行业公认的合理价格，且无正当理由和充分证据证明该价格的合理性。其中，接待和服务费用主要包括旅行社提供或者采购餐饮、住宿、交通、游览、导游等服务所支出的费用。

（7）具体购物场所，指购物场所有独立的商号以及相对清晰、封闭、独立的经营边界和明确的经营主体，包括免税店，大型购物商场，前店后厂的购物场所，景区内购物场所，景区周边或者通往景区途中的购物场所，服务旅游团队的专门商店，商品批发市场和与餐饮、娱乐、停车休息等相关联的购物场所等。

（8）旅游者投保的人身意外伤害保险，指旅游者自己购买或者通过旅行社、航空机票代理点、景区等保险代理机构购买的以旅行期间自身的生命、身体或者有关利益为保险标的的短期保险，包括但不限于航空意外险、旅游意外险、紧急救援保险、特殊项目意外险。

（9）离团，指团队旅游者经导游同意不随团队完成约定行程的行为。

（10）脱团，指团队旅游者未经导游同意脱离旅游团队，不随团队完成约定行程的行为。

（11）转团，指由于未达到约定成团人数不能出团，旅行社征得旅游者书面同意，在行程开始前将旅游者转至其他旅行社所组的境内旅游团队履行合同的行为。

（12）拼团，指旅行社在保证所承诺的服务内容和标准不变的前提下，在签订合同时经旅游者同意，与其他旅行社招徕的旅游者拼成一个团，统一安排旅游服务的行为。

（13）不可抗力，指不能预见、不能避免并不能克服的客观情况，包括但不限于因自然原因和社会原因引起的，如自然灾害、战争、恐怖活动、动乱、骚乱、罢工、突发公共卫生事件、政府行为。

（14）已尽合理注意义务仍不能避免的事件，指因当事人故意或者过失以外的客观因素引发的事件，包括但不限于重大礼宾活动导致的交通堵塞，飞机、火车、班轮、城际客运班车等公共客运交通工具延误或者取消，景点临时不开放。

（15）必要的费用，指旅行社履行合同已经发生的费用以及向地接社或者履行辅助人支付且不可退还的费用，包括乘坐飞机（车、船）等交通工具的费用（含预订金）、旅游签证 / 签注费用、饭店住宿费用（含预订金）、旅游观光汽车的人均车租等。

（16）公共交通经营者，指航空、铁路、航运客轮、城市公交、地铁等公共交通工具经营者。

2. 合同的第二章　合同的订立

合同的第二章包含合同第二条至第四条。

（1）第二条旅游行程单，旅行社应当提供带团号的《旅游行程单》，经双方签字或者盖章确认后作为本合同的组成部分。

（2）第三条订立合同，旅游者应当认真阅读本合同条款和《行程单》，在旅游者理解本合同条款及有关附件后，旅行社和旅游者应当签订书面合同。

（3）第四条旅游广告及宣传品，旅行社的旅游广告及宣传品应当遵循诚实信用的原则，其内容符合《中华人民共和国合同法》要约规定的，视为本合同的组成部分，对旅行社和旅游者双方具有约束力。

3. 合同的第三章　合同双方的权利义务

合同的第三章包含合同第五条至第八条。

（1）第五条　旅行社的权利：

①根据旅游者的身体健康状况及相关条件，决定是否接纳旅游者报名参团；

②核实旅游者提供的相关信息资料；

③按照合同约定向旅游者收取全额旅游费用；

④旅游团队遇紧急情况时，可以采取安全防范措施和紧急避险措施并要求旅游者配合；

⑤拒绝旅游者提出的超出合同约定的不合理要求；

⑥要求旅游者对在旅游活动中或者在解决纠纷时损害旅行社合法权益的行为承担赔偿责任；

⑦要求旅游者健康、文明旅游，劝阻旅游者违法和违反社会公德的行为。

（2）第六条　旅行社的义务

①按照合同和《行程单》约定的内容和标准为旅游者提供服务，不擅自变更旅游行程安排；

②向合格的供应商订购产品和服务；

③不以不合理的低价组织旅游活动诱骗旅游者，不通过安排购物或者另行付费旅游项目获取回扣等不正当利益；组织、接待旅游者，不指定具体购物场所，不安排另行付费旅游项目，但是，经双方协商一致或者旅游者要求，且不影响其他旅游者行程安排的除外；

④在出团前如实告知具体行程安排和有关具体事项，具体事项包括但不限于所到旅游目的地的重要规定、风俗习惯；旅游活动中的安全注意事项和安全避险措施、旅游者不适合参加旅游活动的情形；旅行社依法可以减免责任的信息；应急联络方式以及法律、法规规定的其他应当告知的事项；

⑤按照合同约定，为旅游团队安排符合《中华人民共和国旅游法》《导游人员管理条例》规定的持证导游人员；

⑥妥善保管旅游者交其代管的证件、行李等物品；

⑦为旅游者发放用固定格式书写、由旅游者填写的安全信息卡（包括旅游者的姓名、血型、应急联络方式等）；

⑧旅游者人身、财产权益受到损害时，应当采取合理必要的保护和救

助措施，避免旅游者人身、财产权益损失扩大；

⑨积极协调处理旅游行程中的纠纷，采取适当措施防止损失扩大；

⑩提示旅游者投保人身意外伤害保险；

⑪向旅游者提供发票；

⑫依法对旅游者个人信息保密；

⑬旅游行程中解除合同的，旅行社应当协助旅游者返回出发地或者旅游者指定的合理地点。

思考讨论

根据已有知识谈一谈，门店店员在游客报名去泰国旅游时，关于目的地的风俗习惯有哪些应告知游客的？

____

____

____

____

____

（3）第七条　旅游者的权利

①要求旅行社按照合同及《行程单》约定履行相关义务；

②拒绝未经事先协商一致的转团、拼团行为；

③有权自主选择旅游产品和服务，有权拒绝旅行社未与旅游者协商一致，或者未经旅游者要求而指定购物场所、安排旅游者参加另行付费旅游项目的行为，有权拒绝旅行社的导游强迫或者变相强迫旅游者购物、参加另行付费旅游项目的行为；

④在支付旅游费用时要求旅行社出具发票；

⑤人格尊严、民族风俗习惯和宗教信仰应得到尊重；

⑥在人身、财产安全遇有危险时，有权请求救助和保护；人身、财产受到损害的，有权依法获得赔偿；

⑦在合法权益受到损害时向有关部门投诉或者要求旅行社协助索赔；

⑧《中华人民共和国旅游法》《中华人民共和国消费者权益保护法》和有关法律、法规赋予旅游者的其他各项权利。

（4）第八条　旅游者的义务

①如实填写《旅游报名表》、游客安全信息卡等各项内容，告知与旅游活动相关的个人健康信息，并对其真实性负责，保证所提供的联系方式准确无误且能及时联系；

②按照合同约定支付旅游费用；

③遵守法律、法规和有关规定，不在旅游行程中从事违法活动，不参与色情、赌博和涉毒活动；

④遵守公共秩序和社会公德，尊重旅游目的地的风俗习惯、文化传统和宗教信仰，爱护旅游资源，保护生态环境，遵守《中国公民国内旅游文明行为公约》等文明行为规范；

⑤对国家应对重大突发事件暂时限制旅游活动的措施，以及有关部门、机构或者旅游经营者采取的安全防范和应急处置措施予以配合；

⑥妥善保管自己的行李物品，随身携带现金、有价证券、贵重物品，不在行李中夹带；

⑦在旅游活动中或者在解决纠纷时，应采取措施防止损失扩大，不损害当地居民的合法权益；不干扰他人的旅游活动；不损害旅游经营者和旅游从业人员的合法权益，不采取拒绝上、下机（车、船），拖延行程或者脱团等不当行为；

⑧自行安排活动期间，应当在自己能够控制风险的范围内选择活动项目，遵守旅游活动中的安全警示规定，并对自己的安全负责。

4. 合同第四章　合同的变更与转让

合同的第四章包含合同第九条至第十一条。

（1）第九条　合同的变更

①旅行社与旅游者双方协商一致，可以变更本合同约定的内容，但应当以书面形式由双方签字确认。由此增加的旅游费用及给对方造成的损失，由变更提出方承担；由此减少的旅游费用，旅行社应当退还旅游者。

②行程开始前遇到不可抗力或者旅行社、履行辅助人已尽合理注意义务仍不能避免的事件的，双方经协商可以取消行程或者延期出行。取消行程的，按照本合同第十四条处理；延期出行的，增加的费用由旅游者承担，减少的费用退还旅游者。

③行程中遇到不可抗力或者旅行社、履行辅助人已尽合理注意义务仍不能避免的事件，影响旅游行程的，按以下方式处理：

第一，合同不能完全履行的，旅行社经向旅游者作出说明，旅游者同意变更的，可以在合理范围内变更合同，因此增加的费用由旅游者承担，减少的费用退还旅游者。

第二，危及旅游者人身、财产安全的，旅行社应当采取相应的安全措施，因此支出的费用，由旅行社与旅游者分担。

第三，造成旅游者滞留的，旅行社应采取相应的安置措施。因此增加的食宿费用由旅游者承担，增加的返程费用双方分担。

（2）第十条　合同的转让

旅游行程开始前，旅游者可以将本合同中自身的权利义务转让给第三人，旅行社没有正当理由的不得拒绝，并办理相关转让手续，因此增加的费用由旅游者和第三人承担。正当理由包括但不限于：对应原报名者办理的相关服务不可转让给第三人的；无法为第三人安排交通等情形的；旅游活动对于旅游者的身份、资格等有特殊要求的。

（3）第十一条　不成团的安排

当旅行社组团未达到约定的成团人数不能成团时，旅游者可以与旅行社就如下安排在本合同第二十三条中做出约定。

①转团：旅行社可以在保证所承诺的服务内容和标准不降低的前提下，经事先征得旅游者书面同意，委托其他旅行社履行合同，并就受委托出团的旅行社违反本合同约定的行为先行承担责任，再行追偿。旅游者和受委托出团的旅行社另行签订合同的，本合同的权利义务终止。

②延期出团或者改签线路出团：旅行社经征得旅游者书面同意，可以延期出团或者改签其他线路出团，因此增加的费用由旅游者承担，减少的费用旅行社予以退还。需要时可以重新签订旅游合同。

5. 合同第五章　合同的解除

合同的第五章包含合同第十二条至第十六条。

（1）第十二条　旅行社解除合同

①未达到约定的成团人数不能成团时，旅行社解除合同的，应当采取书面等有效形式。旅行社在行程开始前 7 日（按照出发日减去解除合同通

知到达日的自然日之差计算，下同）以上（含第7日，下同）提出解除合同的，不承担违约责任，旅行社向旅游者退还已收取的全部旅游费用；旅行社在行程开始前7日以内（不含第7日，下同）提出解除合同的，除向旅游者退还已收取的全部旅游费用外，还应当按本合同第十七条第1款的约定，承担相应的违约责任。

②旅游者有下列情形之一的，旅行社可以解除合同：

患有传染病等疾病，可能危害其他旅游者健康和安全的；携带危害公共安全的物品且不同意交有关部门处理的；从事违法或者违反社会公德活动的；从事严重影响其他旅游者权益的活动，且不听劝阻、不能制止的；法律、法规规定的其他情形。

旅行社因上述情形解除合同的，应当以书面等形式通知旅游者，按照本合同第十五条相关约定扣除必要的费用后，将余款退还旅游者。

（2）第十三条　旅游者解除合同

①未达到约定的成团人数不能成团时，旅游者既不同意转团，也不同意延期出行或者改签其他线路出团的，旅行社应及时发出不能成团的书面通知，旅游者可以解除合同。旅游者在行程开始前7日以上收到旅行社不能成团通知的，旅行社不承担违约责任，向旅游者退还已收取的全部旅游费用；旅游者在行程开始前7日以内收到旅行社不能成团通知的，按照本合同第十七条第1款相关约定处理。

②除本条第1款约定外，在旅游行程结束前，旅游者亦可以书面等形式解除合同。旅游者在行程开始前7日以上提出解除合同的，旅行社会根据实际情况扣除部分损失的旅游费用旅游者在行程开始前7日以内和行程中提出解除合同的，旅行社按照本合同第十五条相关约定扣除必要的费用后，将余款退还旅游者。

③旅游者未按约定时间到达约定集合出发地点，也未能在出发中途加入旅游团队的，视为旅游者解除合同，按照本合同第十五条相关约定处理。

（3）第十四条　因不可抗力或者已尽合理注意义务仍不能避免的事件解除合同

因不可抗力或者旅行社、履行辅助人已尽合理注意义务仍不能避免的事件，影响旅游行程，合同不能继续履行的，旅行社和旅游者均可以解除合同；合同不能完全履行，旅游者不同意变更的，可以解除合同。合同解除的，旅行社应当在扣除已向地接社或者履行辅助人支付且不可退还的费用后，将余款退还旅游者。

（4）第十五条　必要的费用扣除

①旅游者在行程开始前7日以内提出解除合同或者按照本合同第十二条第2款约定由旅行社在行程开始前解除合同的，按下列标准扣除必要的费用：行程开始前6日至4日，按旅游费用总额的20%；行程开始前3日至1日，按旅游费用总额的40%；行程开始当日，按旅游费用总额的60%。

②在行程中解除合同的，必要的费用扣除标准为：旅游费用 × 行程开始当日扣除比例 +（旅游费用 − 旅游费用 × 行程开始当日扣除比例）÷ 旅游天数 × 已经出游的天数。如按上述第1款或者第2款约定比例扣除的必要的费用低于实际发生的费用，旅游者按照实际发生的费用支付，但最高额不应当超过旅游费用总额。解除合同的，旅行社扣除必要的费用后，应当在解除合同通知到达日起5个工作日内为旅游者办结退款手续。

（5）第十六条　旅行社协助旅游者返程及费用承担

旅游行程中解除合同的，旅行社应协助旅游者返回出发地或者旅游者指定的合理地点。因旅行社或者履行辅助人的原因导致合同解除的，返程费用由旅行社承担；行程中按照本合同第十二条第2款、第十三条第2款约定解除合同的，返程费用由旅游者承担；按照本合同第十四条约定解除合同的，返程费用由双方分担。

6. 合同的第六章　违约责任

合同的第六章包含合同第十七条至第十九条。

（1）第十七条　旅行社的违约责任

①旅行社在行程开始前7日以内提出解除合同的，或者旅游者在行程开始前7日以内收到旅行社不能成团通知，不同意转团、延期出行和改签线路解除合同的，旅行社向旅游者退还已收取的全部旅游费用，并按下列标准向旅游者支付违约金：

行程开始前6日至4日，支付旅游费用总额10%的违约金；

行程开始前 3 日至 1 日，支付旅游费用总额 15% 的违约金；

行程开始当日，支付旅游费用总额 20% 的违约金。

如按上述比例支付的违约金不足以赔偿旅游者的实际损失，旅行社应当按实际损失对旅游者予以赔偿。

旅行社应当在取消出团通知或者旅游者不同意不成团安排的解除合同通知到达日起 5 个工作日内，为旅游者办结退还全部旅游费用的手续并支付上述违约金。

②旅行社未按合同约定提供服务，或者未经旅游者同意调整旅游行程（本合同第九条第 3 款规定的情形除外），造成项目减少、旅游时间缩短或者标准降低的，应当依法承担继续履行、采取补救措施或者赔偿损失等违约责任。

③旅行社具备履行条件，经旅游者要求仍拒绝履行本合同义务的，旅行社向旅游者支付旅游费用总额 30% 的违约金，旅游者采取订同等级别的住宿、用餐、交通等补救措施的，费用由旅行社承担；造成旅游者人身损害、滞留等严重后果的，旅游者还可以要求旅行社支付旅游费用一倍以上三倍以下的赔偿金。

④未经旅游者同意，旅行社转团、拼团的，旅行社应向旅游者支付旅游费用总额 25% 的违约金；旅游者解除合同的，旅行社还应向未随团出行的旅游者退还全部旅游费用，向已随团出行的旅游者退还尚未发生的旅游费用。如违约金不足以赔偿旅游者的实际损失，旅行社应当按实际损失对旅游者予以赔偿。

⑤旅行社有以下情形之一的，旅游者有权在旅游行程结束后 30 日内，要求旅行社为其办理退货并先行垫付退货货款，或者退还另行付费旅游项目的费用：

第一，旅行社以不合理的低价组织旅游活动，诱骗旅游者，并通过安排购物或者另行付费旅游项目获取回扣等不正当利益的；

第二，未经双方协商一致或者未经旅游者要求，旅行社指定具体购物场所或者安排另行付费旅游项目的。

⑥与旅游者出现纠纷时，旅行社应当采取积极措施防止损失扩大，否则应当就扩大的损失承担责任。

（2）第十八条　旅游者的违约责任

①旅游者因不听从旅行社及其导游的劝告、提示而影响团队行程，给旅行社造成损失的，应当承担相应的赔偿责任。

②旅游者超出本合同约定的内容进行个人活动所造成的损失，由其自行承担。

③由于旅游者的过错，使旅行社、履行辅助人、旅游从业人员或者其他旅游者遭受损害的，旅游者应当赔偿损失。

④旅游者在旅游活动中或者在解决纠纷时，应采取措施防止损失扩大，否则应当就扩大的损失承担相应的责任。

⑤旅游者违反安全警示规定，或者对国家应对重大突发事件暂时限制旅游活动的措施、安全防范和应急处置措施不予配合，造成旅行社损失的，应当依法承担相应责任。

这部分内容门店店员要提示客人着重注意，并告知客人旅游过程中发生上述情况损失和责任由客人承担。

（3）第十九条　其他责任

①由于旅游者自身原因导致本合同不能履行或者不能按照约定履行，或者造成旅游者人身损害、财产损失的，旅行社不承担责任。

②旅游者在自行安排活动期间人身、财产权益受到损害的，旅行社在事前已尽到必要警示说明义务且事后已尽到必要救助义务的，旅行社不承担赔偿责任。

③由于第三方侵害等不可归责于旅行社的原因导致旅游者人身、财产权益受到损害的，旅行社不承担赔偿责任。但因旅行社不履行协助义务致使旅游者人身、财产权益损失扩大的，旅行社应当就扩大的损失承担赔偿责任。

④由于公共交通经营者的原因造成旅游者人身损害、财产损失依法应承担责任的，旅行社应当协助旅游者向公共交通经营者索赔。

第十九条的内容，门店店员也要提请客人注意，明确义务的承担主体，避免情况发生后引起不必要的纠纷。

7. 合同第七章　协议条款

这部分是合同的重点，是需要门店店员着重跟顾客解释说明，并进行填写的部分。包括合同的第二十条至二十八条。

（1）第二十条　线路行程时间

由门店店员将出发时间、结束时间、共几天、饭店住宿几夜填写到合同上。

（2）第二十一条　旅游费用及支付（以人民币为计算单位）

门店店员将旅游报名的费用“成人多少元 / 人，儿童（不满 14 岁）多少元 / 人；其中，导游服务费多少元 / 人；旅游费用合计多少元，旅游费用支付方式；旅游费用支付时间”这些具体款项及数额填写到合同上。

（3）第二十二条　人身意外伤害保险

①旅行社提示旅游者购买人身意外伤害保险；

②旅游者可以做以下选择：委托旅行社购买（旅行社不具有保险兼业代理资格的，不得勾选此项），或者自行购买，或者放弃购买。

（4）第二十三条　成团人数与不成团的约定

①成团的最低人数；

②如不能成团，旅游者是否同意按下列方式解决：

同意（同意或者不同意，打钩无效）旅行社委托 ×× 旅行社签订供应商协议的旅行社履行合同；

不同意（同意或者不同意，打钩无效）延期出团；

不同意（同意或者不同意，打钩无效）改签其他线路出团；

不同意（同意或者不同意，打钩无效）解除合同。

以上内容由游客根据自己的意愿填写，门店店员应做必要的解释说明。

（5）第二十四条　拼团约定

旅游者同意（同意或者不同意，打钩无效）采用拼团方式拼至 ×× 旅行社有限公司旅行社成团。这一条也由客人自行填写。

（6）第二十五条　自愿购物和参加另行付费旅游项目约定

①旅游者可以自主决定是否参加旅行社安排的购物活动、另行付费旅游项目；

②旅行社可以在不以不合理的低价组织旅游活动、不诱骗旅游者、不获取回扣等不正当利益，且不影响其他旅游者行程安排的前提下，按照平等自愿、诚实信用的原则，与旅游者协商一致达成购物活动、另行付费旅游项目协议；

③购物活动、另行付费旅游项目安排应不与《行程单》冲突；

④地接社及其从业人员在行程中安排购物活动、另行付费旅游项目的，责任由订立本合同的旅行社承担；

⑤购物活动、另行付费旅游项目具体约定。

（7）第二十六条　争议的解决方式

合同履行过程中发生争议，由双方协商解决；亦可向合同签订地的旅游质监执法机构、消费者协会、有关的调解组织等有关部门或者机构申请调解。协商或者调解不成的，按下列方式解决：

①交仲裁委员会仲裁；

②依法向人民法院起诉。

在旅行社与游客发生争议后，可协商选择其中一种作为解决争议的方式。

（8）第二十七条　其他约定事项

其他未尽事宜，经旅游者和旅行社双方协商一致，可以列入补充条款。

（9）第二十八条　合同效力

本合同一式两份，双方各执一份，具有同等法律效力，自双方当事人签字或者盖章之日起生效。

（二）签订境内旅游合同的注意事项

1. 对参团旅游者的要求

为保证客人安全顺利出行，门店店员应提示客人如实填写健康情况（包括身体和心理），并由客人亲笔签名。65 岁以上人群需要提供县级以上医院开具的健康证明，并要求有家属陪伴旅行。十八周岁以下的未成年人报名旅游，由其监护人作为代理人与旅行社签订旅游合同，并提交家长书面同意出行的意见书。门店店员在接待客人时要注意不能与未成年人签订合同。

2. 关于旅游行程单的解释

旅行社在与客人签订合同时会提供带团号的《旅游行程单》，经双方签字或者盖章确认后作为旅游合同的组成部分。旅游行程单会将旅行社提供的吃、住、行、游、购、娱等相关服务内容详细列出，《行程单》用语须准确清晰，在表明服务标准用语中不应当出现“准 × 星级”“豪华”“仅供参考”“以 ×× 为准”“与 ×× 同级”等不确定用语。门店店员在与客人签订合同时，当客人有需求的情况下要对行程单内容进行必要的解释说明。

3. 文明旅游提示与安全注意事项

门店店员在与客人签订旅游合同时还应书面提示客人文明旅游及安全注意事项，这部分内容可以在合同的协议条款里体现。主要内容如下：

（1）《中国公民国内旅游文明行为公约》具体内容为：营造文明、和谐的旅游环境，关系到每位游客的切身利益。做文明游客是我们大家的义务，请遵守以下公约：

①维护环境卫生。不随地吐痰和口香糖，不乱扔废弃物，不在禁烟场所吸烟。

②遵守公共秩序。不喧哗吵闹，排队遵守秩序，不并行挡道，不在公众场所高声交谈。

③保护生态环境。不踩踏绿地，不摘折果实和花木，不追捉、投打、乱喂动物。

④保护文物古迹。不在文物古迹上涂刻，不攀爬触摸文物，拍照摄像遵守规定。

⑤爱惜公共设施。不污损客房用品，不损坏公用设施，不贪占小便宜，节约用水用电，用餐不浪费。

⑥尊重别人权利。不强行和外宾合影，不对着别人打喷嚏，不长期占用公共设施，尊重服务人员的劳动，尊重各民族宗教习俗。

⑦讲究以礼待人。衣着整洁得体，不在公共场所袒胸赤膊；礼让老幼病残，礼让女士；不讲粗话。

⑧提倡健康娱乐。抵制封建迷信活动，拒绝黄、赌、毒。

（2）《文明旅游十大提醒语》具体内容为：

①文明是最美的风景。

②旅途漫漫，文明相伴。

③旅游美时美刻，文明随时随地。

④文明游天下，快乐你我他。

⑤一花一木皆是景，一言一行要文明。

⑥游遍天下山川，只留脚印一串。

⑦出游讲礼仪，入乡要随俗。

⑧垃圾不乱扔，举止显文明。

⑨多看美景，不刻美名。

⑩平安是福，文明是金。

（3）乘车（机、船）安全事项：

①旅游者乘坐机、车、船等交通工具时，应当等交通工具停稳并确认安全后按先后顺序上下交通工具。遇有老弱病残旅游者时，应当讲究文明礼貌，给予优先照顾。

②旅游者在乘车过程中要系好安全带，不与司机交谈，不催促司机开快车、违章超速和超车行驶；不要将头、手、脚或行李物品伸出窗外，以防意外发生。

③旅游者离开交通工具时，请注意关好自己座位旁边的车窗，拿好自己的随身物品和贵重物品。

④旅游者乘坐交通工具时，应当遵守交通客运经营者的安全管理规定。

⑤旅游者乘坐公共交通工具时，应带好自己的有效身份证件（儿童应带户口本原件，满 16 岁未办理身份证的旅游者需持派出所证明原件）；导游发给你机（车、船）票、登机牌时，应核对自己票牌上的姓名、往返时间、抵离目的地、航班号、车次是否正确；请注意保存好机、车、船票并配合导游把票收回。

⑥如遇到交通或其他事故时，应采取自救和互救措施，并保护好事故现场，迅速拨打 120、110 电话并同时向旅行社、履行辅助人等单位报告。

（4）住宿安全事项：

①旅游者入住宾馆后，应当了解宾馆安全须知的位置、安全转移的路线，熟悉宾馆的安全楼梯、安全门等。

②及时检查宾馆为你所配备的用品是否齐全、有无破损，如有不全或破损，请立即向宾馆服务员或导游报告。

③贵重物品应存放于宾馆服务总台保险柜，不要随身携带或放在房间内。

④不要将自己住宿的宾馆、房号随便告诉陌生人；不要让陌生人或自称宾馆的维修人员随便进入房间；出入房间要锁好房门，睡觉前注意门窗

是否关好，保险锁是否锁上；物品最好放于身边，不要放在靠窗的地方；洗漱时注意防滑防摔等安全事项。

⑤旅游者入住宾馆后需要外出时，应告知随团导游，并在宾馆总台领一张宾馆地址卡片，迷路时可以按卡片地址询问或搭乘出租车，安全顺利返回宾馆。

⑥遇紧急情况镇定处理，主动实行自救。

（5）饮食卫生安全事项：

①在旅游地购买食物需注意商品质量，不要购买“三无”（无生产厂、生产日期、厂家地址）商品，发现食物不卫生或有异味变质的情况，切勿食用。

②出门旅游，应随身带上矿泉水及干粮等食品以备不时之需，注意请勿喝生水和不洁净的水。

③不要接受和食用陌生人赠送的香烟、食物和饮品，防止他人诈骗。

④旅游期间要合理饮食，不要暴饮、暴食或贪杂食。

⑤为防止在旅途中水土不服，旅游者应自备一些常用的药品以备不时之需。切勿随意服用他人所提供的药品。

⑥到沿海地区旅游时，应根据旅游者自身情况调整饮食；食用各地风味食品要适量，旅游途中用餐尽量不要饮酒。

（6）游览观景安全事项：

①听取当地导游有关安全的提示和忠告，积极预防意外事故和突发性疾病的发生。

②经过危险地段（如陡峭、狭窄的山路，潮湿泛滑的道路等）不要拥挤；前往险峻处观光时应充分考虑自身的条件是否可行，不要强求和存侥幸心理。游览旅游景区（点）时，应当遵循“走路不看景，看景停一停”的安全原则。

③登山或参与活动中应注意适当休息，避免过度激烈活动，同时做好预防工作。

④在水上（包括江河、湖海、水库）游览或活动时，注意乘船安全，要穿戴救生衣；不单独前往深水水域或危险河道。

⑤乘坐缆车或其他载人观光运载交通工具时，应服从其工作人员安排；

遇超载、超员或其他异常时，千万不要乘坐，以防发生危险。

⑥游览期间，旅游者应三五成群，不要独行。如果迷失方向，原则上应原地等候导游的到来或打电话求救。自由活动期间旅游者更要注意自身安全。带小孩的旅游者请管好自己的小孩，不要让小孩单独行动，并注意安全。

⑦在景区游览时，应根据自身的条件参与适应的项目，不到有安全警示牌的地段游览。在自由活动期间外出活动时，应当注意自身安全。

（7）购物娱乐安全事项：

①不要轻信流动推销人员的商品推荐，无意购买时，不要向商家问价或还价。

②不要随商品推销人员到偏僻地方购物或取物，要细心鉴别商品真伪，不要急于付款，购物时应向商家索取正式发票。

③在热闹拥挤的场所购物或娱乐时，要注意保管自己的随身物品；不要单独行动，不要前往管理不善的经营场所。

④旅游者在购物、娱乐时，应防止被诈骗、盗窃和抢劫事故的发生。

（8）其他安全注意事项：

①参加境内旅游应当提高自我保护意识，在自由活动期间应当选择自己能够控制风险的项目活动，并对自己的安全负责。

②如遇到自然灾害和其他突发事件时，要冷静处理，听从现场指挥，尽快撤离危险地区；及时与旅行社、履行辅助人、公共交通经营者以及当地或有关部门联系，寻求营救保护。

③如遇到人身、财产安全等意外情况时，应当及时报警。

④注意听从导游的安排，记住集合的时间和地点；认清自己所乘坐的车型、车牌号及颜色，不要迟到。

⑤在旅游活动中，为了防止火灾事故的发生，请旅游者不要携带易燃、易爆物品；不要乱扔烟头和火种；遵守旅游经营者的有关安全管理规定及安全相关的各种法律、法规。

⑥旅游者应遵守国家的法律、法规，尊重旅游途经地区的民族、民俗习惯。出行前，应当及时通过旅游、交通、气象、卫生等部门以及旅游目的地等单位的报刊、网站等媒介，查询有关出行信息和出游方面的注意事

项，与旅行社共同完成本次旅游活动。

⑦前往高原旅游，请旅游者避免剧烈运动和情绪兴奋，未成年人、老年人、孕妇和患有疾病的旅游者切勿轻易进入高原旅游；在高海拔区域不要暴饮暴食抽烟喝酒。

⑧组团社不提倡下海、攀岩、跳伞等危险活动，也要求旅游者在自由活动期间尽量不要去参加这些活动。

⑨旅游者不要将贵重物品放在托运的行李中、大巴车上、酒店房间等地方。旅游者在旅游期间，应当遵守旅游目的地的相关规定，服从导游的统一管理，随团活动，不得擅自脱团。自由活动时应向导游说明去向，并征得导游的同意；回程时，因不可抗力或其他特殊原因需分团的，应当及时向导游报告。

⑩旅游者旅游时应当规范个人行为，做到个人举止文明，衣着和言谈得体，不得参加有损国家、民族关系的活动，不得参加涉及赌博、色情、毒品等内容的活动。旅游活动期间，应当严格遵守我国的交通、餐饮、住宿、景区（点）、娱乐、购物等行业的法律法规，特别是各行业安全警示规范，及时掌握相关安全知识，保护好自己的人身、财产。

4. 费用支付

在签订旅游合同时要写清旅游费用的支付方式和时间。门店接待散客报名，费用是当场全额支付，支付方式有现金、转账等。如果报名的客人是企事业单位，部分会采用分期付款的方式，门店店员要跟客人约定好收取尾款的时间。

5. 全陪派遣问题

散客拼团出游，旅行社不安排全陪，客人抵达目的地后由地接导游负责接待。旅行社在客源地收客独立成团，会派遣全陪导游提供全程跟团服务。同一条旅游线路独立成团带全陪的，要比散客拼团无全陪的报价贵，客人享受的导游服务也不相同。门店店员要将这种情况给客人解释清楚。

6. 旅游保险问题

签订合同时，门店店员应主动提示客人购买保险。游客购买的旅游人身意外伤害保险，被保险人投保年龄为出生满 30 天（含 30 天）至 85 周岁（含），所有年龄保额不变（未成年人累计意外身故保额以保监会规定为准）。

门店店员应向游客说明，旅游意外险费用不高，但保险公司的保险额度较高，一旦发生意外客人的权益能得到更为全面的保障。同时，门店店员也要向游客说明保险费不包含在旅游报名费用里，客人自愿购买，不进行强迫。

（三）团队出境旅游合同的主要条款

出境旅游合同的很多内容与国内旅游合同规定一致，门店店员重点掌握与国内旅游合同规定不同的条款。

1. 第六条　出境社的义务规定有变化

出境旅行社减少了一条义务："旅游行程中解除合同的，旅行社应当协助旅游者返回出发地或者旅游者指定的合理地点。"

在出境旅游过程中，旅行社与旅游者解除合同，旅行社无须协助旅游者返回出发地或者旅游者指定的合理地点。

2. 第八条　旅游者增加了两项义务：

（1）向出境社提交能有效使用的因私护照或者通行证，自办签证 / 签注者应当确保所持签证 / 签注在出游期间有效；

（2）按照合同约定随团完成旅游行程，配合领队人员的统一管理。

3. 合同的解除规定有变化

（1）第十二条　旅行社解除合同中解除合同日期的规定有变化。

未达到约定的成团人数不能成团时，出境社解除合同的，应当采取书面等有效形式。出境社在行程开始前 30 日（按照出发日减去解除合同通知到达日的自然日之差计算）以上（含第 30 日）提出解除合同的，不承担违约责任，出境社向旅游者退还已收取的全部旅游费用（不得扣除签证 / 签注费用）；出境社在行程开始前 30 日以内（不含第 30 日）提出解除合同的，除向旅游者退还已收取的全部旅游费用外，还应当按照本合同第十七条第 1 款的约定承担相应的违约责任。

（2）第十三条　旅游者解除合同中解除合同日期的规定有变化。

未达到约定的成团人数不能成团时，旅游者既不同意转团，也不同意延期出行或者改签其他线路出团的，出境社应及时发出不能成团的书面通知，旅游者可以解除合同。旅游者在行程开始前 30 日以上收到旅行社不能成团通知的，旅行社不承担违约责任，向旅游者退还已收取的全部旅游费用；旅游者在行程开始前 30 日以内收到旅行社不能成团通知的，按照本合同第十七条第 1 款相关约定处理。

除本条第 1 款约定外，在行程结束前，旅游者亦可以书面等形式解除合同（相关法律、行政法规另有规定的除外）。旅游者在行程开始前 30 日以上提出解除合同的，未办理签证 / 签注的，出境社应当向旅游者退还全部旅游费用；已办理签证 / 签注的，应当扣除签证 / 签注费用（旅游者自办的除外）；旅游者在行程开始前 30 日以内提出解除合同的，出境社按照本合同第十五条相关约定扣除必要的费用后，将余款退还旅游者。

4. 第十五条　必要的费用扣除有变化

旅游者在行程开始前 30 日以内提出解除合同，或者按照本合同第十二条第 2 款约定由出境社在行程开始前解除合同的，按下列标准扣除必要的费用：

行程开始前 29 日至 15 日，按旅游费用总额的 5%；

行程开始前 14 日至 7 日，按旅游费用总额的 20%；

行程开始前 6 日至 4 日，按旅游费用总额的 50%；

行程开始前 3 日至 1 日，按旅游费用总额的 60%；

行程开始当日，按旅游费用总额的 70%。

思考讨论

你认为门店店员在客人报名时，关于客人解约将要承担的费用应做哪些说明？

____

____

____

____

____

5. 第十七条　出境社的违约责任有变化

出境社在行程开始前 30 日以内提出解除合同的，或者旅游者在行程开始前 30 日以内收到出境社不能成团通知，不同意转团、延期出行和改签线路解除合同的，出境社向旅游者退还已收取的全部旅游费用（不得扣除签证 / 签注等费用），并按下列标准向旅游者支付违约金：

行程开始前 29 日至 15 日，支付旅游费用总额 2% 的违约金；

行程开始前 14 日至 7 日，支付旅游费用总额 5% 的违约金；

行程开始前 6 日至 4 日，支付旅游费用总额 10% 的违约金；

行程开始前 3 日至 1 日，支付旅游费用总额 15% 的违约金；

行程开始当日，支付旅游费用总额 20% 的违约金。

（四）签订出境旅游合同的注意事项

门店店员在与顾客签订出境旅游合同时，与签订国内合同一样要向顾客就旅游行程安排做必要的解释和说明，还应重点说明出境证件、签证、保证金、小费等与国内旅游不同的地方。

1. 出境证件及签证

（1）出境证件

游客出境旅游需要护照、往来港澳通行证、往来台湾通行证、旅行证等证件，分别用于出境、前往香港澳门地区、前往台湾地区、前往与我国接壤的边境地区旅游。门店店员在接待前往上述地区旅游的顾客时，应首先询问顾客是否已经具备这些证件。如果客人没有相关证件，门店店员可以提示客人办理所需准备的资料以及办理的程序；如果客人已经具备相关证件，门店店员应对相关证件进行查验，看是否有效。

（2）签证

游客出境旅游，需要办理前往国的签证，这个一般由旅行社协助客人办理。门店店员需要告诉客人办理签证需要准备的资料。当客人正式报名出境旅游并提交了相关签证资料时，门店店员应对资料进行初步查验，判断资料是否齐全、是否符合签证需要。由于签证办理要提交的相关资料数量较多，有些还是重要证件的原件，门店店员在收齐资料后，要列出相关资料清单让顾客核对无误后签字确认，避免返还时引起不必要的纠纷。办理签证时门店店员要重点跟顾客说明，如果顾客被拒签，签证费用不予退还。

2. 保证金

出境旅游保证金，是指出境组团社组织游客出境旅游时，为防止游客在境外滞留不归，要求游客在出境前向旅行社交纳一定数额的现金作为担保。游客出境旅游时遵守前往国法律，遵循合同规定按时回国，旅行社将如数返还出境旅游保证金。《旅游法》规定，出境旅游者不得在境外非法滞留。根据《民法典》有关担保的条款规定，出境组团社向旅游者收取一定数额的保证金属于合法行为，受法律保护。

保证金收取的数量，主要是看目的地国可能发生的滞留率而定，像欧美、澳洲、日本等发达国家，游客滞留的可能性大，收取的保证金就多；像东南亚等发展中国家，游客滞留的概率低，收取的保证金就少或者不收保证金。收取保证金的多少，也要看游客的个人资料，如果一名游客已经有不止一次的出境游经历，保证金肯定就会少收甚至不收；如果是初次出境，或是个人资料可疑，就会酌情多收。向游客收取保证金是响应目的地国使馆的要求，也是为了尽可能减少旅行社的损失。目的地国最担心的是游客滞留不归，在送签时签证处通常会要求旅行社提供相应的防范措施。对于旅行社而言，如果旅游团的游客出现在境外滞留不归或其他违法行为，使领馆将停止组团社向该国申请办理团体签证的权利，地接社也将被停止接待中国公民赴该国旅游的权利，并处以罚金。所以，收取保证金是旅行社制约客人、减少损失的最有效手段。根据目的地国和客人的信用情况不同，组团社会收取不同额度的保证金，押金从 3 万至 10 万元不等，一般以三五万元为最常见。

3. 小费的规定

出境跟团旅游时要向司机和导游支付“小费”，这种收费是根据国际惯例由领队在机场收取的。（小费制度是欧美国家服务业普遍推行的制度）门店店员需要告诉客人出国前在中国银行换取前往国的外汇，数量根据客人自己的需求而定，但其中要有支付小费的部分。小费不包含在旅游团费中，在欧洲旅游每天约为 8 至 10 欧元，美国旅游约为 8 至 10 美金，澳洲旅游约为 8 至 10 澳元，东南亚等国、我国港澳台地区旅游约为每天 50 至 60 元人民币。

（五）收取费用、开具票据

1. 收取费用

不论是参团的客户还是单项委托服务的客户，门店店员都要向其收取费用，收费时注意：

（1）全额收费、概不赊欠

客人支付费用是旅游合同得以实现的前提条件，门店店员在客人报名时或委托代办服务时要全额收费，告知客人概不赊欠。如果客人提出先由旅行社提供服务再付费，或先支付部分费用，其实都是不合理的，门店店员可以直接拒绝。

（2）金额正确、账款相符

旅行社的产品种类繁多，同一目的地的产品项目、档次不同，费用也不一样，门店店员在收费时一定要仔细确认产品的费用正确，避免出现购买产品类型和实际收费偏差的情况。另外，门店店员在收费记录时，要确保记录的收银账目和实际的输入款项相符，出现错账、长短款要立即查明情况，及时纠正。

2. 开具票据

客人付款之后，门店店员应该给客人出具正式发票。目前旅行社向客人提供的大多为电子发票，采用税务局统一的形式，发票号码采用全国统一编码。旅行社对门店实行统一财务管理，发票一般由旅行社的财务部门出具。因此，当客人提出开具正式发票时，门店店员要问清楚客人开具发票需要填写的信息，是公司的要有公司名称、税号，如果不需要报销也可以填写个人姓名；还要留下客人接收电子发票的邮箱、QQ或者微信，并告知客人需由总社财务部门办理，待办妥后将发送至客人指定的地方，请客人注意查收。

笔记

四、任务实施

实训项目	手续办理
实训时间	
实训要求	1. 能够熟练地与顾客签订境内旅游合同 2. 能够对境内旅游合同相关条款及注意事项做必要说明 3. 能够熟练地与顾客签订出境旅游合同 4. 能够对出境旅游合同及注意事项做必要说明 5. 能够准确地收费、开票
实训地点	多媒体教室
实训材料	多媒体、旅游产品资料、旅游合同范本
实训内容与步骤	一、实训准备 学生分组，上网收集国家文旅部境内旅游合同范本及出境旅游合同范本并下载打印。指定不同的小组分别收集目的地为桂林和泰国的旅游产品资料，并进行相应行程单的编制。 二、实训开始 小组成员分别扮演门店店员、签约顾客 1. 小组负责人介绍本小组角色分配和场景设定。 2. 小组成员按照角色分配，分别模拟完成目的地为桂林的境内旅游合同签订过程及目的地为泰国的出境旅游合同签订过程。 三、实训考核、点评 教师就课前资料搜集、行程单编制的完成情况、课中角色扮演的合理性、服务的规范性、团队合作等方面进行示范性点评，然后小组间互评，师生共同总结任务要点、纠正任务实施过程中存在的问题，提出改进性建议。

五、任务评价

手续办理考核评价表

考核项目	具体内容或要求	扣分项	得分
资料准备充分	1. 小组根据指定任务准备有效的合同文本 2. 小组根据指定任务准备相关的旅游产品资料 3. 小组根据指定任务编制旅游行程单	总分 15 分，缺一项扣 5 分	
合同签订过程完整	1. 向游客完整展示旅游合同并做了必要的说明 2. 协议条款签订过程规范、内容准确完整 3. 最终签订合同信息完整	总分 15 分，缺一项扣 5 分	

续表

考核项目	具体内容或要求	扣分项	得分
签订合同的注意事项体现完整	1. 准确识别旅游者，并向旅游者提出对应的参团要求 2. 对旅游行程单做了完整有效的解释 3. 对游客进行安全旅游提示 4. 对游客进行文明旅游提示	总分 40 分，缺一项扣 10 分	
其他手续操作规范	1. 体现收费、开票过程 2. 国内团解释全陪的派遣问题 / 出境团提示证件和小费问题 3. 提示客人购买保险	总分 30 分，缺一项扣 10 分	
合计			

六、任务巩固

选择一个本地周边二日游产品，编写一段门店店员与顾客签订合同的对话。

____

____

____

____

____

自我分析与总结

____

____

____

____

____

____

____

任务四 行前通知

案例导入

七月份某周五上午，旅行社门店店员小罗接待了一对中年夫妇，他们咨询有没有本周末两天去五台山的旅游团。五台山二日游产品是旅行社销售的常规经典产品，尤其到了夏季，每个周末都发团。小罗向顾客给出了肯定的答复，并详细介绍了产品。顾客夫妇对行程安排和报价都比较满意，很快与小罗签订了国内旅游合同，并交纳了相关费用。小罗随即详细说明行前、行中注意事项，顾客满意地离店而去。

【讨论】

同学们说一说，案例中的门店店员小罗向顾客提供的是什么服务？小罗应该向顾客说明哪些情况和注意事项？

【案例评析】

与旅游者签订合同后，门店店员还应向顾客进行行前通知。本案中小罗应该告诉客人出发集合的时间、地点，去五台山旅游的注意事项，应该携带的物品，旅游目的地天气情况等，并对客人进行安全警示和文明旅游提示。小罗还应提示客人保证手机畅通，出行前一天下午，带团导游将与客人联系，告知具体出行信息。

一、任务描述

门店店员在顾客签订旅游合同、办理缴费手续后，根据顾客购买产品类型的不同，要对应提供不同的行前通知服务。行前通知的服务内容主要是将出行时间，交通工具种类、班次、时间，集合地点，旅游目的地情况，安全注意事项等与出行有关的具体信息告知顾客。

二、任务学习目标

1. 熟悉不同旅游产品行前通知的区别
2. 掌握行前通知的内容

三、完成任务需要的新知识

（一）不同旅游产品行前通知的方式

1. 门店店员面谈通知

针对省内或短线周边游产品、游客包团的定制游产品以及客源地独立成团的国内游散客拼团产品，在出行时间段、往返交通工具、集合出发时间及地点都已经确定的情况下，门店店员在与游客签订合同后，可当场与顾客面谈进行行前通知。

2. 书面通知

（1）国内游产品

针对顾客报名时行程中个别项目尚未落实，如由于飞机、火车等交通工具情况没有确定的国内游散客拼团产品，门店店员在顾客报名时将此情况进行说明，并留下顾客的邮箱、微信等联系方式，在具体行程安排确定后会将行前通知以书面形式传达给顾客。

（2）出境游产品

针对出境游产品，顾客报名时，是否能够出签、航班具体信息、领队派遣等情况都未确定，门店店员要留下顾客的联系方式，同时告知顾客在出团前一周左右的时间注意查询电子邮件，旅行社将以邮件的形式向游客发出行前通知。

3. 电话通知

游客报名后，如果出现一些不可抗力因素，如自然灾害、公共卫生事件、当地罢工、战争或局势动荡等，影响游客出行，门店店员会根据计调人员的指示，打电话发出临时行前通知，告知客人出行的情况，甚至有可能通知行程取消。

（二）行前通知的内容

1. 国内游行前通知的内容

（1）旅游团具体的出发时间及集合地点；

（2）出发交通工具的航班或车次、起飞或发车时间、需提前抵达的时间；

（3）导游员信息：姓名、性别、联系电话；

（4）具体详尽的行程安排，包括吃、住、行、游、购、娱六要素的内容；

（5）前往旅游目的地的气候及着装建议、特产购物、风俗禁忌等情况；

（6）对可能危及旅游者人身、财产安全的事项和需注意的问题，向旅游者做出真实的说明和明确的警示；

（7）应携带的物品，例如证件、防晒霜、太阳帽、晴雨伞、墨镜、拖鞋、药品等；

（8）本旅行社紧急联系人姓名、电话，地接旅行社名称，联系人姓名、电话。

思考 讨论

你认为门店店员对顾客进行安全警示时应做哪些说明和提示？

____

____

____

____

____

2. 出境游行前通知的内容

出境旅游团会由带团的领队人员在机场开行前说明会，将出境的具体情况和注意事项做详细说明，并解答游客的各种疑问。但出境前旅行社也会将游客签证的出签情况和书面的行前通知传达给游客，内容包括：

（1）旅游团具体的出发时间及集合地点；

（2）出发交通工具的航班或车次、起飞或发车时间、需提前抵达的时间；

（3）领队信息：姓名、性别、联系电话；送站人员的姓名、电话；

（4）具体详尽的行程安排，包括吃、住、行、游、购、娱六要素的内容；

（5）前往旅游目的地的气候及着装、特产购物、风俗习惯、时差、货币兑换、通信情况、当地电压、插座类型、酒店是否提供洗漱用品、酒店和行程中的自费项目、购物退税、外事礼仪等；

（6）对可能危及旅游者人身、财产安全的事项和需注意的问题，向旅游者做出真实的说明和明确的警示；

（7）出入境行李及物品携带规定；

（8）本旅行社紧急联系人姓名、电话，地接旅行社名称，联系人姓名、电话。

思考讨论

你认为门店店员对顾客就货币兑换和通信情况应做哪些说明和提示？

笔记

四、任务实施

实训项目	行前通知
实训时间	
实训要求	1. 能够熟练地与顾客面谈发出行前通知 2. 能够拟定国内游行前通知 3. 能够拟订出境游行前通知
实训地点	多媒体教室
实训材料	多媒体、旅游产品资料
实训内容与步骤	一、实训准备 学生分组，指定不同的小组分别收集目的地为桂林和泰国的旅游产品资料，同时搜集和整理桂林和泰国的气候、特产、风俗习惯等相关信息。实训小组分别制作以桂林和泰国为目的地的行前通知 PPT。 二、实训开始 1. 小组选出代表汇报展示行前通知的内容。 2. 小组代表将门店店员应向游客进行现场重点提示的内容进行阐述。 3. 教师和其他小组同学以游客身份提问目的地及出游的相关问题。 三、实训考核、点评 教师就课前资料搜集和 PPT 制作的完成情况、课中展示、互动的合理性、服务的规范性、团队合作等方面进行示范性点评，然后小组间互评，师生共同总结任务要点、纠正任务实施过程中存在的问题，提出改进性建议。

五、任务评价

行前通知考核评价表

考核项目	具体内容或要求	扣分项	得分
行前通知内容完整准确	1. 行前通知内容完整准确，贴合市场 2. PPT 制作精良、图文结合 3. 小组代表阐述清晰明了	总分 60 分，缺一项扣 20 分	
对客人警示、提醒事项准确完整	根据旅游目的地情况和行程安排，对客人进行相关的警示和提醒	总分 20 分	
现场应答准确合理	对于老师和同学的提问，能够灵活应变和准确给予答复	总分 20 分	
合计			

六、任务巩固

选择一个本地周边二日游的产品，编写一份行前通知。

自我分析与总结

项目总结

门店做窗口，店员树形象

游客认识旅行社往往是通过旅行社的门店，店面的装修、产品的陈列以及店员的服务，都是旅行社实力的展示，因此说门店是旅行社的重要窗口。而门店店员的仪容仪表、礼貌礼节、服务态度和专业素养，更是客人是否选择一家旅行社的重要影响因素，因此说门店店员是旅行社的形象代表。一个合格的门店店员，要能识别顾客、接待顾客，还要能留住顾客。这需要门店店员有着耐心、细致的工作态度，好学、向上的工作作风，不断学习产品知识、掌握游客需求，成为名副其实的“产品专家”，为游客推介最合适的产品，提供最优质的服务。一间干净整洁、环境幽雅的门店，几名态度热情、服务专业的店员，会让游客对旅行社留下深刻美好的印象，也会让旅行社留住客源、占领市场。

项目练习

1. 入店客人有哪些类型？分别应该提供什么对应服务？
2. 旅行社产品推介包含哪些内容？
3. 签订境内旅游合同有哪些注意事项？
4. 签订出境旅游合同有哪些注意事项？
5. 行前通知有哪些方式？分别适用于什么情形？

项目二 | 市场销售

项目导读

旅行社销售部主要完成团体产品的销售任务，针对的是一些组织团体旅游的企事业单位，以及一些分销产品的同业旅行社。销售人员要熟悉产品、攻略客户，最终完成销售任务。

涉及岗位介绍

销售员：旅行社的销售员主要完成团体客户及同业旅行社的销售工作。日常业务包括熟悉产品、客户联络、产品推销、业务洽谈等。一般每个销售员在规定的期限内要完成一定的销售任务，相应地也会得到与销售业绩对应的绩效奖励。销售人员要具备良好的人际交往能力和沟通能力，同时对旅行社产品体系、价格构成、企业文化、营销策略等相关知识和技能也要熟练掌握。

项目学习目标

知识目标	1. 熟悉旅行社的产品体系 2. 熟悉旅行社产品的销售渠道及策略 3. 掌握旅行社产品推销的流程和技巧
能力目标	1. 具备良好的语言文字表达能力，能制订、落实销售计划 2. 具备与顾客有效沟通的能力 3. 具备协调顾客与旅行社相关部门人际关系的能力 4. 具备旅游营销能力

素质目标	1. 培养学生规范服务的意识 2. 培养学生团队合作意识 3. 培养学生规则与法治意识
思政目标	1. 培养学生吃苦耐劳、甘于奉献的精神 2. 培养学生诚实守信、爱岗敬业的精神

项目实施

本项目从“销售前的准备”“销售的实施”两个任务着手，从“准备”“计划”“洽谈”这些环节学习基本知识和技能，引导学生学好专业知识，既能担当责任，又能掌控局面，还能统筹兼顾，增强学生驾驭工作的综合能力。

任务一　销售前的准备

案例导入

十一月是某地的旅游淡季，某旅行社决定在这个阶段进行促销总动员。产品设计部门的工作人员加班加点，设计出许多旅游产品，并制作了配套的精美旅游宣传手册和彩页。一天早上刚上班，经理把销售部、导游部及门市部的部分员工召集起来，做了销售动员后，大家分头出发了。销售部的新进销售员小李在领取了旅游产品宣传材料后，来到一家外贸企业做产品宣传，到了公司门口遭到保安阻拦，经过一番磨嘴皮小李总算进去了。好不容易找到总经理办公室，可在外间办公的总经理秘书又把她拦住了。秘书一听小李是来推销产品的，一会儿说经理这会儿正忙，一会儿说在他们公司经理不管这事。小李希望秘书告诉她旅游的事是谁负责，但秘书断然拒绝。无奈，小李只好把旅游宣传资料交给秘书，悻悻然去另外一家单位了。

【讨论】

请同学们认真阅读案例，进行分组讨论，想一想销售员小李在这次推销活动中，为什么会失败？要想成功地进行产品推销要做好哪些工作？

【案例评析】

案例中，销售员小李并未见到真正的销售对象，也没有展开销售业务洽谈，直接被拒之门外。她的失败主要是没有做到知己知彼。在销售前，小李没有对销售对象进行全面的了解，甚至于连单位负责此项业务的具体负责人是谁都未做了解，更不用说了解其购买旅游产品的习惯、类型、档次等细节。另外，在外出推销前，小李也没有对新产品进行深入了解，对产品的特色、类型、与同类型产品比较的优势等也未进行详细研究，因此她的失败是必然的。

只有做好充分的准备工作，全面熟悉旅行社、产品、销售对象，做到知己知彼，选择合适的推销时间和契机，才能成功推销。

一、任务描述

销售人员在正式销售前要做一系列的前期准备工作，才能实现销售目标。首先要制订销售计划，选择销售渠道，做好形象、知识、心理、业务资料等准备工作，熟悉顾客、熟悉产品、熟悉企业，知己知彼。

二、任务学习目标

1. 掌握销售计划的构成内容
2. 熟悉销售渠道的类型
3. 掌握推销前的具体准备工作

三、完成任务需要的新知识

（一）旅行社销售计划的内容

1. 市场调研与分析

旅行社要制订产品销售计划，必须先对旅游市场进行调研，调查分析目标市场旅游产品需求状况，主要顾客群体的消费行为和喜好，市场竞争对手的产品销售情况，同时分析本旅行社的内部经营情况和外部环境。

2. 确定产品销售目标

旅行社在市场调研与分析后，要确定产品营销的目标市场和销售渠道，并制定具体的可量化的产品销售指标，能够明确每一个分销市场及每一个销售员的销售指标。

3. 规划销售预算

旅行社在确定了销售目标后，要根据销售目标编制销售预算，包括广告宣传费用、推销费用、通信联络费用等支出预算。

4. 编制产品营销组合计划

产品营销组合计划是旅行社为实现预定的销售目标所运用的多种营销手段的集合。使用多种手段组合营销是为了完成销售指标，实现旅行社的营利，因此营销组合的成本支出要低于产品销售所创造的受益。

5. 销售计划的检验与评价

销售计划是否有效可行，要在计划实施后进行检验，并对计划实施的结果进行评价。检验评价的最直接途径就是看销售指标的完成情况。

（二）旅行社销售渠道的选择

1. 旅行社销售渠道的概念

旅行社产品的销售渠道也叫旅游分销渠道，是指旅行社产品从生产企业向消费者转移过程中所经过的，一切取得使用权或者协助使用权转移的中介组织或个人，是旅行社产品使用权转移过程中所经过的各个环节连接起来而形成的通道。

2. 旅行社销售渠道的类型

根据旅行社是否需要通过其他旅游中间商来完成产品销售活动，可将旅行社销售渠道分为直接销售渠道和间接销售渠道。

直接销售渠道是指旅行社产品的生产企业不经过中间环节，直接将产品销售给旅游者。旅行社可以通过自己的门店、主要客源地开设的分公司以及线上交易平台，将产品直接销售给旅游者。这种销售渠道减少了中间费用，降低了成本，可以使报价更有市场竞争性。直接销售渠道的优势是方便、快捷、高效、灵活、成本低，在跟顾客直接交流时也方便掌握最新的市场信息。直销渠道的缺陷是市场覆盖面窄，企业和产品的影响力相对较弱。

间接销售渠道，是指旅行社通过中间商将产品提供给旅游者的分销渠道。间接销售渠道的使用比较广泛，旅行社可以通过中间商将自己的产品销售给众多的旅游者，市场覆盖面广，企业和产品的影响力较大。间接销售渠道的销售方式：一是旅行社通过零售商将旅行社产品销售给旅游者；二是旅行社与批发商或销售商进行产品交易，批发商或经销商再经过零售商将产品销售给旅游者。

思考讨论

你认为旅行社选择销售渠道时，直接渠道和间接渠道哪个占比较多？

____

____

____

____

____

3. 影响销售渠道选择的因素

（1）旅行社产品情况

选择何种销售渠道，首先要考虑的就是旅行社产品的情况。旅行社产品对销售渠道选择的影响因素，主要有产品的性质、种类、档次等几个方面。比如户外、探险、体育赛事类的旅游产品，针对的客户群人数较少，可以采用直接销售渠道，有的放矢地向旅游者推销；而观光游览型的旅游产品受众较多，可以采用间接销售渠道；再比如高档旅游产品购买者较少，这类产品的销售可选择直接销售渠道进行；而中低档的大众旅游产品，采用间接销售渠道更有利于在更大的空间争取广大的客源。

（2）旅游者需求状况

旅游者影响销售渠道的选择。如果旅游者出游需求大，出游频次高，旅行社可以利用更多的中间商来开展销售活动，满足游客需求，这就是选择间接销售渠道；相反，旅游者出游意愿不明显，出游频次低，旅行社可以减少或不用中间商，选择直接销售渠道。旅行社产品的消费者比较集中，可以在主要客源地进行直接销售；旅行社产品的消费者很分散，遍布全国各地，可以采用间接销售渠道。

（3）旅行社自身状况

旅行社的经济实力和管理能力也影响着销售渠道的选择。旅行社经济实力雄厚，对产品和销售活动的管理能力强，既可以开设众多的门店，也可以在更多的客源地开设分公司实现直接销售。反之，旅行社资金有限，对产品和销售活动的管理能力不强，就只能依托中间商来销售产品。

4. 中间商的选择

旅行社产品销售很大程度上要借助中间商，那么如何选择合适的中间商作为合作对象呢？有以下三种策略可作为选择中间商的依据：

第一，广泛性渠道策略，是指旅行社尽可能选择众多且分布在不同地区的批发商合作，通过这些旅游批发商将旅行社产品广泛传递给各个零售商或旅游者，方便满足旅游者需求的渠道策略。这种渠道策略市场覆盖面广，利于游客接触并购买旅行社产品，但旅行社不好兼顾诸多的合作中间商，合作关系不够稳定，成本较高。这种渠道策略可以在旅行社开始向某一目标市场推销产品时使用，便于寻找和发现理想的中间商。

第二，选择性渠道策略，是指旅行社在一定的市场中选择几家信誉良好，营销能力强，与本企业的经营范围比较吻合的中间商作为合作对象进行产品销售的渠道策略。这种策略既可以较好地拓展市场，也能在合作企业间形成比较稳定的合作关系，成本也不会很高。当一家旅行社在某一目标市场使用广泛性渠道策略普遍撒网后，通过观察和考量，发现了一些优质的中间商，就可以采用选择性渠道策略进行重点培养，使这些中间商成为长期合作对象。

第三，专营性渠道策略，是指旅行社在一个客源市场只选择一家中间商作为合作对象，双方互为对方在当地的独家总代理。专营性销售渠道销售成本低，合作双方关系密切，为对方做销售的积极性较高；但在一个市场只跟一家企业合作，也存在市场覆盖面窄、对中间商依赖程度高、经营风险大的缺点。这种销售渠道在旅行社开拓新市场时可以使用，能够调动中间商的销售积极性。另外，一些客源集中的特殊产品、高端豪华产品，可以选择有这方面资源的旅行社进行单项合作，使用专营性渠道策略。

此外，选择合作旅行社的时候，还应该考虑与本企业目标市场一致、合作意向明确、组团能力强、信誉口碑好的旅行社作为合作对象。

5. 销售渠道的选择

在市场营销过程中，旅行社针对不同的产品、不同的客源，会选择直接销售渠道和间接销售渠道交替使用，也就是一家旅行社时两种销售渠道的选择是兼而有之的。在实际工作中，两种销售渠道如何选择主要取决于三个标准：

（1）分销渠道售出本旅行社产品的数量或销售额；

（2）本旅行社为维护各种分销渠道所支出的费用；

（3）本旅行社自身的销售能力。

旅行社可以综合这三项标准，选择出最适合的销售渠道。

（三）销售人员推销前的准备工作

1. 形象准备

思考 讨论

你认为旅行社销售人员应该以怎样的形象出现在推销对象面前？

2. 语言准备：设计推销“脚本”并进行彩排

3. 心理准备：做最好的准备，做最坏的打算

4. 相关知识准备：要对本旅行社、推销的旅行社产品、目标客户以及竞争对手充分的熟悉。

（1）熟悉本旅行社；

（2）熟悉推销的旅行社产品：包括产品的特色、价格，能为顾客带来的利益，售后服务，竞争对手产品比较等信息；

（3）熟悉客户：

对于个人客户，要熟悉客户的学历、经历、籍贯、年龄、个性、收入、

兴趣、专长、家庭背景、交友情况等信息；

对于公司客户，要熟悉公司的地位、营业状况、往来客户、发展规划、财务状况、与竞争对手的关系、公司员工素质、员工流动率、公司负责人、交付团款习惯等信息；

（4）熟悉竞争对手：熟悉竞争对手与本旅行社近似产品的价格、优势、缺陷等信息。

思考讨论

你认为作为一名旅行社的销售人员，对自己所在的旅行社应该掌握哪些信息？

5. 制订方案：制订与顾客谈判的上、中、下三种方案以及在谈判中的进退和交换条件。

6. 相关业务资料准备：把与旅行社产品相关的图片、资料、宣传视频等相关资料准备好，并备好笔记本电脑、本人名片等。

笔记

四、任务实施

实训项目	销售前的准备
实训时间	
实训要求	1. 熟悉销售前准备工作的内容 2. 能够准确地进行人员推销前的准备工作
实训地点	多媒体教室
实训材料	多媒体、旅行社产品宣传彩页等
实训内容与步骤	一、实训准备 学生分组，提前一周组织学生前往旅行社调研，搜集旅行社产品宣传资料，了解旅行社的销售渠道，每个小组制订销售计划。 二、实训开始 1. 小组交流旅行社调研成果。 2. 小组派代表展示销售计划。 3. 小组搜集旅行社产品资料展示。 三、实训考核、点评 教师就课前资料搜集、销售计划的完成情况，课中调研成果和销售计划的展示情况、团队合作等方面进行示范性点评，然后小组间互评，师生共同总结任务要点、纠正任务实施过程中存在的问题，提出改进性建议。

五、任务评价

销售前准备考核评价表

考核项目	具体内容或要求	扣分项	得分
旅行社调研内容全面	1. 旅行社销售途径 2. 旅行社销售渠道 3. 旅行社主要产品 4. 其他信息（如办公环境、员工素质、企业人才需求等）	总分 40 分，缺一项扣 10 分	
销售计划制订完整	1. 有市场调研分析 2. 有产品销售目标 3. 有销售预算，数字明了、有理有据 4. 有产品销售组合计划（以学生身份和资源可实行性） 5. 有对计划的检测、评价方法	总分 50 分，缺一项扣 10 分	
旅行社产品资料丰富	1. 省内游、周边游、国内游、出境游产品齐全 2. 同一产品有不同价位的组合可供选择	总分 10 分，缺一项扣 5 分	
合计			

六、任务巩固

请制订一份与顾客进行人员推销时谈判的上、中、下三种方案以及在谈判中的进退和交换条件。

自我分析与总结

任务二　销售的实施——人员推销

案例导入

七月份正值暑期，某旅行社针对海滨产品夏季广受青睐的市场情况，推出青岛专列六日游产品。产品行程既有适合观光旅游者的海边戏水、沙滩日光浴等传统内容，同时又有极地海洋世界这样吸引青少年和家庭游、亲子游的项目，还有崂山、八大关这样文化内涵深厚的景点，总之产品设计迎合不同受众的需要，旅行社对其销售很有信心。一天，销售部小吴带着青岛专列产品的宣传资料，通过预约来到某公司总经理办公室进行推销。该公司曾跟小吴所在的旅行社有过多次合作，是VIP老顾客，小吴在推销前对该公司也做了充分攻略，知道这家公司近三年都没有安排海滨旅游。见到公司总经理林总，小吴开门见山说明来意，直接推销青岛专列产品，将产品特点、优势、市场上同类产品情况都进行了详细解说，林总也饶有兴趣地听小吴介绍，其间还提出很多疑问和顾虑，诸如员工乘专列是否能安排到同一节车厢？火车上能否就餐？价格能不能优惠，等等。对于这些疑问小吴都做了详细答复，打消了林总的顾虑。最终小吴顺利与林总签订合同，林总公司的三十名员工及其家属将参加青岛专列的旅游团。

【讨论】

请同学们认真阅读案例，进行分组讨论，想一想小吴成功推销有哪些原因？

【案例评析】

小吴的成功推销，一方面是因为产品设计合理、有吸引力，另一方面是小吴对产品、顾客甚至竞争对手都很熟悉，做了充分的功课，推销技巧娴熟，因此赢得了顾客的认可，成功推销。

一、任务描述

销售人员销售时要确定销售对象，进行推销面谈，给出报价并处理好异议，确认成交，签订合同，完成后续工作。

二、任务学习目标

1. 掌握人员推销的流程

2. 掌握人员推销的技巧

三、完成任务需要的新知识

（一）人员推销的流程

1. 确定推销对象。销售人员根据产品特点和顾客需求，在现有顾客群中找出产品定位匹配度、出行可能性最高的客户前去推销。如果没有现成的客户，销售人员要利用各种方法通过各种渠道去寻找消费者，了解潜在消费者的需求、支付能力等，做出购买资格评价，筛选出最有价值和消费可能性最高的目标顾客，以便集中精力进行推销，提高推销工作效率。

2. 做好推销准备。在推销员准备推销之前，必须进行充分的准备。包括了解目标顾客的情况和消费要求，确立具体的推销目标，拟定合理的推销时间，选择恰当的出行线路安排，预测推销中可能产生的一切问题，准备好推销材料（如景区景点及设施的图片、照片、模型、说明材料、价目表、包价旅游产品介绍材料等）。准备就绪后，推销人员需要用电话、短信等形式向访问对象讲明自己的身份、访问的事由、时间等，与目标顾客预约见面。

3. 拜访目标顾客。销售人员经过充分准备和预约，就可以拜访目标顾客了。正式拜访目标顾客时，要在尽可能短的时间里与顾客进行有效的沟通，这样既不会让对方觉得长篇大论、没有重点、耽误时间，又能给对方留下精明干练、办事效率高的印象。这就要求推销员依靠自己的才智，根据掌握的顾客资料和拜访顾客时的实际情况，灵活运用各种推销技巧激发和维持消费者对访问的兴趣，达到接近顾客的目的。

4. 进行推销面谈。拜访顾客与推销面谈是同顾客接触过程中的不同阶段，两者之间没有明显的绝对界限，本质区别在于谈话的主题不同。拜访阶段侧重于让顾客了解自己，有利于沟通双方的感情和创造良好的推销氛围，而推销面谈阶段就要把谈话的主题集中在推销旅行社产品、建立和发展双方的合作关系、促使顾客产生购买欲望。通常，推销面谈需要推销人员利用各种面谈方法和推销的技巧，向消费者传递旅行社及产品信息、展示顾客利益、消除顾客疑虑、激发购买欲望，让顾客了解并喜欢所推销的旅行社产品，进而产生强烈的购买欲望。

5. 处理各种异议。在推销面谈过程中，顾客经常会提出各种各样的购买异议，比如产品异议、需求异议、价格异议、服务异议、付款时间异议、竞争者异议、对推销人员及其所代表的企业的异议，等等。这些异议都是顾客的正常反应，它将贯穿于整个推销过程之中，销售人员只有根据不同类型的顾客异议，采用不同的策略、方法和技巧，有效地处理与转化，才能最终说服顾客，促成交易。

6. 成交。成交是面谈的一个组成部分，也是整个推销工作的最终目标。优秀的推销员，在推销面谈时要通过察言观色及时捕捉成交信号，培养良好的成交态度，消除顾客的成交心理障碍，谨慎对待顾客的否定回答，把握合理的成交机会，随机应变，采取有效的措施和技巧，帮助顾客做出最恰当的选择，促成交易，并完成成交手续。顾客的成交意向明确时，推销员要在第一时间与顾客签订书面的协议。如果为直接销售，由销售员告诉旅游者购买旅行社产品的权利义务，双方签订“旅游服务合同”。如果是向中间商推销旅行社产品，推销员也要与之签订委托合同。

7. 后续工作。达成交易后，推销员应该着手履行各项具体工作，做好签约后续服务，妥善处理可能出现的问题。推销人员不能只满足于一单生意的成功，而应着眼于旅行社的长远利益，与顾客建立和保持良好的关系，建立消费者对本企业产品与服务的安全感和信任感，促使他们能够持续、重复购买本企业产品，同时利用顾客的间接宣传和辐射性影响，争取更多的新顾客。

思考讨论

你认为一名旅行社的销售人员推销成功后应做哪些后续工作，从而与顾客保持良好的关系？

（二）旅游产品人员推销的技巧

旅行社推销员在推销时能够灵活运用推销技巧是推销成功的关键，也是销售队伍建设的重要内容。推销技巧主要包括开发新客户的技巧和访问客户的技巧两个方面。

1. 开发新客户的技巧

第一，老带新争取新客户。推销人员要善于利用旅行社的现有客户资源去拓展新的客户。可以使用给予老客户让利或赠送一些旅行社纪念品等方法，激励老客户介绍新客户。推销人员应设法从自己的每一次推销活动中，得到其他更多潜在的客户信息，为下次推销访问做好准备。利用老带新的方法是旅行社争取客户、取信顾客的最佳方法，它能避免推销人员的主观臆断性，可以较好地赢得潜在客人，而且更具有说服力。

第二，借用有影响力的客户拓展新客户。在某一特定的顾客群中发展一些具有一定影响力的人物，利用该客户的威望和影响力提高旅行社的声誉和市场形象，进一步把该顾客群里的组织或个人变成推销人员的新客户。

第三，锁定决策者。锁定一个团体或一个家庭中对购买有决策权的人，是开发新客户的另一捷径。在寻找顾客时，尤其是寻找团体顾客时，要设法锁定有权力最终决策或影响决策的人。对团体顾客而言，团体单位经理的秘书、财务主管、采购人员往往不同程度地参与或影响决策，他们的职务、地位、权威形成不同的影响力和说服力。对家庭而言，要分清家庭成员中使用者和购买行为的决策者。

第四，利用新媒体发现新顾客。现在的信息媒介发达，利用微信群、朋友圈、短视频等平台发现潜在客户，培养新客户也是可以拓展客户群的手段之一。

2. 访问的技巧

（1）掌握相关信息资料

旅游推销人员在访问目标顾客前必须了解和掌握四个方面的信息资料：

第一，要全面掌握本旅行社产品，尤其是预计要推销的产品与服务的情况。

第二，了解潜在客户，分辨其是不是理想的推销对象。需要了解的信息包括顾客的姓名、年龄、性别、职业、社会阶层、消费能力、消费习惯、兴趣爱好及家庭状况等。对团体顾客来说，应了解团体的单位名称、性质、规模、资信、职能、经营实力、市场口碑、内部组织机构关系、决策者等。由于影响团体顾客购买行为的因素较多，加之团体顾客购买过程较注重合理性，因此还须注意对其购买习惯、购买目的、以往的消费情况、组织的发展历史、经营思想、企业生产的主要方向等信息进行了解。

第三，竞争者的相关信息。主要了解竞争对手的产品与本企业产品的可替代性程度、价值含量、服务水平、价格情况等方面的差别，以及竞争对手的市场形象、推销策略等，使推销人员能更好地把本企业产品的优势介绍给客人。

第四，了解市场供需状况。主要是了解被推销的旅行社产品供求关系现状，以及该旅行社产品在不同地区市场上有何差异和市场供求的发展趋势等。

（2）选择恰当的接近方法

恰当的接近方法可以很快和顾客拉近距离。“自然”是贴近顾客的基本要求，如果让对方感觉唐突或者冒昧，就会引起对方的反感甚至会导致洽谈失败。礼貌的寒暄、恰当的赞美、真诚的问候、合理的提问，都是很好的接近顾客的方法。

笔记

四、任务实施

实训项目	销售的实施——人员推销
实训时间	
实训要求	1. 能够按照人员推销的流程进行推销 2. 推销时能够熟练运用人员推销的技巧
实训地点	多媒体教室
实训材料	多媒体、旅行社产品宣传资料
实训内容与步骤	一、实训准备 学生分组，编写人员推销业务洽谈的脚本。 二、实训开始 小组成员分别扮演旅行社推销员、客户经理、秘书、保安等角色。 1. 小组负责人介绍本小组场景设定。 2. 小组成员按照角色分配展示人员推销的过程。 三、实训考核、点评 教师就课前脚本编写的完成情况、课中角色扮演的展示情况，团队合作、服务规范等方面进行示范性点评，然后小组间互评，师生共同总结任务要点、纠正任务实施过程中存在的问题，提出改进性建议。

五、任务评价

人员推销考核评价表

考核项目	具体内容或要求	扣分项	得分
脚本编写合理	1. 小组成员分工明确 2. 场景设计符合旅行社人员推销的设定	总分 20 分， 缺一项扣 10 分	
人员推销流程体现完整	1. 有合理的推销对象 2. 推销准备充分 3. 拜访客人恰当自然 4. 业务洽谈专业、有序 5. 处理异议令人信服 6. 成交自然流畅水到渠成 7. 体现后续服务	总分 70 分， 缺一项扣 10 分	
推销技巧运用熟练	1. 洽谈中能体现出销售员全面掌握了相关信息 2. 接近顾客和交流都礼貌、自然	总分 10 分， 缺一项扣 5 分	
合计			

六、任务巩固

谈一谈一个优秀的旅行社销售人员应具备什么素质？为什么？

自我分析与总结

项目总结

销售是旅行社的重要基石，销售员是旅行社的宝贵财富

旅行社要想占领市场、实现盈利，很大程度上依托于一支强有力的销售队伍。真正好的销售人员，要完成销售任务、获得产品订单、给旅行社带来源源不断的客源，不是凭借运气，而是靠“不怕吃苦、百折不挠、甘于奉献”的敬业精神。要想成功推销旅行社产品，销售人员要充分做好前期的准备工作，并能熟练地按照流程完成推销，同时还能灵活运用推销技巧争取顾客信任。掌握丰富客户资源、善于把握每次机会、好学善思、勤奋踏实的一支销售队伍，将会使旅行社的路走得更宽、更远。

项目练习

1. 旅行社销售计划包含哪些内容？
2. 影响销售渠道选择的因素有哪些？
3. 销售人员推销前要做哪些准备工作？
4. 人员推销开发新客户有哪些技巧？

项目三 | 线上销售

项目导读

随着互联网技术飞速发展，网络营销成为众多商家选择的营销模式。旅行社为了拓展业务、占领市场，纷纷将自己的产品和服务延伸到了互联网上。提供线上旅游洽谈、售前咨询、线上销售与跟踪、线上支付等服务，是旅行社满足顾客通过网络进行旅行社产品选购和结算需求，占领网络市场和线上客源的重要方式。

涉及岗位介绍

网络客服人员：旅行社的网络客服人员主要为线上客户提供咨询、产品销售以及售后服务。日常业务包括熟悉旅行社线上产品，熟悉线上系统使用，熟悉线上交易服务流程、线上咨询、线上产品推销、线上业务洽谈、线上交易等。网络客服人员要有全面的网络操作知识和较强的计算机应用能力、良好的人际交往和沟通能力，同时熟练掌握旅行社产品体系、价格构成、采购等相关知识和技能。

项目学习目标

知识目标	1. 熟悉旅行社线上产品体系 2. 熟悉旅行社线上销售系统 3. 掌握旅行社产品线上咨询和销售的流程
能力目标	1. 具备运用网络系统向顾客提供线上产品咨询、销售、跟踪服务的能力 2. 具备一定的旅游营销和新媒体运营能力

素质目标	1. 培养学生数字化生存能力 2. 培养学生“互联网＋旅游”的社会信息化意识 3. 培养学生网络信息安全意识
思政目标	1. 培养学生宾客至上的服务意识 2. 培育学生遵守网络交易服务规范的理念 3. 拓展学生立足旅游电商平台就业创业的思路

项目实施

本项目从“线上咨询服务”“线上产品销售与跟踪服务”两个任务着手，学习线上销售模式、线上咨询、产品销售、跟踪服务等环节的基本知识和技能。引导学生主动探索旅游电子商务领域，为学生在旅游OTA平台等领域就业、创业奠定基础。

任务一　线上咨询服务

案例导入

某旅游管理专业教师布置了调研旅行社网络经营情况的作业，于是同学小崔选择登录某旅行社网站，想查询一些旅游产品信息，但搜索到的信息很少，有效信息也不全面。她在网页停留了半个多小时，并没有网上客服人员主动提供相关服务。为了解客服人员的情况，她点击了客服人员的对话框，询问有没有近期去北京的旅游团，客服人员没有及时回复。过了约十五分钟后，客服人员才答复，说“有”。但当小崔继续询问交通、住宿、价格等相关信息时，客服人员却没有任何反馈。小崔对这家旅行社网站的服务很失望，于是下线了。

【讨论】

请同学们认真阅读案例，进行分组讨论，想一想小崔访问的这家旅行社网站，为什么会使小崔失望？要想成功地进行旅游网站建设，提供优质的网上旅游服务，需要做些什么？

【案例评析】

案例中，小崔访问的网站信息不全，网络客服人员服务不及时、不热情，导致小崔对这家旅行社网站很失望。

要想成功进行旅游网站建设，首先要保证客户进入网站访问速度快，能够查询全面、有效的信息，网站页面大方悦目，产品展示全面、详细。网络客服人员要想赢得客户的认可，服务要主动、快速、专业、热情。

一、任务描述

网络客服人员要时刻关注网上动态，在顾客上线的第一时间提供服务，根据客户的需求提供有针对性的咨询服务，并能根据客人的计划提供合理的出游建议。通过快捷的服务、专业的分析和建议，最终促成交易。网络客服人员要熟悉网络操作，熟悉产品，熟悉业务流程，热情、专业、服务快捷是网上客服人员的基本素质。

二、任务学习目标

1. 熟悉旅行社线上销售的模式
2. 掌握线上咨询服务流程

三、完成任务需要的新知识

（一）旅行社线上销售的模式

旅行社根据自身条件和目标客户，决定企业进行线上销售的模式。目前旅行社线上销售模式主要有三种：自建旅游网站销售，借助电子商务平台销售，作为在线旅行社的供应商销售产品。这几种销售模式分别适用于不同规模和战略目标的旅行社。

1. 自建旅游网站

这种销售模式适合于实力雄厚、经济条件和技术条件成熟的大型旅行社。旅行社自建的旅游网站将众多的旅游业务与服务整合在一起，客人在线上可以实现咨询、预订、支付一体化与一站式服务。利用自建旅游网站进行销售的代表有中国国际旅行社所建立的国旅在线，中国青年旅行社所建立的遨游网，以及春秋国际旅行社所建立的春秋旅游网。

2. 借助电子商务平台销售

一些旅游电子商务平台具有在线开设旗舰店、形象店或者专卖店的功能，旅行社可以在平台上开设自己的店铺，开展本社产品和服务的销售。平台为旅行社提供相关的技术保障，旅行社可以借助平台的庞大客户群来开展业务。目前旅行社可选择的有飞猪旅行、马蜂窝旅游网、欣欣旅游网等平台。

值得一提的是，短视频平台已经成为越来越多的人查询信息，记录生活、购物、娱乐的媒体选择，直播带货更是使许多产品销售火爆，甚至成为“网红”的产品销售形式。因此，旅行社也可以利用短视频平台销售产品，拓展这一平台的客户资源。目前旅行社利用较多的短视频平台是抖音小店。

3. 成为在线旅行社的供应商

在线旅行社，又称 OTA，是英文 Online Travel Agency 的简称，他们为旅游者提供网上旅游产品的咨询、预订、支付等服务，代表企业有携程旅行网、途牛旅游网、去哪儿旅游网等。在线旅行社会和各旅游目的地的线下旅行社合作，通过资质审核、产品考察等步骤找出合格的旅行社作为供应商。成为在线旅行社的供应商，线下旅行社的产品就可以在 OTA 的网站上进行销售了。

值得一提的是，旅行社实现产品线上销售，除了利用电脑端口上网外，现在还设计推广旅行社移动终端 APP（Application 应用程序）。随着移动互联网的兴起，以及智能手机和 IPad 等移动终端设备的普及，人们逐渐习惯了使用 APP 客户端上网的方式，目前各大旅游网站都拥有了自己的 APP 客户端，所以旅行社也纷纷将 APP 作为销售的主战场。

（二）旅行社线上咨询服务流程

1. 发现客户、留住客户

作为一名网络客服人员，应时刻关注客户在线动态，发现有顾客登录了本旅行社的线上平台，或在外网看到本旅行社的产品后进入本旅行社的线上店铺，要在第一时间与客户交流，了解客户需求，用热情专业的服务留住客户。

标准问候语：您好，我是 ×× 旅行社的专业贴心客服，请问有什么可以帮助您的吗？

2. 快速回复、引导下单

客户提出了咨询问题，网络客服人员要在 1 分钟内进行回复。通常的做法是根据客人问题，进行快捷短语回复。（网络销售平台为了向客户提供快捷的服务，会设置一些常见问题的标准回复语，帮助客服快速响应客户，同时也方便客服减少重复类工作，实现日常所说的秒答复等，因此当客服与访客沟通有关诉求时，便可直接引用快捷回复语，这不仅能减轻客服压力，还能提升员工效率）网络客服人员在了解客户需求的基础上，全面解答客户对旅游线路的咨询，将旅游线路的详细信息及特色正确传达给客户，同时根据客户的计划给予最合理的建议，引导客户下单，确认客户下单过程中可给予适当优惠。如果客户对推荐的产品不满意，网络客服人员可以推荐线上其他产品，做到耐心服务，最终使客户转变为买家。

思考讨论

常见的旅游网络咨询问题有哪些，网络销售平台可设置哪些常见的快捷回复语？

____

____

____

____

____

____

3. 留取信息、跟踪服务

客人预定成功后，网络客服人员在后台会看到成功预订的信息，包括出发日期、交通方式选择、线路选择、客人联系方式等，根据这些信息网络客服人员就可以着手订车、房、导游等后续操作。在客户旅游结束后，网络客服人员还应进行电话回访以及邮件推送等跟踪服务。

如果客户只是单纯地进行网络咨询，暂时没有出游意向，网络客服人员也要设法留下客人的电话、邮箱等联系方式，以便进行邮件、手机信息推送等营销活动。

笔记

四、任务实施

实训项目	线上咨询服务
实训时间	
实训要求	1. 熟悉旅行社的线上销售模式 2. 熟悉旅行社线上咨询服务流程
实训地点	多媒体教室
实训材料	多媒体
实训内容与步骤	一、实训准备 学生分组，提前一周组织学生进行网络调研，访问三至五家旅游网站及旅游APP，实际进行在线咨询，了解旅行社网络客服人员的服务情况，每个小组写出调研报告，并制作PPT。 二、实训开始 1. 小组派代表展示PPT，汇报调研成果。 2. 小组派代表阐述课堂所学和实际调研后发现网上客服人员应具备的知识技能的差异，以及今后的学习提升计划。 三、实训考核、点评 教师就课前调研报告的完成情况、课中调研成果和学习提升计划的汇报展示情况、团队合作等方面进行示范性点评，然后小组间互评，师生共同总结任务要点、纠正任务实施过程中存在的问题，提出改进性建议。

五、任务评价

线上咨询服务考核评价表

考核项目	具体内容或要求	扣分项	得分
网上调研内容全面	1. 有旅行社网站 /APP 页面展示评价 2. 有旅行社网站 /APP 访问速度评价 3. 有旅行社网站 /APP 产品展示介绍评价 4. 有旅行社网站 /APP 信息查询评价 5. 有网络客服人员服务评价	总分 50 分，缺一项扣 10 分	
PPT 制作精良	1. 调研对象数量充分 2. 有数据分析 3. 有截图佐证	总分 30 分，缺一项扣 10 分	
知识技能提升计划有针对性、具体可行	1. 准确找出课堂所学知识技能与实际工作所需知识技能的差距 2. 制订的知识技能提升计划有期限、有目标、有步骤	总分 20 分，缺一项扣 10 分	
合计			

六、任务巩固

比较评价三种线上销售模式的优缺点，写出分析报告。

自我分析与总结

任务二　线上产品销售与跟踪服务

案例导入

小秦在某旅行社做门店店员已经有两年的时间，对于旅行社的产品体系、价格构成、咨询推介等知识与服务技能掌握娴熟。旅行社因拓展线上业务，急需销售经验丰富的人担任网络客服人员，于是小秦转岗成为网络客服。但门店咨询、线下销售服务与线上客服差异较大，不论是服务方式还是工作流程都不相同。八月的一天，一位客人在网上下单预订去青岛旅游，由于小秦业务不够熟练，没有确认客人是否需要预订往返的大交通。正值旅游旺季，火车票紧缺，客人返程的高铁票预订不及时，导致客人没有按照原来的行程计划返程。旅行社虽然做了紧急补救措施，给客人订购了计划返程日期第二天最早的一趟高铁，但还是无法改变违约的事实。客人很生气，对小秦进行了投诉。

【讨论】

请同学们认真阅读案例，分组讨论，想一想小秦为什么遭到客人投诉？要避免投诉，网络客服人员应该提供哪些服务？

【案例评析】

小秦作为一名网络客服新手，对于线上产品销售流程不熟练，缺少了预订大交通的服务项目，导致旅行社违约，给客人造成了不好的旅游体验，因此遭到客人投诉。作为网络客服人员，要熟悉旅行社线上销售策略，并能熟练根据线上销售服务流程为游客提供全面、热情、快捷的服务，进而得到游客的认可，从而避免投诉。

一、任务描述

网络客服人员进行线上产品销售与跟踪服务时，要确认客人下单成功并核对订单编号，然后将订单信息传递到有关部门，做好预订和接待准备，帮助客人预订往返大交通客票，给导游派发出团计划，向客人发出出团通知，客人出行后进行跟踪服务，行程结束后了解客户评价情况。旅行社网络客服人员在进行线上销售时，要注意运用网络销售策略。

二、任务学习目标

1. 熟悉旅行社网络销售策略
2. 掌握线上产品销售与跟踪服务流程

三、完成任务需要的新知识

（一）旅行社网络销售策略

1. 利用多种网络平台提供最新、最全的信息

利用网络查询旅游信息、购买旅游产品已经成为越来越多游客的选择。不同年龄、不同职业、不同兴趣爱好的客人，利用的网络平台也各不相同，有的客人喜欢老牌旅行社的自建网站，有的喜欢旅行社开的网上店铺，有的喜欢在线旅行社网络平台，还有的客户喜欢短视频平台。旅行社如果想占领更多的网络客源市场，就应该利用多种网络平台，发布自己的旅游产品，同时优化技术，向游客提供最新、最全、最实用的旅游信息。

2. 研发满足个性化需求的产品

当前自助游成为越来越多客户的出游选择，他们可以通过网络查询信息和旅游攻略，自己策划出行线路，通过网络自行预订酒店、交通、景区门票。但对于大多数游客来说，自己规划的出行活动很难达到行程安排和

价格最优，同时还会付出很多时间和精力。因此，还是有很多游客需要旅行社的专业化服务。在网络销售盛行的时代，旅行社应把业务重点放到个性化产品研发和旅游要素设计组合上，从而吸引更多网上客源。

3. 留住客户数据，提供针对性服务

旅行社应对浏览过本企业网上信息的用户进行对接服务，由网络客服人员或咨询、或推介，并设法获取客户联系方式，这样才能实现客户数据库销售。上网浏览旅游信息的客户多，但真正实现购买的用户少，这样会使旅行社浪费潜在客户资源。旅行社可以设计一些专项旅游活动，或者推出促销活动，吸引客户购买，从而获取客户信息。通过客人上网浏览网页的偏好、查询信息的类别和出游方式的选择等数据记录，旅行社可以提供更有针对性的服务，提升游客的网络购买体验感。

4. 回复及时，变潜在客户为买家

要把浏览网页的潜在客户变成买家，对网络客服人员的服务速度与技巧要求较高。网络客服人员对客人咨询回复要及时，回答客人提出的问题简明扼要、条理清晰，给客户以热情、快捷、专业的服务体验。咨询本旅行社信息的客人是有一定意向的，网络客服人员要通过有效沟通了解客户，同时，要多从客户角度出发考虑问题，先交朋友后做生意。即使网上咨询的客人最终没有成交，网络客服人员依然要热情服务，使客户成为本企业的潜在买家。

（二）线上产品销售与跟踪服务流程

游客通过浏览旅行社线上产品信息或经过网络客服人员咨询推介服务达成了购买意向，就会在线购买中意的旅行社产品，网络客服人员要按流程提供对应的服务。

1. 确认购买

客户在线支付、预定成功后，网络客服人员在旅行社系统后台就会看到客户成功预订的信息，包括出发日期、交通方式、具体线路选择、客人联系方式等，这样就确认了客户已经购买了产品。

2. 订单信息确认

网络客服人员要明确已经售卖的产品都有哪些，新订单进来时必须找到对应的产品编号，核对好该产品所包含的内容和行程。需要说明的是，线上旅游产品众多，同一旅游目的地的产品，由于具体的出游天数、服务项目不同，报价也不同。因此，操作过程中网络客服人员要仔细核对，避免由于产品编号弄错造成提供给客人的产品出现多含内容或缺少项目的情况，引起客人投诉。

3. 订单处理

线上客户的购买订单要打印成纸质版，转发到计调、票务、车队等有关部门，做好订房、订餐、订车等预订工作。同时客户信息和购买订单要转发导游部，预留导游，做好接待准备。

4. 确认是否有往返大交通

客人的新订单如果有往返大交通，网络客服人员需要帮客人预订往返的交通客票。

需要说明的是，很多旅行社的网络客服人员在履行线上咨询、产品推介等职能的同时，还兼具了采购、派团、团队监控等计调人员的职能。

5. 填写出团计划单，派发给带团导游

客人出行前一天，网络客服人员填写出团计划单（表 3-1），表单中所包含的详细行程安排，包括导游和用房、用车等的具体安排要全部逐项填写完整，然后派发给导游，同时派发服务意见反馈表（表 3-2），由导游填写完成。最后，将出团计划复印件存档。

表 3-1　XXX 旅行社团队接待计划（样表）

<table>
<tr><td>团号</td><td colspan="2"></td><td>人数</td><td></td><td>时间</td><td></td></tr>
<tr><td colspan="2">全陪姓名：</td><td>手机：</td><td colspan="2">地陪姓名：</td><td colspan="2">手机：</td></tr>
<tr><td>景点</td><td colspan="6"></td></tr>
<tr><td>购物店</td><td colspan="6"></td></tr>
<tr><td colspan="2" rowspan="6">住宿</td><td>日期</td><td>酒店名称</td><td>人数</td><td>陪同</td><td>备注</td></tr>
<tr><td>月　日</td><td></td><td></td><td></td><td></td></tr>
<tr><td>月　日</td><td></td><td></td><td></td><td></td></tr>
<tr><td>月　日</td><td></td><td></td><td></td><td></td></tr>
<tr><td>月　日</td><td></td><td></td><td></td><td></td></tr>
<tr><td>月　日</td><td></td><td></td><td></td><td></td></tr>
</table>

续表

用餐	人数	日期	早餐	中餐	晚餐	备注
		月　日				
	餐标	月　日				
		月　日				
		月　日				
		月　日				
用车		用车时间		区间交通	景区小交通	景区小交通
		司机姓名				
		司机电话				
		价格				
团队其他注意事项						
						年　月　日

表 3–2　XXX 旅行社导游服务意见反馈表（样表）

尊敬的客人：

如果您能花几分钟时间填写这份服务意见反馈表，我们将非常感谢！您的宝贵意见将由旅行社总经理亲阅，作为我们改进工作、提高服务质量的参考依据，以便更好地为游客服务。

预祝您旅游愉快，并希望您再次光临！

谢谢！

××× 旅行社

序号	项目	评价							
1	服务态度	很满意		满意		一般		不满意	
2	讲解水平	很满意		满意		一般		不满意	
3	组织能力	很满意		满意		一般		不满意	
4	仪容仪表	很满意		满意		一般		不满意	
5	行程安排	很满意		满意		一般		不满意	
6	用餐安排	很满意		满意		一般		不满意	
7	住宿安排	很满意		满意		一般		不满意	
8	用车安排	很满意		满意		一般		不满意	

续表

<table>
<tr><th>序号</th><th>项目</th><th colspan="8">评价</th></tr>
<tr><td>9</td><td>购物安排</td><td>很满意</td><td></td><td>满意</td><td></td><td>一般</td><td></td><td>不满意</td><td></td></tr>
<tr><td>10</td><td>游览安排</td><td>很满意</td><td></td><td>满意</td><td></td><td>一般</td><td></td><td>不满意</td><td></td></tr>
<tr><td colspan="10">您对本社导游有什么意见和建议？　　投诉电话：××××-×××××××

感谢您在宝贵的时间给我们提出意见！
游客签名：
联系电话：
联系地址：</td></tr>
<tr><td colspan="10">全陪意见：

全陪签名：</td></tr>
<tr><td colspan="10">地陪：　　　　年　月　日</td></tr>
</table>

6. 给客人传达出团通知

出发前一天，网上客服人员要和客人取得联系，一般是打电话向客户传达出团通知，包括核对出行时间、抵达城市、导游的姓名、联系电话以及具体的旅游行程，还应提醒一些出游的注意事项。

思考 讨论

你认为网络客服人员在给客人传达出团通知时，还应提醒哪些出游的注意事项？

7. 跟踪服务

游客出行后，网络客服人员要给每一个家庭打电话了解出游的反馈情况。

团中反馈标准语：

您好 ×× 先生 / 女士，我是 ×× 旅行社负责“×× 之行”的行中客服小周 /……请问您对这两天的各方面安排还满意吗？餐食习惯吗？住宿酒店满意吗？导游服务满意吗？

如果客人满意，就说“祝您旅途愉快，有什么问题都可以随时联系我”。

如果客人说对哪方面不满意，那么就要提出当团改进的措施。

行中反馈的目的是为了把客人反映的问题及时解决，避免返程后给差评，同时也是对导游的带团进行监督，避免导游私自增加购物店等违约行为出现，是旅行社细微服务的体现。

8. 评价反馈

在旅游行程的最后一天，随团导游要让客人在网络平台的订单上给出评价。网上客服人员要与导游联系，确认客人给出评价，同时要确认客人的点评与客服人员跟踪了解的信息是否相符。要想得到客户的好评，行程安排合理、导游服务热情周到很重要，同时也要求网络客服人员对客人行程进行追踪，掌握团队质量，还要及时解决客人反映的问题。

笔记

四、任务实施

实训项目	线上产品销售与跟踪服务
实训时间	
实训要求	能够按照线上产品销售与跟踪服务流程提供销售与跟踪服务
实训地点	多媒体教室
实训材料	多媒体
实训内容与步骤	一、实训准备 1. 学生分组，搜集本地知名旅行社提供地接服务的“北京－×× 双高铁五日游”在线旅游产品信息，找出行程和价格最优的产品。建议小组成员以游客身份进行咨询，获取第一手资料。 2. 各小组编写“北京－×× 双高铁五日游”，客户为北京的王姓夫妻两人，王先生进行线上咨询、预订的网上客服人员服务流程内容，并制作成 PPT。 二、实训开始 1. 小组负责人介绍本小组前期进行资料搜集的方式和成果，并阐述做出最终产品选择的理由。 2. 小组成员 PPT 展示介绍网上客服人员服务流程。 三、实训考核、点评 教师就课前调研及服务流程编写的完成情况、课中调研成果和 PPT 的展示情况、团队合作、服务规范等方面进行示范性点评，然后小组间互评，师生共同总结任务要点、纠正任务实施过程中存在的问题，提出改进性建议。

五、任务评价

线上产品销售与跟踪服务考核评价表

考核项目	具体内容或要求	扣分项	得分
资料搜集完整	1. 有线上“北京－×× 双高铁五日游”产品资料 2. 以本地知名旅行社为接待社的产品选择理由充分，并有证据展示	总分 20 分，缺一项扣 10 分	
线上销售跟踪服务流程体现完整	1. 服务流程体现完整 2. 与客户对接的步骤有对话展现且服务规范 3. 有产品编号及内容展示 4. 有北京往返 ×× 高铁票的模拟预订展示	总分 40 分，缺一项扣 10 分	
PPT 制作精良	1. 有网上搜集资料的过程展示，有截图、有咨询内容体现 2.PPT 颜色选择、排版等内容美观大方	总分 20 分，缺一项扣 10 分	

续表

考核项目	具体内容或要求	扣分项	得分
阐述清晰 专业性强	1. 资料搜集的过程和产品选择的理由阐述清晰 2. 销售跟踪服务流程阐述清晰，运用专业知识恰当合理	总分 20 分， 缺一项扣 10 分	
合计			

六、任务巩固

谈谈优秀的旅行社网络客服人员应具备什么素质？为什么？

自我分析与总结

项目总结

线上销售开渠道，网络客服打先锋

随着互联网的飞速发展，人们越来越习惯于在网上查询信息、购买产品，很多游客也从线下实体旅行社转到了线上旅游平台进行咨询和消费。因此，旅行社纷纷将自己的产品和服务延伸到了互联网上，拓展网络市场，占领线上客源。制作精致美观的网页，设计特色鲜明的产品，是旅行社吸引网上客源的重要手段。同时，要想将浏览网页客户转变为真正的买家，旅行社必须有一支强有力的网上客服队伍。网络客服人员要精通网络技术、熟悉产品信息，还要能表达、会沟通，用热情、快捷、专业的服务吸引顾客最终购买旅行社线上产品。所以说，网络客服人员是旅行社占领网上客源的先锋队。有了他们，才会有更多的客户驻足旅行社产品网页，购买旅行社产品，才会有更多的客人成为回头客，成为旅行社源源不断的线上客源。

项目练习

1. 旅行社进行线上销售的模式有哪些？
2. 中小型旅行社进行线上销售可以选择什么模式？
3. 旅行社网络销售策略有哪些？
4. 旅行社网络客服人员对客人出行过程中进行跟踪服务的目的是什么？

项目四 | 售后服务

项目导读

游客购买了旅行社的产品，在旅游活动结束回到旅游客源地后，旅行社的服务过程并未结束，相关工作人员应向游客提供售后服务。旅行社的售后服务，是指在游客结束旅游活动后，旅行社继续为客人提供系列后续服务，旨在主动了解客人对旅游行程安排及相关人员服务的满意程度，解决游客在旅游行程中遇到的问题，以及加强同客人的联系。售后服务包括对客人的跟踪回访、联系问候以及投诉处理。

涉及岗位介绍

售后服务人员：旅行社的售后服务，一般由销售人员来完成。旅行社的所有销售人员，不论是市场销售人员、门店销售人员还是线上销售人员，都应对自己的客人，尤其是购买旅行社产品的客人提供售后服务。一些旅行社也会设立专门的质监部门或售后服务专员，进行产品质量监督、售后跟踪和旅游投诉处理。旅行社售后服务人员主要为客户提供跟踪回访、联系问候以及投诉处理服务。售后服务人员要掌握全面的客户信息，了解客户需求，具备良好的人际交往能力和沟通能力，同时对旅行社售后服务体系、国家相关政策法规等内容熟练掌握。

项目学习目标

知识目标	1. 熟悉旅行社相关政策法规 2. 掌握客户联系的具体做法 3. 掌握旅游投诉处理原则和程序 4. 掌握旅游投诉处理技巧
能力目标	1. 具备协调旅游者人际关系的能力 2. 具备分析和解决旅游投诉问题的能力 3. 具备运用旅游政策法规来维护企业和旅游者合法权益的能力
素质目标	1. 培养学生镇定自如、从容不迫、沉着冷静的心理素质 2. 培养学生文明礼貌、诚信友善、宽和待人的素质 3. 培养学生规则意识和法制意识
思政目标	1. 培养学生宾客至上的服务意识 2. 培养学生诚信经营的理念

项目实施

本项目从“客户联系”“投诉处理”两个任务着手，从“跟踪回访”“联系问候”“产品推介”“投诉处理”这些售后服务的环节学习基本知识和技能，引导学生树立售后延伸服务的意识和宾客至上的理念，通过学习和训练成长为旅行社需求的人才。

任务一　客户联系

案例导入

小周是一个旅行社的门店店员，通过一年的门店工作，小周搜集整理了很多客户的信息，建立起较为完整的客户数据库，并与许多客人成为微信好友。为了加强与客人的联系，小周每逢节假日都会给客人送上问候或祝福。为了图方便、省事，这些问候祝福既没有称呼，也没有落款，还使用了群发功能。小周还是一个“尽职的推销员”，一有新产品信息就会滚动地向客户手机推送，不管白天、黑夜，也不管工作时间还是休息时间。但令小周沮丧的是，回应小周的客人很少，根据产品广告来报名的客人更是几乎为零。

【讨论】

请同学们认真阅读案例，想一想小周的问候祝福为什么没有得到客户的回应？小周的产品推销也不成功？要想得到客户的回应，小周应该怎么做？

【案例评析】

案例中，小周群发问候祝福，无称呼无落款，无法表现出旅行社的诚意及对客户的重视。不分时间滚动向客户推送广告，会打扰客户的工作，也会影响客户的休息，引起客户的反感。因此小周没有得到客户的回应，产品推销也不成功。

小周应该为客人量身定制专属祝福，有称呼、有落款，表达对客人的尊重和诚意。在了解客户有出游意向和需求后，再定点推送产品广告，效果更好。

一、任务描述

售后服务人员在客户结束旅游活动之后，应该保持同客户的联系，提供后续的延伸服务。在当次旅游活动结束后，售后服务人员就应致电游客，了解其对旅游接待各方面的反馈信息。在之后的节假日，售后服务人员也应当用微信、短信、邮件等方式与客户联系，送上节日祝福。当旅行社推出了新产品，或有一些促销活动时，售后服务人员也可以向客户进行推介性服务。售后服务人员要掌握全面的客户信息，熟悉产品、熟悉业务流程，为客户提供热情、专业的售后服务。

二、任务学习目标

1. 了解旅行社客户联系的内涵
2. 掌握客户联系的具体做法

三、完成任务需要的新知识

（一）客户联系的内涵

在售后服务过程中，旅行社不仅要搜集整理客户信息，建立客户数据库，还要保持与旅游者的密切接触，通过经常性的人际传播，加强旅行社与旅游者之间的信息沟通、思想理解和情感交流，从而维持旅行社与旅游者之间的互利关系。

旅行社应该转变传统的一次性销售和新顾客销售的市场交易理念及对应的服务方式，通过采用售后服务的新理念，重点关注企业与顾客持续发展的关系，尤其注重对老顾客的保留。与旅游者保持密切接触，可以显示旅行社对顾客的重视，巩固已有的客源市场，相应减少市场开发成本；同时，借助已有顾客的人际网络，口碑宣传，有助于提高旅行社的市场知名度与美誉度，促进新顾客市场的拓展。因此，在旅游业的发展中，客户联系的重要性尤为显著，已成为旅行社延伸服务、拓展市场的重要手段。

（二）客户联系的一般做法

1. 跟踪回访

跟踪回访是针对本次旅游活动向客户提供的一种售后服务，旨在征求旅游者的意见，获取反馈信息。跟踪回访既是旅行社向旅游者提供的一种延伸服务，也是旅行社进行产品开发、服务质量监督等工作的辅助手段。具体做法是，在游客结束行程返回客源地的第二天向游客致电问询。

思考 讨论

为什么说跟踪回访是旅行社进行产品开发的手段？

标准问候语：尊敬的 ×× 先生 / 女士，您好！我是 ×× 旅行社的客服小武 /……感谢您选择本旅行社的“×× 之行”的产品，请问您对这次的行程安排满意吗？餐食习惯吗？住宿酒店满意吗？导游服务满意吗？

客人对产品和服务表示满意，售后服务人员应再次表示对客人的感谢，同时欢迎客人今后继续光临本旅行社。

客人提出不满，甚至有投诉的倾向，售后服务人员要掌握旅程中出现的问题，对旅游者可能发生的投诉行为进行抑止，并及时做准备，妥善处理。

2. 联系问候

联系问候是针对老客户的一种服务，具体做法是在逢年过节的时候，售后服务人员以电话、短信、邮件、微信等方式向客人送上节日的祝福，表达旅行社对客人的关注。这种服务手段对旅行社建立客户数据库有较高的要求，旅行社相关工作人员应注意旅游者资料的积累，建立完善的客户档案体系。

3. 产品推介

产品推介，以促销为目的，服务的对象可以是老顾客，也可以是新顾客。实践中，主要采用发放宣传资料、手机推送产品广告、举办游客招待会等方式。旅行社推出新产品或者有一些促销活动时，可以向新客户发放宣传资料，向老顾客手机推送产品广告，需要注意的是，促销要在客人感兴趣的前提下进行，切勿强行推销引起客人反感。旅行社还可以举行招待会，邀请本企业的优质客户参加，既向旅游者提供了相互认识的机会，同时也可以展示、推介旅行社的产品。

笔记

四、任务实施

实训项目	客户联系
实训时间	
实训要求	掌握客户联系的具体做法
实训地点	多媒体教室
实训材料	多媒体
实训内容与步骤	一、实训准备 1. 学生分组，设计编写对客跟踪回访、联系问候、产品推介的对客服务脚本。 2. 指定分配每两个小组作为搭档，分别派代表扮演售后服务人员和顾客。 二、实训开始 1. 小组派代表扮演售后服务人员，展示对客售后服务的内容。 2. 另一搭档小组派代表扮演接受服务的客户，回应售后服务并做点评。 三、实训考核、点评 教师就课前售后服务脚本编写情况、课中角色扮演的展示、点评情况、团队合作、服务规范等方面进行示范性点评，然后小组间互评，师生共同总结任务要点、纠正任务实施过程中存在的问题，提出改进性建议。

五、任务评价

客户联系考核评价表

考核项目	具体内容或要求	扣分项	得分
客户回访内容编写合理、规范	1. 对顾客有礼貌的称呼，对自己有规范的介绍 2. 跟踪回访内容全面、服务规范 3. 联系问候内容诚恳、得体 4. 产品推介，时间设定合理，服务礼貌、规范	总分 40 分，缺一项扣 10 分	
角色扮演生动形象	1. 语气、表情贴合身份，大方自然 2. 服务规范，亲切、自然	总分 40 分，缺一项扣 20 分	
对搭档的点评全面合理	1. 根据服务规范和角色设定进行点评 2. 优点和不足的评价有理有据	总分 20 分，缺一项扣 10 分	
合计			

六、任务巩固

谈一谈旅行社为什么在售后服务中要加强与客户的联系。

自我分析与总结

任务二　投诉处理

案例导入

某日一位约五十多岁的中年妇女来到旅行社门店，一进门就情绪激动地大喊大叫："你们这是什么旅行社?！专门坑人的吗? 领着我们进店购物，花五千多买的玉石全是假货，给我赔钱！赔钱！"门店店员小刘一看认识这位顾客，是半月前在店里报名去云南旅游的陈女士。小刘赶紧上前接待，首先安抚顾客的情绪，请她入座，耐心倾听陈女士讲述购买玉石的经过，询问细节，做了详细的笔录，并看到陈女士手中由鉴定部门出具的玉石为玻璃染色假冒伪劣产品的鉴定证明。小刘答应陈女士会尽快调查核实情况，给陈女士一个满意的答复。经过与全陪导游沟通，小刘了解到陈女士的玉石是地接导游引导游客在行程之外的购物店购买的。小刘请示领导后，依据《旅游法》及《旅行社服务质量赔偿标准》的规定，给陈女士办理了玉石退货手续并先行垫付了退货款，还给陈女士赔偿了旅游费用总额10%的违约金作为补偿。陈女士对处理结果比较满意。

【讨论】

请同学们认真阅读案例，进行分组讨论，想一想小刘为什么能让情绪激动的陈女士生气而来满意而归？小刘身上有什么值得同学们学习的地方？

【案例评析】

门店店员小刘在顾客情绪激动时临危不乱，马上认出了顾客，证明小刘有比较强的心理素质，而且对光临过本店的顾客比较熟悉。小刘很快安抚了顾客的情绪，并按照投诉服务程序接待了顾客，证明小刘掌握了对客服务的程序和技巧。小刘依据相关法律处理了投诉，最终使客人满意地接受了处理结果，证明小刘掌握了相关法律知识。整个投诉处理过程小刘心理素质稳定、专业知识扎实、业务能力出色，这些是旅行社投诉处理人员应具备的职业技能。

一、任务描述

旅行社工作人员在接待游客投诉时要分析投诉原因，遵循旅游投诉处理原则进行处理。旅行社工作人员面对客人投诉，要认真倾听客人陈述投诉事实，询问相关情况，做好笔录并存入档案，尽快调查核实投诉案件的全面情况，收集资料、分析定责，根据责任的划分妥善处理投诉，并将结果反馈给客人，投诉处理结束后还应进行后续服务。旅行社工作人员在处理投诉时，要灵活运用投诉处理技巧。

二、任务学习目标

1. 了解旅游投诉的分类和妥善处理旅游投诉的意义
2. 熟悉旅游投诉产生的原因
3. 掌握旅游投诉处理原则和程序
4. 掌握旅游投诉处理技巧

三、完成任务需要的新知识

（一）旅游投诉及分类

旅游者通过购买旅行社产品来满足旅游需求，当其认为所支付的旅游费用和旅行社提供的旅游服务不成正比时，即旅游者的旅游体验和其原来的旅游期望值出现较大差异时，就会产生旅游投诉。

根据旅游投诉受理主体不同，可以将旅游投诉分为向消费者协会投诉、向旅游行政管理部门投诉和向旅行社及其工作人员投诉三类。

1. 向消费者协会投诉

当旅游者认为旅行社出现违约等伤害其合法权益的行为时，可以向消费者协会投诉。消费者协会接到消费者投诉后，会在认真调查、认定事实、分清责任的前提下，及时地对消费者和被投诉的经营者进行调解和处理。

2. 向旅游行政管理部门投诉

这种投诉严格按照国务院旅游主管部门颁布的《旅游投诉处理办法》的规定进行。旅游者正式向旅游主管部门提出投诉后，主管部门会审查受理条件，符合条件的予以受理；不符合条件的，会书面告知不予受理的理由。对于符合受理条件的旅游投诉案件，旅游主管部门将按照立案、答复、调查取证、鉴定检测、和解、处理的流程对案件进行处理。在此过程中，旅游者有权了解投诉的处理情况，有权请求调解，有权与被投诉者和解，也有权放弃或者变更投诉请求。旅行社在受到旅游者投诉后，也可以与旅游者自行和解，向旅游者赔礼道歉或者赔偿损失。如果旅行社认为旅游者的投诉不合理，也可以向旅游行政管理部门反驳投诉请求，提出申辩，请求保护其合法权益。

3. 向旅行社及其工作人员投诉

旅游者在旅游过程中认为自己的权益受到侵害时，可以向随团的导游、领队进行投诉，也可以在旅游结束后向组团社的销售人员、门店店员或者质监人员进行投诉。旅游者用这种方式投诉，只要旅行社相关工作人员了解事实清楚，处理方法得当，解决了顾客的问题，一般投诉纠纷就会圆满解决。如果旅行社工作人员无法满足旅游者的投诉要求，只能由旅游投诉部门解决纠纷，则投诉又会进入《旅游投诉处理办法》的处理程序。

如果旅游者认为旅行社及其工作人员、消费者协会以及旅游行政管理部门都不能维护自身的合法权益，或者无法帮助自己得到预期的赔偿时，还可以运用法律诉讼方式起诉旅行社。

（二）妥善处理旅游投诉的意义

旅游投诉的出现意味着旅行社提供的服务没有令游客满意，是游客对旅行社产品质量和服务水平的否定。旅行社在遇到客人投诉后，应善于将消极影响转化成积极作用，通过处理投诉来改善企业产品质量、提升服务水平，防止投诉再次发生。因此，旅行社应以积极的心态来看待投诉，变消极应付为主动预防。

1. 旅游投诉是旅行社服务水平提升和质量监控体系完善的动力

旅行社售卖的产品核心是服务，不论是售前的咨询、签约，售中的交通、餐饮、住宿、导游讲解，还是售后的跟踪反馈、回访，都是向旅游者提供服务。因此，在游客旅游全过程中为游客提供服务的工作人员的服务态度、服务方式、服务水平、服务效率、服务质量等，都可能引发游客的投诉。游客投诉，会使旅行社发现一些平时被忽略的工作漏洞，通过处理投诉，可以鞭策旅行社堵塞工作漏洞、提升服务水平、完善质量监控体系，使接待服务水平日臻完善。

2. 妥善处理旅游者投诉是旅行社挽回声誉的有效方式

旅游者在旅游过程中对旅行社提供的服务不满意，或者认为自身的权益受到了侵害，可能会选择不同的投诉对象。旅游者可能会找跟团的导游、领队进行投诉，可能会到出发地找报名时的组团社工作人员投诉，可能向消费者协会投诉，也可能直接向旅游行政管理部门投诉，甚至还可能向法院起诉旅行社。从维护旅行社的声誉出发可以看出，旅游者向旅行社及其工作人员投诉是对旅行社声誉影响最小的。因此，当旅游者选择了向导游、领队或者组团社工作人员进行投诉时，相关人员都应该积极应对，及时补救工作疏漏，妥善处理投诉，为挽回旅行社的声誉奠定基础。

思考讨论

如果向旅行社投诉的游客是故意挑刺、无理取闹，相关工作人员应如何应对？

____

____

____

____

____

____

____

____

（三）旅游投诉产生的原因

1. 旅行社的原因

（1）对旅行社导游人员服务的投诉

导游服务质量不高或不遵守旅游合同约定会引起游客的投诉，比如导游不讲解或讲解质量差；导游强制游客购物，游客不购物时导游态度粗暴无礼甚至辱骂客人；导游在旅游行程未结束时无故甩团等。

（2）对旅行社违约行为的投诉

游客出行后发现，旅行社没有按照旅游合同约定的内容提供服务，比如游览景点减少、购物商店增加、住宿标准降低等情况，这会使游客感到被欺骗、被愚弄而产生不满情绪，导致对旅行社的投诉。

（3）对旅游行程安排不当的投诉

旅行社在安排旅游行程时，应该松紧适度、劳逸结合、突出当地特色，并照顾多数游客的游览需求。然而，有些旅行社为了降低成本、增加利润或者便于操作，行程安排不考虑游客的实际需求，结果造成旅游者的不满甚至投诉。比如活动内容重复、景点雷同、日程安排过紧或太松、购物点过多或购物时间过长等情况，都会引起客人的不满。

2. 旅游要素供应部门的原因

（1）对餐饮部门的投诉

民以食为天，餐饮服务是旅行社提供服务重要的构成要素之一，也是游客旅游体验中重要的一环。餐饮服务不好会引起游客投诉，被投诉的原因主要有：饭菜质量差、就餐环境差、服务态度差等。

（2）对住宿部门的投诉

对旅游住宿服务不满意，也是旅游者投诉的一个重要原因。引起客人对住宿服务不满的原因主要有三个：一是酒店的硬件设施差，如空调不能制冷，浴室跑水，地毯陈旧、破损、绊倒客人等；二是酒店的服务差，如服务人员对客人态度生硬、爱答不理，甚至出言不逊等；三是酒店卫生条件差，如房间床单不干净、桌面有灰尘、浴室浴巾有污渍等。

（3）对交通部门的投诉

交通服务有问题，也会导致客人投诉。引起旅游者对交通服务投诉的原因主要有三个：一是交通工具抵离时间不准，如航班延误、列车晚点等；二是硬件功能障碍，如汽车抛锚、空调失灵等；三是安全没有保障，如旅行车超速行驶或者司机疲劳驾驶等。

（4）对其他服务部门的投诉

除上述部门服务欠佳会造成客人投诉外，其他一些旅游要素供应部门也可能引起客人投诉，如旅游景区服务设施差、旅游娱乐场所演出收费过高、旅游购物商店所卖商品为假冒伪劣产品等。

（四）旅游投诉处理原则和程序

1. 投诉处理原则

（1）投诉有效原则

旅行社工作人员在接到游客投诉后，应该认真倾听游客投诉的情况，同时尽快调查核实，坚持以相关法律为基础，以事实为依据，第一时间将处理结果反馈给游客。如果是游客和旅行社之间存在误会，工作人员应耐心解释，消除误会；如果确实是旅行社工作失误，就需要给游客以合理的补偿，不论是赔礼道歉还是经济赔偿都要做到令游客满意。

（2）游客至上原则

游客是旅行社赖以生存和发展的根本，旅行社的各项工作都要以游客需求作为最根本的出发点和落脚点，旅游投诉的处理也不例外，要秉承“游客至上”原则。旅行社工作人员在受理游客投诉时，要让游客感受到愿意为其排忧解难的诚意。当顾客伤心失望时，旅行社工作人员要好言安慰，深表同情；当游客言辞激烈、情绪失控时，旅行社工作人员要表示出豁达礼让、充分理解，争取完满解决问题，让游客不满而来，满意而归。

（3）利益兼顾原则

旅行社工作人员在处理投诉时扮演着双重角色，既是旅行社的代表，要维护旅行社的利益，同时又是游客维权的代表，代表游客去调查了解投诉案件，使游客的利益得以保护。一些旅行社在遇到投诉时，认为游客就是想要旅行社赔钱，得到经济补偿，因此态度比较消极，选择能拖就拖，让游客知难而退，最后使投诉不了了之。但这种做法会激怒游客，可能导致其选择到旅游行政管理部门或消费者协会进行投诉，使投诉升级来发泄心中的不满。这种投诉一旦生效，旅行社的声誉会受损，同时也会损害旅行社的经济利益。另外，当游客诉求在旅行社得不到满足，不但游客本人不会再购买该旅行社产品，同时还会转告亲朋好友不要光顾，旅行社“口碑”受损，将会失去众多客源。因此，旅行社工作人员应该在处理投诉时坚持利益兼顾原则，既维护游客利益，也保护旅行社的利益。

2. 投诉处理程序

（1）认真倾听

游客投诉旅行社，一般都会认为自己的利益受到侵害，因此情绪或者激动、愤怒，或者委屈、沮丧，说话的语气不好，表达也不一定流畅、清晰。旅行社工作人员接待时要安抚游客的情绪，认真倾听游客的陈述，做到高度重视、态度端庄、头脑冷静，让客人感到被尊重，被重视。

（2）询问情况

旅行社工作人员在倾听游客陈述投诉事件后，首先要表达对客人遭遇的同情和愿意解决问题的态度，使游客在心理上得到安慰。其次，旅行社工作人员要就客人投诉中未讲清楚的，一些事关投诉案件的细节进行询问，了解事件的完整情况。最后，旅行社工作人员要向游客作出承诺，表达尽快对投诉进行调查处理，并将处理结果反馈给客人的意思。

（3）做好笔录

旅行社工作人员在游客阐述投诉情况和对其询问投诉案件细节时，都要做好笔录，把重要信息记录在案，并存入档案，便于后期进行调查核实。

（4）调查核实

旅行社工作人员在了解游客的投诉内容后，应尽快向全陪导游、地陪导游、地接社负责人等相关人员调查了解投诉案件的全面情况，收集资料，分析定责。

（5）妥善处理

旅行社工作人员在对投诉事件调查清楚的基础上，以事实为依据，以相关法律为准绳，对投诉进行妥善处理。

（6）结果反馈

旅行社工作人员将处理结果及时反馈给投诉游客，征求投诉游客的意见，提出解决方案，达成补偿协议，双方签字确认。

（7）继续服务

投诉如果是在旅游过程中进行的，投诉处理后相关工作人员应继续提供旅游服务，使行程圆满完成；投诉如果是在旅游结束后进行的，相关工作人员也应该在投诉妥善解决后对顾客进行回访，消除对顾客的不良心理影响。

（五）旅游投诉处理技巧

1. 言行有度

游客投诉时往往心情郁闷、态度沮丧，从而导致言辞激烈，甚至于出言不逊。旅行社工作人员要清楚顾客的不满并非是针对投诉处理人员有意见，而是对旅游过程中的服务不满意。因此，处理投诉的工作人员要保持冷静，与顾客交谈时对事不对人，即使游客说了难听的话也不要针锋相对，而要言行有度，有礼有节地解决问题。

2. 适时提问

游客投诉时，由于情绪不稳可能导致语言表述不清，或者正处于气头上，不断重复的是不满和抱怨，无法提供解决问题的有效信息。这个时候，旅行社工作人员应抓住要点，适时进行提问。

例如：

顾客："你们的导游太不称职了！把我们放到景区就让自己看，不领路、也不讲解。"

旅行社工作人员："请问您说的是游览哪个景区时发生的情况？"

3. 转移话题

当投诉者只顾发泄情绪，一味发火、指责，气氛紧张且无法使投诉问题得以解决时，旅行社工作人员可以抓住一些相关内容转移话题，缓和气氛。

例如：

顾客："你们的行程排得太不合理了，连续两天都有爬山的项目，把我妈的腿累得都走不了路了！"

旅行社工作人员："我理解您，请问您的母亲多大年纪了？"

4. 给出限定

当旅行社工作人员态度谦和，多方尝试和投诉顾客协商，客人仍然态度恶劣，甚至辱骂指责接待人员，旅行社工作人员可以义正词严地给顾客以限制："××先生|女士，我们很愿意给您帮助，但您一直这样情绪激动并不能解决问题，我们另外约时间再谈好吗？"

5. 提供帮助

如果游客提出的并非是本旅行社和相关接待单位负责的投诉，旅行社工作人员应当给予解释，并帮助客人分析事实，提出解决的建议和维权的方法。旅行社工作人员亲和友善的态度和乐于助人的做法会给游客留下美好的印象，为争取游客成为回头客打好基础。

笔记

四、任务实施

实训项目	投诉处理
实训时间	
实训要求	1. 能够按照旅游投诉处理原则和程序处理旅游投诉 2. 处理旅游投诉时会灵活运用处理技巧
实训地点	多媒体教室
实训材料	多媒体
实训内容与步骤	一、实训准备 1. 学生分组，上网搜集旅游投诉的案例。 2. 各小组根据案例编写旅游投诉处理的脚本，并分配角色。 二、实训开始 1. 小组负责人介绍本小组的模拟情景设定和角色分配。 2. 小组模拟展示旅游投诉处理的过程。 三、实训考核、点评 教师就课前脚本编写的完成情况、课中角色扮演的展示情况、团队合作、服务规范等方面进行示范性点评，然后小组间互评，师生共同总结任务要点、纠正任务实施过程中存在的问题，提出改进性建议。

五、任务评价

投诉处理考核评价表

考核项目	具体内容或要求	扣分项	得分
脚本编写完整	1. 小组成员分工明确 2. 场景的设计符合旅行社处理旅游投诉的设定	总分 20 分，缺一项扣 10 分	
旅游投诉处理原则和程序体现完整	1. 投诉处理程序体现完整 2. 与客户交谈沟通体现了服务规范	总分 40 分，缺一项扣 20 分	
旅游投诉处理技巧运用熟练	1. 与顾客交流洽谈中自然地展现投诉处理的技巧 2. 向顾客提供礼貌、亲切、周到的服务	总分 40 分，缺一项扣 20 分	
合计			

六、任务巩固

谈一谈优秀的旅行社投诉接待人员应具备哪些知识、技能、素养？为什么？

自我分析与总结

项目总结

完善售后服务，守护企业信誉

旅行社通过售后服务可以掌握客户对产品和服务的满意度，监督检查顾客出游过程中各服务环节的服务情况，发现潜在的问题可以及时采取补救措施，从而保证和提高旅行社的整体服务质量。热情、耐心的售后服务是旅行社服务的一种延伸，也是对顾客重视的一种体现。这种延伸的服务和重视的态度会加深顾客对旅行社的正向印象，从而增加顾客再次光顾旅行社的概率。售后服务人员在受理投诉时，能够遵循宾客至上的原则维护顾客权益，就可以挽回旅行社的信誉。因此，旅行社售后服务人员是旅行社客户和信誉的守护者。售后服务人员应不断学习专业知识，提升服务技能，用自己真诚、热情、持续有效的服务为旅行社赢得回头客。

项目练习

1. 旅行社进行客户联系一般做法有哪些?
2. 正确处理旅游投诉对旅行社有何意义?
3. 引起旅游投诉的原因有哪些?
4. 处理旅游投诉应遵循什么原则?
5. 处理旅游投诉可以运用哪些技巧?

模块四

运筹帷幄 计调业务

LÜXINGSHE

YEWU CAOZUO SHIXUN SHOUCE

模块导读

计调业务是旅行社的核心业务之一。计调（简称 OP，英文全称 Operator）是旅行社为旅行团及散客安排接待计划的专职工作人员。计调是运筹帷幄的旅游活动操盘师，是旅游体验的“烹饪大师”，按照不同旅游者的“口味”需求，调制出“酸甜苦辣鲜咸麻”不同旅行滋味的行程。计调工作能力的高低影响着旅游活动的质量，反映出旅行社的经营管理水平，决定着旅行社的经济和社会效益。

本模块将计调业务分为组团计调业务、地接计调业务两个项目展开介绍。模块涉及内容如图 4-1 所示：

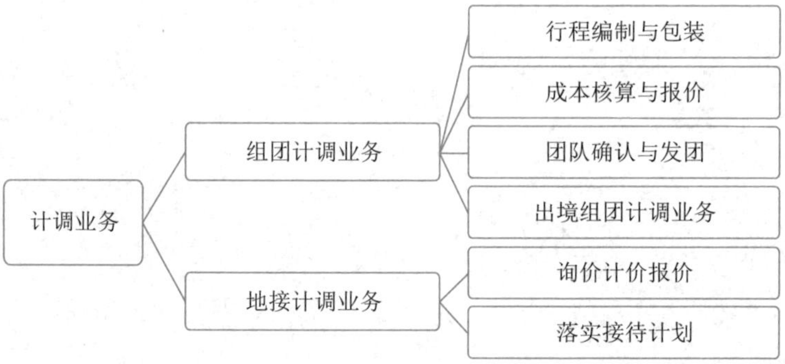

图 4-1

项目一 | 组团计调业务

项目导读

基于客户需求，设计规划行程、询价核价报价、签订合同、制订出团计划、落实往返大交通、确认团队、选派全陪、监控出团、结算费用、回访客户、资料归档等，是组团计调员的基本工作事项。组团计调员既要把控整体业务操作流程，又要注重细节实操。本项目按照组团计调操作流程的内容进行介绍。

涉及岗位介绍

组团计调员：是指在与旅游者订立包价旅游合同的组团旅行社中，专门负责游客出游计划安排，完成整个团队旅游活动操作调度的工作人员。组团计调员分为国内组团计调员、出境组团计调员。日常工作内容包括：完成旅游线路设计、行程编排、价格核算等；负责与销售、导游、票务、财务等部门和人员的对接；与各地接社及导游建立长期、良好的合作关系；协助处理团队出行过程中遇到的各种问题；及时了解客户意见反馈；处理旅游投诉等相关事宜。组团计调员要有较强的服务意识和抗压能力；工作细致、有责任心、有耐心；有亲和力，沟通表达能力强；具备优秀的旅游从业知识、谈判技能及操作技能；具有优秀的协调、组织、策划、应变、团队合作能力；能熟练运用 Excel、Word、PowerPoint 等办公软件。

项目学习目标

知识目标	1. 了解组团计调员的知识能力素养要求 2. 熟悉旅游行程单编排要求 3. 掌握成本核算、报价的流程及方式 4. 掌握国内、出境组团计调员业务操作流程
能力目标	1. 具备编制包装行程单的能力 2. 具备准确报价的能力 3. 具备按照工作流程操作发团业务的能力
素质目标	1. 培养学生创新精神 2. 提升学生人际交往沟通与团队合作能力 3. 培养学生耐心、严谨、细致的工作态度
思政目标	1. 培养学生良好的职业道德修养 2. 引导学生对社会主义核心价值观敬业、诚信的实践养成

项目实施

本项目由“行程编制与包装”“成本核算与报价”“团队确认与发团”“出境组团计调业务操作”四个任务构成。通过任务实施，学生能掌握组团计调业务工作流程。具体表现为：能按游客需求完成线路行程编排及包装；能准确迅速进行询价、计价、报价；能处理与地接社的团队确认工作，提供发团服务；团队结束游程后，能做好回访、资料归档等后续工作；能把握出境团队操控细节，为学生将来从事组团计调工作奠定基础。

任务一　行程编制与包装

案例导入

太原市某企业员工及家属一行18人（15位成人3位儿童），计划5月1日—6日，前往桂林旅游，组团计调员接到任务后，为游客编制设计的行程如下：

桂林、古东瀑布、漓江、阳朔、银子岩休闲双飞六日游

日期	行程安排
第一天 5月1日 — 第二天 5月2日	太原—桂林　航班时间：HU7078（16:35/19:05） 太原武宿机场集合，乘飞机赴桂林，抵达后入住酒店休息，自由活动。
	早餐：无　午餐：无　晚餐：无　住宿：桂林
	桂林—古东瀑布—訾洲观象—梦幻漓江 早餐后，乘车（车程约1小时）前往游览能攀爬的多级串联瀑布【古东森林瀑布群景区】（游览约2小时）；中餐品尝【五星级酒店自助餐】；下午游览桂林绿洲【訾洲观象景区】（游览约1.5小时），漫步在180米临江栈道上，让你广视角欣赏象鼻山全貌。之后欣赏大型梦幻剧场秀艺术会演【梦幻漓江】（普通席，欣赏约1小时）；晚餐品尝【桂林风味小吃自助餐】。
	早餐：酒店用餐　午餐：酒店自助餐　晚餐：风味小吃自助餐　住宿：桂林
第三天 5月3日	桂林—阳朔—遇龙河漂流—银子岩—印象刘三姐—阳朔西街 早餐后乘车（车程约50分钟）前往磨盘山码头，乘三星环保船，游览【漓江】（磨盘山/阳朔，游览约4小时，船餐盒饭），感受“分明看见青山顶，船在青山顶上行”的诗画仙境；沿途欣赏九马画山、兴坪仙境等景点；下船后乘车前往遇龙河码头，乘坐【双人竹筏】漂流遇龙河（游览约60分钟），在原生态的山水田园中欣赏遇龙河美景；游览被评为“世界溶洞奇观”的【银子岩】（游览约80分钟）；晚餐品尝阳朔网红市民餐厅渔夫音乐餐吧【啤酒鱼】。晚餐后赠送欣赏“山水实景演出”【印象·刘三姐】（新贵宾席，欣赏约70分钟），自由漫步闻名中外的“洋人街”【阳朔西街】。（自由活动期间，无导游陪伴，请注意自身及财物安全！）
	早餐：酒店用餐　午餐：船餐　晚餐：网红餐厅用餐　住宿：阳朔
第四天 5月4日	阳朔—世外桃源—侗情水庄—刘三姐大观园—榕杉湖 早餐后乘车返桂林（车程约1.5小时），途中游览有桂林“香格里拉”之称，集田园村舍、古桥溪河、深潭溶洞、山水田园、民俗风情于一体的景区【世外桃源】（游览约70分钟）；参观侗族文化主题村庄【侗情水庄】（游览约40分钟），体验侗族文化旅游胜地；中午品尝正宗【桂林米粉】；前往【刘三姐大观园】（游览约1小时），近距离感受壮、瑶、侗、苗少数民族风情；步行游览桂林【榕·杉湖景区】、正阳步行街、中心广场（游览约40分钟），自费品尝各式美食。
	早餐：酒店用餐　午餐：米粉餐　晚餐：自理　住宿：桂林
第五天 5月5日	桂林 早餐后全天自由活动。
	早餐：酒店用餐　午餐：自理　晚餐：自理　住宿：桂林
第六天 5月6日	桂林—太原　航班时间：HU7077（09:25/11:45） 早餐后乘车赴机场，乘机返太原，结束愉快旅程！
	早餐：酒店用餐　午餐：无　晚餐：无　住宿：无

续表

服务标准	
交通	太原 / 桂林 / 太原，往返飞机经济舱，区间正规旅游运营车
用餐	5 早餐 4 正餐 1 船餐（酒店含早餐，船餐盒饭，三正餐 50 元 / 人 / 餐，一正餐桂林米粉 15 元 / 人 / 餐；正餐十人一桌，八菜一汤，根据实际用餐人数酌情增加或减少菜量）
住宿	5 晚住宿（酒店标准双人间或同级；不提供自然单人间，产生单房差由游客自行承担）
门票	行程内所列景点首道大门票（自理项目除外）
导服	当地专职导游服务
保险	旅游人身意外伤害保险及航空保险（以保险公司实际赔付为准）

【讨论】

请同学们认真阅读案例，分析讨论以上旅游行程单的优缺点。你认为上述行程单还应补充哪些内容?

【案例评析】

案例中列出旅游行程单必备三大元素：线路名称、行程安排、服务标准，能体现游客的基本出游需求。但缺乏行程亮点、温馨提示等元素，因此该行程单不够规范。

旅游行程单是旅行社基于游客需求，为游客编制的参团出行指南。是旅行社业务水平和服务质量的体现方式之一。因此务必做到完整、规范、美观。

一、任务描述

组团计调员在了解游客出游需求后，要为游客设计规划行程。明确旅游行程单的构成要素，掌握规范的行程描述和编制细节，是计调的必备技能。行程内容完整、安排顺畅、设计合理、行程单美观清晰是编辑包装行程的基本标准。

二、任务学习目标

1. 了解旅游行程单的作用
2. 熟悉旅游行程单的构成要素
3. 掌握旅游行程单编制的要点
4. 掌握旅游行程单包装的要点

三、完成任务需要的新知识

（一）旅游行程单

旅游行程单是旅游者旅行、计调操作发团的指南和依据。《中华人民共和国旅游法》第 59 条规定，旅行社应当在旅游行程开始前向旅游者提供旅游行程单。旅游行程单是包价旅游合同的组成部分。《〈中华人民共和国旅游法〉解读》认为，旅行社提供旅游行程单，说明具体旅游服务时间、地点、内容、顺序等，是对包价旅游合同的履行所做的承诺，是对旅行社根据包价旅游合同所承担的旅游服务提供义务的具体化。

（二）行程单的构成要素

1. 行程抬头（页眉位置）

包括旅行社名称、旅行社图标 Logo、许可证号、荣誉、旅行社联系电话、传真号、地址等。

2. 行程内容

包括线路名称、线路亮点、行程安排、服务标准、报价、旅途须知、温馨提示等。

3. 行程页脚位置

包括旅行社名称、旅行社图标 Logo、投诉电话、网址等。

（三）行程单编制要点

1. 旅行社给予游客的行程单抬头，内容要真实、准确，要素齐全，排版美观；

2. 线路名称要凸显主要旅游目的地城市（或主要景点）、行程天数、交通方式、线路主题等；

3. 线路亮点（行程特色、卖点），要标明给予游客的利益，可罗列特色资源（景点、餐饮、文娱体验、赠送项目等），也可单列线路中的独特体验和吸引点；

4. 行程安排，可采用表格或纯文本方式体现。按照出游天数的顺序，写明每天的出发地、途经地和目的地，游览、娱乐项目的具体内容及时长，建议游客自由活动的时长和地点，交通、住宿、餐饮服务安排等；

5. 服务标准，囊括行程中的吃、住、行、游、娱等元素，列明包含及不包含的项目，如门票（包含景区首道大门票、是否包含小门票的情况）、餐饮（数量、餐标、特色餐食情况等）、住宿（标准、天数、是否含早餐、单房差等）、交通（大交通、区间交通、是否包含小交通，如景区环保电瓶车、景区索道、游船等）、导游服务（全陪、地陪的服务内容、质量、收费标准等）、保险（是否包含旅游意外险）、赠送项目及服务等；

6. 旅途须知及温馨提示，就以下内容（不限于以下内容）进行告知和提示，如对携带证件、财产、人身安全的提示，对未成年人、老年人参团的要求，对景区、餐厅提供的自营式购物场所、娱乐活动项目、拍照摄影等谨慎消费，出行目的地近期天气情况，着装建议，必备药品提示，旅游目的地餐食口味特点，住宿洗漱用品提供情况等。

7. 行程单页脚位置，视总体排版情况可加可不加。

（四）行程单包装要求

1. 行程单用语规范，符合法律法规要求；

2. 行程主题鲜明，地方特色突出，行程描述文字流畅、富有文采；

3. 行程单排版美观大方，重点突出，图文并茂，整体编排色彩搭配适宜，且与旅行社 LOGO 或装修装饰主体色彩选取一致。

思考讨论

旅游行程单编制应遵循哪些原则？

____

____

____

____

____

笔记

四、任务实施

实训任务	行程编制与包装
实训时间	
实训要求	1. 明确游客出行需求的构成要素 2. 能独立制作完整的旅游行程单
实训地点	多媒体教室
实训材料	电脑（笔记本电脑一台，或使用机房电脑）
实训内容与步骤	一、实训准备 1. 学生分组，列出本组所接待游客的出行需求，填入表内（见表 4-1）。（建议出行目的地不重复，各组协商，自行调整） 2. 各组自行查找网络资源，编制对应行程（Word 电子版），并进行包装。 二、实训开始 1. 小组派代表阐述分组任务中游客需求。 2. 每个小组派代表展示、阐述本组完整的电子版行程单。 三、实训考核、点评 教师就各组对游客出行需求设计、行程编制完整、规范、包装美观等的课前任务准备、课中展示完成情况、团队合作是否紧密、工作是否严谨细致等方面，进行示范性点评，然后小组间互评，师生共同总结任务要点，纠正任务实施过程中存在的问题，提出改进性建议。

表 4–1　游客出行需求表

序号	游客出行需求项目	内容
1	出行时间（段）	
2	出行目的地	
3	景点需求	
4	交通工具要求	
5	人数（ × 大 × 小）	
6	餐标要求	
7	住宿要求	
8	自费项目需求情况	
9	其他要求	
10	游客姓名、联系方式	

五、任务评价

行程编制与包装考核评价表

考核项目	具体内容或要求	扣分项	得分
行程单编制	1. 游客需求设计合理 2. 行程单元素完整 3. 行程设计主题鲜明，食住行游娱安排地方特色突出，文字描述规范、流畅 4. 行程编排可操作性强，交通安排顺畅，时间空间规划合理，游览节奏张弛有度 5. 旅游线路行程安排安全，服务具有保障性和稳定性	总分 50 分，缺一项扣 10 分	
行程单包装	1. 行程单美观清晰 2. 行程单图文并茂 3. 行程单色彩搭配适宜，与旅行社 LOGO 主体色彩一致	总分 30 分，缺一项扣 10 分	
行程单展示	1. 展示过程阐述流畅、自然 2. 态度积极、严谨细致	总分 20 分，缺一项扣 10 分	
合计			

六、任务巩固

请总结组团计调员在进行行程编制包装时的注意事项。

自我分析与总结

任务二 成本核算与报价

案例导入

计调部小周在完成太原市某企业30名员工“北京双高五日游”全包价旅游每位2950元的报价后，突然接到电话，得知某员工因家中有事无法出游。团队总人数变为29人后，2950元的报价收费也要调整。因此小周不得不重新进行成本核算和报价。

【讨论】

请同学们认真阅读案例，思考讨论，因为游客数量的变化，旅游线路的采购成本会在哪些方面发生变化？

【案例评析】

旅游线路的成本囊括旅游过程中消费的方方面面。飞机票、火车票、船票、景区门票费等按实际人数采购即可，而旅游客车费用、导游服务费、住宿费等会涉及人员分摊问题，因此人数的多少及变化，均会影响旅游线路的成本核算。

一、任务描述

准确无误地进行旅游线路成本核算，迅速完成报价，是计调员的工作内容之一。旅游线路的报价，会影响旅游者的出行决策。因此计调员应了解旅行社产品的成本构成，会对旅游产品进行成本核算，掌握报价程序和注意事项，能针对成年人、不同身高年龄段儿童做出合理的报价。

二、任务学习目标

1. 了解旅游产品价格构成
2. 熟悉组团计调询价、核价、报价的具体工作内容
3. 掌握准确报价的方法

三、完成任务需要的新知识

（一）旅行社产品成本构成

包括交通费、住宿费、餐饮费、景点门票费、全陪导游服务费、司机陪同费用等。

（二）询价

询价是指客户向组团社咨询旅游线路产品及服务的价格，以及组团社根据游客需求向地接社及大交通服务公司或部门进行的分项价格咨询。

（三）核价

核价是指组团社计调在基于地接社报价的基础上，增加大交通、全陪导游服务等费用的成本核算。具体核价内容可参考表 4-2。

表 4-2　组团成本分项核算表（样表）

<table>
<tr><th rowspan="2">序号</th><th rowspan="2" colspan="3">分项目</th><th colspan="2">线路：
团队人数：</th></tr>
<tr><th>成人成本
（元 / 人）</th><th>儿童成本
（元 / 人）</th></tr>
<tr><td rowspan="5">1</td><td rowspan="5">交通</td><td rowspan="3">汽车费</td><td>去程</td><td></td><td></td></tr>
<tr><td>返程</td><td></td><td></td></tr>
<tr><td>地接</td><td></td><td></td></tr>
<tr><td rowspan="2">火车费</td><td>去程 + 订票费</td><td></td><td></td></tr>
<tr><td>返程 + 订票费</td><td></td><td></td></tr>
<tr><td rowspan="3">1</td><td rowspan="3">交通</td><td rowspan="2">飞机费</td><td>去程</td><td></td><td></td></tr>
<tr><td>回程</td><td></td><td></td></tr>
<tr><td>船费</td><td>来回</td><td></td><td></td></tr>
<tr><td>2</td><td>门票</td><td colspan="2">行程内（自理除外）</td><td></td><td></td></tr>
<tr><td rowspan="2">3</td><td rowspan="2">住宿</td><td colspan="2">本地</td><td></td><td></td></tr>
<tr><td colspan="2">地接</td><td></td><td></td></tr>
<tr><td rowspan="2">4</td><td rowspan="2">餐费</td><td colspan="2">本地</td><td></td><td></td></tr>
<tr><td colspan="2">地接</td><td></td><td></td></tr>
<tr><td rowspan="3">5</td><td rowspan="3">导游</td><td colspan="2">地接</td><td></td><td></td></tr>
<tr><td rowspan="2">全陪</td><td>火车票 / 飞机票</td><td></td><td></td></tr>
<tr><td>带团补贴</td><td></td><td></td></tr>
<tr><td>6</td><td>其他</td><td colspan="2">旅游包、帽、矿泉水、保险等</td><td></td><td></td></tr>
<tr><td colspan="4">成本总计</td><td></td><td></td></tr>
</table>

（四）报价

旅游报价是指组团社根据旅游团的各种要求，按有关收费标准核算成本后，加入一定的利润，向客户报出的价格。对于不同的旅游客户、出游主题、出行时间、产品等级、团队人数等，因为成本不同，利润预估不同，所以旅行社的报价也有所不同。

常用的报价计算公式有以下两种：

1. 最终报价（元 / 人）= 人均成本 ×（1+ 净利润率）

2. 最终报价（元 / 人）= 人均成本 + 人均利润

思考 讨论

针对身高 1.2 米以下儿童，身高 1.2~1.4 米之间儿童的旅游线路成本核算，主要的区别有哪些？

笔记

四、任务实施

实训任务	成本核算与报价
实训时间	
实训要求	能快速、准确地完成规定旅游线路成本核算与报价
实训地点	教室
实训材料	纸质版组团成本分项核算表（见表 4-2）
实训内容与步骤	一、实训准备 学生分组，各小组准备纸质版组团成本分项核算表。 二、实训开始 1. 各小组按照教师给出的不同线路地接社的询价，完成相应线路的成本核算和报价； 2. 随机选择部分同学解读成本核算和报价的方法。 三、实训考核、点评 教师就课前组团成本核算表准备情况、课中成本核算和报价的准确度和速度等方面进行示范性点评和考核，然后小组间互评，师生共同总结任务要点，纠正任务实施过程中存在的问题，提出改进性建议。

五、任务评价

成本核算与报价考核评价表

考核项目	具体内容或要求	扣分项	得分
成本核算	1. 成本分项列出完整 2. 核算准确 3. 成本核算迅速	总分 60 分， 缺一项扣 20 分	
利润预估	1. 利润预估合理 2. 利润预估迅速	总分 20 分， 缺一项扣 10 分	
报价	1. 准确 2. 迅速	总分 20 分， 缺一项扣 10 分	
合计			

六、任务巩固

请总结组团计调员成本核算与报价时的工作要点。

自我分析与总结

任务三　团队确认与发团

案例导入

×年×月×日，太原A旅行社组团的27位游客前往四川，进行成都、青城山、都江堰、峨眉山、乐山大佛六日游旅行。其间，选定成都C旅行社为地接社。但当游客乘坐飞机到达成都双流国际机场时，却无人接团。全陪立刻联系C旅行社，半小时后，地接导游才匆忙赶来。对于漏接原因组团社与地接社各执一词，地接社称组团社传真有误，而组团社认为地接社对传真内容理解有误。

【讨论】

请同学们认真阅读案例，思考讨论，作为组团社计调员，在团队出发前和团队出发后，应该与地接社完成哪些方面的确认工作？

【案例评析】

组团社与地接社要做好团队确认工作。发团前，组团计调员要以传真的形式确认旅游行程和服务标准；发团后，组团计调员应及时与地接社联系，提醒地接社导游准点接团。出现纠纷时，双方应首先安抚游客，尽快处理问题，及时明确原因，分清责任。对于不负责任的地接社，组团社应终止与其继续合作。

一、任务描述

与客户及地接社分别完成团队确认后，组团计调员应及时与客户签订合同，预订往返大交通，选派全陪导游，做好发团准备；客户出游结束后，组团计调员要审核账目，完成团款结算，并适时回访维护客户，完成资料归档工作。

二、任务学习目标

1. 了解团队确认的方式
2. 了解组团计调员在团队确认后的工作内容
3. 掌握派团单的填写
4. 了解客户回访的方式和重要性
5. 掌握归档资料内容及要求

三、完成任务需要的新知识

（一）团队确认

组团计调员与游客的团队确认，以纸质版行程单加盖旅行社骑缝章作为依据，完成确认；与地接社的团队确认，以传真发送出团确认件的形式完成，在出团确认件上标明行程安排、相应服务接待标准、注意事项、特殊要求等，双方盖章签字，相互回传。

（二）签订旅游合同

《中华人民共和国旅游法》第 57 条规定：旅行社组织和安排旅游活动，应当与旅游者订立合同。第 58 条规定，包价旅游合同应当采用书面形式，包括下列内容：旅行社、旅游者的基本信息；旅游行程安排；旅游团成团的最低人数；交通、住宿、餐饮等旅游服务安排和标准；游览、娱乐等项目的具体内容和时间；自由活动时间安排；旅游费用及其交纳的期限和方式；违约责任和解决纠纷的方式；法律、法规规定和双方约定的其他事项。

合同中团队付款方式：一种方式为团队出发前付清团款，即出团前收取 100% 团款；另一种方式为出团前收取一定比例的预付款，团队返程后收取剩下比例的团款。

团队确认后，组团计调员要亲自或者辅助销售人员与游客签订旅游合同。

（三）采购往返大交通

大交通主要指游客从出发地到目的地之间的交通。采购大交通涉及飞机票、火车票、旅游客车等。部分旅行社的大交通采购由专门的票务专员完成，有的则需组团计调员采购。因此，组团计调员要熟知我国交通客票采购方式及采购渠道，能及时完成交通预订和采购。可以向航空公司、票务代理公司或专线旅游产品代理商（办事处）等进行飞机票预订咨询，完成采购；可以在火车站团体票口，或申请成为中国铁路 12306 官网旅行社团体购票用户，在线完成火车票购买；旅游客车则需电话咨询旅游客车公司，传真确认预订。

（四）选派全陪

导游部安排全陪后，组团计调员要为全陪导游提供派团单（见表 4-3），写明组团社、地接社名称，团队抵离时间，团队人数，客源地，团号，行程安排，餐饮安排，住宿安排，车型、车牌号，备注（全陪、地陪联系方式，注意事项）等，并做好口头说明和交接。

如果有团队抵达旅游目的地现付团款的情况，计调需向财务部门预借团款，并交付给全陪。

表 4–3 派团单

××旅行社派团单（样表）

旅行社（盖章）

团号			团期		人数	
线路			用车安排			
日期	早餐 用餐地点	上午行程	午餐 用餐地点	下午行程	晚餐 用餐地点	住宿酒店
月　日						
月　日						
月　日						
月　日						
月　日						
备注						
计调		全陪		地陪		

（五）审核结算费用

旅游团回程后，计调员可根据导游填写的报账单，审核制作团队的结算单，完成财务报账。

（六）客户回访

回访客户是旅行社进行客户关系管理的重要途径之一。客户出游结束后，组团计调员要及时收回全陪导游手中由游客填写的旅游团队服务质量调查表（见表 4-4），掌握游客对旅游中住宿、餐饮、游览、导游、司机等各项服务及行程的整体评价；通过电话、微信等方式完成客户回访，了解游客此次出游的真实感受，对旅行社工作的意见或建议，感谢游客对旅行社工作的支持，期许再次为游客提供服务。

表 4–4 旅游团队服务质量调查表

旅游团队服务质量调查表（样表）

尊敬的女士 / 先生：

您好！欢迎您参加我社组织的旅游，很荣幸接待您！希望您对以下服务做出客观评价，提出宝贵意见，祝您生活愉快，身体健康！

组团社： 地接社：

全陪导游： 地陪导游：

团号： 人数：

项目	非常满意	满意	一般	不满意
行程安排				
住宿安排				
餐饮安排				
交通安排				
娱乐安排				
全陪导游服务态度				
全陪导游服务技能				
地陪导游服务态度				
地陪导游服务技能				
旅游客车司机服务态度				
旅游客车司机服务技能				
导游是否存在以下行为	**是**		**否**	
擅自增 / 减旅游项目				
欺骗 / 胁迫游客消费				
讲解质量差 / 不讲解				
明示 / 暗示索要小费				
导游未佩戴导游证				

续表

其他意见和建议： 游客签名： 年 月 日

（七）资料归档

以上工作结束后，组团计调员要及时将团队相关资料整理归档。

1. 建立客户电子档案，方便后续客户关系管理

可以通过 EXCEL 表格或旅行社的客户管理系统完成客户档案建立，主要包括客户的个人基本信息，如姓名、性别、出生日期、身份证号、联系方式、出行线路等。

2. 整理纸质团队档案，以备旅游行政部门督查

将以下资料整理归档：旅游合同，行程单，游客名单，派团单，团队确认件，订车确认单，旅游团队服务质量调查表，导游带团日志，转拼团游客证明，转拼团旅行社之间的确认单，地接结算单，旅游安全相关资料（旅游意外保险单据，投保单，旅游车辆营运证、行驶证等复印件），处理游客投诉的相关资料，其他资料等。

思考讨论

谈谈旅行社实施业务档案管理的必要性。

笔记

四、任务实施

实训任务	团队确认与发团
实训时间	
实训要求	1. 完成派团单的制作 2. 进行团队资料归档
实训地点	多媒体教室
实训材料	打印纸质版派团单（表 4-3），准备牛皮纸袋（纸袋封皮贴 A4 纸版档案目录，见表 4-5，并装入自行制作的团队归档资料）
实训内容与步骤	一、实训准备 学生分组，每个小组打印本组的派团单样表，准备档案袋、档案目录样表及档案资料内容。 二、实训开始 1. 各小组完成派团单的填写。 2. 各小组完成旅行社团队档案目录的填写；将档案资料按目录中的先后顺序整理到档案袋内。 3. 各小组派代表展示派团单内容。 4. 各小组派代表展示团队档案资料。 三、实训考核、评价 教师就各组课前实训资料的准备、课中分组任务完成及展示，团队分工合作等方面进行示范性点评，然后小组间互评，师生共同总结任务要点，纠正任务实施过程中存在的问题，提出改进性建议。

表 4-5　旅游业务档案目录

旅游业务档案资料目录（样表）

旅行社名称：　　　　　　团号：　　　　　　合同号：

旅游线路名称：

序号	文件材料名	页数	备注	序号	文件材料名	页数	备注
1	旅游合同			9	订车确认单		
2	旅游行程计划说明书（合同附件一）			10	派团单		
3	旅游者名单（合同附件二）			11	导游带团日志		
4	授权委托书（合同附件三）			12	旅游团队服务质量调查表		
5	转拼团书面证明			13	结算单		
6	合同变更协议			14	旅游安全资料（旅游意外保险单，投保名单，旅游车辆营运证、行驶证复印件等）		
7	团队确认件			15	旅游投诉资料		
8	订房确认单			16	其他		
其他说明：							

五、任务评价

团队确认与发团考核评价表

考核项目	具体内容或要求	扣分项	得分
制作派团单	1. 内容填写完整 2. 内容填写准确	总分 40 分，缺一项扣 20 分	
整理团队档案资料	1. 档案袋、目录、档案资料齐全 2. 档案资料内容准确	总分 40 分，缺一项扣 20 分	

续表

考核项目	具体内容或要求	扣分项	得分
课中展示	1. 小组展示过程流畅，表述准确 2. 小组成员分工明确，合作和谐	总分 20 分， 缺一项扣 10 分	
合计			

六、任务巩固

请制作国内组团计调业务操作流程图。

自我分析与总结

任务四 出境组团计调业务

案例导入

太原市某企业计划奖励21名员工英国8日游，电话咨询具有出境资质的太原A旅行社，出境组团计调员小李在了解客户需求后，为其设计编制英国8日游行程，客户非常满意。

【讨论】

请同学们认真阅读案例，思考讨论，如果你是A旅行社出境组团计调员小李，旅游行程规划结束后，该如何安排接下来的工作？

【案例评析】

案例中，小李已经为客户设计出满意的旅游行程，接下来就要辅助游客办理英国签证，购买飞机票（21名员工+1名领队），寻找国内出境旅游供应商或境外接待社，发正式计划，派领队，召开行前说明会，发团，跟踪团队，报账，回访，做好资料归档等。

一、任务描述

对于具有出境资质的旅行社来说，出境组团业务是旅行社整体经营业务中重要的组成部分。出境组团计调员工作业务能力的高低，直接影响游客的旅游体验质量与满意度。基于客户需求，设计令游客满意的产品，提供优质的行前、行中旅游服务，做好游客返程后的收尾工作，是出境组团计调员的主要工作事项。

二、任务学习目标

1. 了解出境组团计调员工作的特殊性
2. 掌握出境组团计调业务操作流程

三、完成任务需要的新知识

（一）出境组团计调员工作的特殊性

1. 工作任务更重

相较于国内游，出境游增加护照、往来港澳通行证、往来台湾通行证审验，签证 / 签注申请，出入境手续办理等环节，出境组团业务操作细节更多、任务更重。另外由于存在文化差异，或对境外住宿、交通、餐饮等服务设施配备标准认知不同，容易导致游客埋怨、不理解，以至于遭到投诉，因此出境组团计调员需要为游客提前准备必要的文字提示说明资料等。

2. 担负责任更大

走出国门，一个人的行为不只代表个人，还代表国家和群体的整体形象和声誉。如果游客出现不文明旅游以及境外违法滞留等行为，将会严重影响我国国家和公民的国际形象和声誉。同时国外旅游安全的不可控因素依然存在，出境组团计调员除在行程规划上要综合考量，还要辅助领队做好行前说明服务，提高游客安全意识，加强文明旅游宣传，引导游客进行“负责任的旅游”。

（二）出境组团计调业务操作流程

1. 接受咨询，了解游客出游需求

主要了解游客以下事项：

（1）出游时段

（2）人数（成人数、儿童数，儿童年龄，是否占床，几男几女）

（3）对住宿酒店的要求（星级、房型）

（4）组团意向（要求独立成团还是可以接受转拼团）

（5）特殊要求（例如：要求飞机机型，必须安排去某国某城市、某旅游景点等）

（6）护照类型（公务护照或普通护照，若是公务护照是否要求发邀请函，是否安排公务活动，公务活动内容、时间等）

2. 设计出境旅游产品

出境旅游产品有的是由组团旅行社出境部产品经理或出境组团计调员设计，这些工作人员多有海外旅游目的地旅行和生活经历，对当地非常熟悉；有的是直接采购国内出境旅游供应商产品；也有的是由境外接待社推

出，再经境内组团社包装、改良完成。

3. 成本核算、报价

（1）询价：组团社向国内出境旅游供应商或境外接待社、国际航空公司咨询分项价格。

①向国内出境旅游供应商或境外接待社询价

要求对方发送行程，列出分项报价。标明景点门票费用、住宿费用（单房差）、车费、餐饮费用（几早餐几正餐）、公务活动中的费用（是否包含翻译费，费用多少）、导游服务费（小费约多少）等。

②国际机票询价

如若行程已定，可按线路中需求咨询机票价；如行程未定，可先咨询出游时间段内的机票价，再确定行程。询价时，确认是否有足够机位，是否有特价票等。

（2）出境组团计调内部核价

出境组团计调员一般按照下列公式进行内部价格核算：

成本核算价（元 / 人）= 境外接待社的报价或国内出境旅游供应商报价 + 往返大交通费用 + 签证费 + 领队分摊费 + 保险费等。

（3）向游客报价

出境组团计调员一般按照下列公式向游客报价：

报价（元 / 人）= 成本核算价（元 / 人）+ 利润（元 / 人）

4. 审验证件，提供签证服务

中国公民出国旅游，需提前办理护照；赴香港、澳门旅游，需办理往来港澳地区通行证；赴中国台湾地区旅游，需办理往来中国台湾通行证。游客可自行前往户口所在地市（县）公安局出入境接待大厅办理以上证件，也可由旅行社统一组织办理。

出境组团计调员应查验游客护照、往来港澳通行证、往来台湾通行证信息与身份证、户口簿内容是否一致；护照有效期是否在半年以上（此为办理签证的必备条件），如不足半年，应告知游客尽快换发新护照。

提供签证服务，列出办理签证所需材料，尽量提醒游客亲力亲为，出境组团计调员或签证专办员辅助制作材料，完成审核。（此内容在模块五项目一中详细介绍。）

5. 发送正式旅游接待计划

组团社经过与游客、国内出境旅游供应商或境外接待社的反复沟通变更商议后，应尽快发出正式计划，方便国内出境旅游供应商或境外地接社进一步落实旅游计划。

6. 签订出境旅游合同

出境组团计调员要辅助销售人员，或者本人亲自与游客签订中国公民出境旅游合同。

7. 预订机票

出境组团计调员要制作团队名单（包括客人姓名、性别、护照号码等内容），标明游客出发、返回日期及航班号，认真核对后发给国内出境旅游供应商或航空公司，确认出票。出票后再次核对客人姓名、航班号等内容，如发现错误，要及时通知国内出境旅游供应商或航空公司更正。很多旅行社由票务专员完成机票采购，计调把名单和采购要求发给旅行社专门的票务员，由票务员完成后续采购工作。

8. 委派领队

出境组团计调员应为旅游团委派有资质的领队，做好出团准备工作。在游客出境前要与领队交接：接待计划书、团队名单表、游客护照、机票、出入境有关表格（如出入境登记卡、海关申报单）等，交代说明旅游者的特殊要求。

9. 发团、全程跟踪

发团后，出境组团计调员应每天跟领队保持联系，了解团队运行情况，保持和地接社的沟通，保证接待质量。

10. 后续工作

（1）报账

出境组团计调员在出境旅游团行程结束后，要根据团队接待情况进行费用、单据审核，审核时要注意地区和汇率的变化，按约定的方式进行结款。

（2）回访游客、资料归档

此项工作与国内组团计调员工作相似。

思考讨论

谈一谈国内组团计调员和出境组团计调员工作内容的相似点和不同点？

笔记

四、任务实施

实训任务	出境组团计调业务
实训时间	
实训要求	掌握出境组团计调业务操作完整流程
实训地点	机房
实训材料	Word 或 PPT 或思维导图制作软件

续表

实训任务	出境组团计调业务
实训内容与步骤	一、实训准备 学生分组（见表 4–6），各小组课前整理任务中对应团队的出境组团计调业务操作流程电子版文字稿内容。 二、实训开始 1. 各小组课上完成本组出境组团计调业务操作流程思维导图。 2. 各小组派代表进行思维导图展示。 三、实训考核、评价 教师就各组任务的课前准备、课中分组任务完成及展示、团队分工合作等方面进行示范性点评，然后小组间互评，师生共同总结任务要点，纠正任务实施过程中存在的问题，提出改进性建议。

表 4–6　分组任务

组别	游客数量	计划出游线路
A 组	23 名企业在职员工	泰国普吉岛 6 日游
B 组	31 名高校在职教职工	俄罗斯 8 日游
C 组	15 名高中生，2 名教师	美国 14 日修学游
D 组	2 名新婚夫妇	斯里兰卡 6 日游
E 组	21 名散客（均为成年人）	埃及 11 日游

五、任务评价

出境组团计调业务评价表

考核项目	具体内容或要求	扣分项	得分
出境组团计调业务操作流程	1. 思维导图中业务操作流程内容完整 2. 内容准确 3. 能根据本组任务，突出个性化设计 4. 思维导图精美、内容清晰明了	总分 80 分，缺一项扣 20 分	
小组展示	1. 小组展示过程流畅，表述准确 2. 小组成员分工明确，合作和谐	总分 20 分，缺一项扣 10 分	
合计			

六、任务巩固

太原市一家三口，两位大人一位 10 岁儿童，暑假期间想参团新西兰 10 日游。如果你是出境组团计调员，请描述安排此次出境游的流程。

自我分析与总结

项目总结

运筹帷幄展业务，万事俱备待您来

组团计调业务是旅行社计调业务的核心内容。组团计调员的工作主要是为游客提供旅游产品，实施发团服务，保证旅游质量，培养客户忠诚等。组团计调员工作繁杂、细节多，在行程编排、产品报价、团队确认等方面需要反复修改、反复确认；在团队出发及返回后，还要做好应有的管理和售后服务。在整个团队操控过程中，组团计调员要与本旅行社各部门、地接社计调部门等保持良好的沟通协作关系。

组团计调员要运筹帷幄，全力做好团队计划与服务，确保团队旅游活动顺利开展，圆满结束。

项目练习

1. 完整的旅游行程单包括哪几部分？
2. 组团计调员在进行成本核算时，主要考虑哪些内容？
3. 国内组团计调业务流程主要包含哪些环节？

项目二 | 地接计调业务

项目导读

根据组团社要求设计产品、编排行程、完成报价、确认团队、落实计划（订车、餐、房、文娱票等）、选派地陪、执行接待计划、管控团队、费用结算、回访游客、资料归档，是地接计调员的基本工作事项。因此，一名合格的地接计调员必须明确地接业务整体流程和各环节细节实操。本项目选取地接计调业务操作中不同于国内组团计调业务操作的两个环节进行介绍，即地接计调员的询价、计价、报价和落实接待计划。

涉及岗位介绍

地接计调员：是指接受组团社委托，提供旅游行程设计，负责目的地旅游要素的成本核算报价，落实旅游接待计划的工作人员。地接计调员要能熟练操作电脑，尤其是常用办公软件 Word、Excel 等，熟悉本地常规旅游线路，具有产品策划能力和较好的沟通能力，具备团队合作意识，责任心强，工作细致。

旅行社房控计调员（简称房调）：是旅行社中专门负责酒店房务咨询收集，与酒店洽谈合作，为游客安排酒店住宿，与旅行社各部门沟通交代酒店房态，调整住宿服务采购策略等业务的工作人员。房调要具备较强的人际沟通能力和优秀的谈判技巧，具备以人为本的服务意识，工作责任心强，能吃苦耐劳。

旅行社票务专员：是旅行社中负责交通票的预订、购买、审核、出票、变更、退票，文娱票的采购、销售等业务的工作人员。票务专员还负责寻找合作渠道商，拓宽销售渠道。票务专员要掌握良好的沟通技巧和独立的处事能力，思维敏捷、工作效率高。

项目学习目标

知识目标	1. 掌握地接计调员报价方法 2. 掌握订车、订房、订餐、采购景区门票、采购文娱票的具体方法
能力目标	1. 具备准确报价的能力 2. 具备落实旅游接待计划的能力
素质目标	1. 培养学生创新精神 2. 提升学生人际交往沟通与团队合作能力 3. 培养学生耐心、严谨、认真细致的工作态度
思政目标	1. 培养学生良好的职业道德修养 2. 引导学生对社会主义核心价值观敬业、诚信的实践养成

项目实施

本项目由“询价计价报价”“落实接待计划”两个任务构成。通过任务实施，学生能掌握地接计调员核心工作的实操。具体表现为：能准确迅速进行询价计价，完成对组团社的报价；能规范落实接团计划，为学生将来从事地接计调工作奠定基础。

任务一　询价计价报价

案例导入

×年5月10日，北京A旅行社组织游客25人（均为成年人），再加全陪1名，将乘坐航班抵达西安咸阳国际机场，由西安C旅行社负责接待，入住西安E酒店。其间自由活动，餐食自理。5月11日，游览秦始皇陵兵马俑博物馆、华清宫，晚上入住西安E酒店。5月12日，游览西安市内大明宫国家遗址公园、西安城墙，晚上入住西安E酒店。5月13日，乘坐航班离开西安，返回北京。

【讨论】

请同学们认真阅读案例，思考讨论，西安C旅行社地接计调员如何做好内部计价，如何向北京A旅行社做报价？

【案例评析】

西安C旅行社的地接计调员，首先应向旅游汽车公司、旅游景点单位（秦始皇陵兵马俑博物馆、华清宫、大明宫国家遗址公园、西安城墙）、西安E酒店等单位进行询价，完成交通、门票、住宿、餐饮、地陪导游服务等的内部计价，再加入各项利润，完成向北京A旅行社的报价。

一、任务描述

作为一名地接计调员，迅速进行询价、计价，准确完成报价至关重要，关系到是否能获得组团社或游客的认可，赢得最终的接团业务。同时，地接计调员必须要考虑如何控制成本，保证质量。

二、任务学习目标

1. 熟悉地接旅游线路价格构成
2. 掌握地接计调员计价方法
3. 掌握地接计调员报价方法

三、完成任务需要的新知识

（一）地接社旅游线路价格构成

1. 餐费：指团队餐、特色餐的费用。

2. 房费：即住宿费用，如双人标间，每位游客的房费指一张床的费用。但如果团队人数出现单男单女时，按照旅游服务标准约定的双人标准间的安排，单名游客需单独住一间标间，在无法协调的情况下，该游客需支付整个房间两张床的费用，也就是单房差。

3. 交通费：包括旅游目的地接站、送站，酒店与各景区之间的往返交通费用，俗称区间交通费用。

4. 景区门票费：指景区第一道大门票，景区内观光车、索道等费用。

5. 导游服务费：指地陪导游服务费。

6. 接待社利润。

思考讨论

游客不接受单房差时的处理方法有哪些？

____

____

____

____

____

（二）询价

地接社分别向各服务单位进行价格咨询。如向景区咨询门票费，向酒店咨询不同房型的房费，向旅游汽车公司咨询包车费用等。

（三）内部计价

各服务单位的报价均摊给每位游客，就是地接社的内部分项计价。各项计价加起来，就是每位游客的成本价。当然，单房差游客、半价票游客等依据各分项的不同再另行计算。具体见表 4–7。

表 4–7　地接计调员内部计价表（样表）

分项	最终询价价格	内部计价（成本价）（元 / 人）
门票	各景点首道门票（元 / 人）	有协议价，按协议价计算首道门票（元 / 人）； 无协议价，按景区正常门票价计算首道门票（元 / 人）
住宿	采用旅行社与酒店的协议价 双人标准间（元 / 间 / 天）	每人房费（元 / 人 / 天）= 双人标间协议价 ÷ 2 × 天数 产生单房差的游客房费 = 双人标间协议价 × 天数
用餐	采用旅行社与餐厅的协议价 （元 / 人 / 正）	每人正餐费（元 / 人 / 正）= 正餐协议餐标价 × 正餐数
旅游客车	旅游目的地范围内 全段包车总价（元 / 辆）	每人车费（元 / 人）= 全段包车总价 ÷ 团队人数

续表

分项	最终询价价格	内部计价（成本价）（元 / 人）
导服	导游服务费（元 / 天）	每人导服费 = 每天导服费 ÷ 团队人数 × 天数
人均成本费合计（元 / 人）		每人车费 + 每人房费 + 每人餐费 + 每人门票费 + 每人导服费

（四）地接计调报价

地接社报价采用分列报价及标明人均总报价的形式呈现。见表 4-8。

表 4-8　地接社分项报价表（样表）

费用	报价	
	分项	小计（人均费用）
门票	行程中所列景点首道门票， 1.（　）景点（　）元 / 人， 2.（　）景点（　）元 / 人 ……	（　）元 / 人
住宿	挂牌（　）星酒店标准间： （　）元 / 间 / 天（含双早）	（　）元 / 间 / 天 ÷2×（　）天 =（　）元 / 人
用餐	（　）早餐（　）正餐（酒店含早餐）， 正餐餐标：（　）元 / 人	（　）元 / 人正餐餐标 ×（　）正餐数 =（　）元 / 人
用车	（　）座（　）车型 （　）元 / 辆（含全段行程全部费用）	（　）元 / 辆 ÷（　）人数 =（　）元 / 人
导服	持证地接导游服务（　）元 / 天	（　）元 / 天 ×（　）天 ÷（　）人数 =（　）元 / 人
机票	往返机票（含机场建设费、燃油税）， （机场往返接送费用包含在用车费中）	（　）元 / 人
人均总报价	（　）元 / 人	
费用合计	（　　）元（大写：　万　仟　佰　拾　元整）	

报价常见算法有两种。

方法一：询价后的各项价格加各项利润得出分项报价，根据团队出游人数和出游天数可计算出每位游客每项费用的支出数额，再将其相加即可得出每位游客的人均总报价。

具体计算方法可参考下列公式：

每名游客的人均总报价＝人均门票费＋人均住宿费＋人均餐费＋人均车费＋人均导游服务费＝（各景点首道门票费用＋利润）＋[（双人标间协议价＋利润）÷2×天数]＋[（正餐协议餐标价＋利润）×正餐数]＋[（全段包车总价＋利润）÷团队人数]＋（每天的导游服务费÷团队人数×天数）

因各地接社与各旅游要素服务供应商洽谈的协议价不同，即采购优势不同，再加上同行存在市场竞争以及利润的考量，地接计调员往往会采用相互平衡的方法，如景区门票协议价低，成本低，可多加利润；如住宿协议价高，成本高，则少加或不加利润。

方法二：与方法一算法相反。根据地接社内部核算约定的产品净利润率，乘以计价后的人均总成本费，算出人均利润和人均总报价。

具体计算方法可参考下列公式：

人均总报价＝人均总成本费＋人均利润＝人均总成本费＋人均总成本费×地接社净利润率

再将人均利润视情况拆分给交通、住宿、餐饮、门票、导游服务等分项，得出分项报价。

笔记

四、任务实施

实训项目	询价计价报价
实训时间	
实训要求	1. 能完成内部分项计价 2. 能完成向组团社的报价
实训地点	教室
实训材料	白纸、笔
实训内容与步骤	一、实训准备 准备白纸和笔，完成计价报价练习题。 二、实训开始 1. 教师给出不同旅游线路行程单，学生以地接计调员身份完成相应线路的计价和报价。 2. 随机选择部分同学解读自己计价、报价的过程。 三、实训考核、点评 教师就学生计价和报价的准确度和速度等方面进行示范性点评、然后学生互评，师生共同总结任务要点，纠正任务实施过程中存在的问题，提出改进性建议。

五、任务评价

询价计价报价考核评价表

考核项目	具体内容或要求	扣分项	得分
计价	1. 列出的计价分项完整 2. 计价准确 3. 计价迅速	总分 60 分， 缺一项扣 20 分	
利润预估	1. 利润预估合理 2. 利润预估迅速	总分 20 分， 缺一项扣 10 分	
报价	1. 报价准确 2. 报价迅速	总分 20 分， 缺一项扣 10 分	
合计			

六、任务巩固

广州 C 旅行社 27 位游客，加一名全陪导游，预计 1 月 10 日赴哈尔滨、雪乡、长白山双飞六日游。如果你是哈尔滨市A旅行社的地接计调员，请根据以上信息为组团社做出报价。

自我分析与总结

任务二　落实接待计划

案例导入

南京C旅行社安排太原A旅行社21位游客前往苏州游玩。从南京前往苏州的路上，旅游大巴抛锚，无法前行。游客不得不在原地长时间停留，等待旅游汽车公司重新安排正常车辆替换问题车辆。游客非常不满，返程后部分游客还向组团社提出投诉。

【讨论】

请大家认真阅读案例，思考讨论，地接社在落实旅游大巴租赁服务时，应注意哪些工作细节才能避免案例中的情况发生？

【案例评析】

旅行社在与旅游汽车公司洽谈合作时，要考察其是不是正规合法公司，明确其汽车数量、车型、车况、性能，驾驶员技术水平，公司管理情况、服务规范、营运资格、租车费用等内容。

计调员落实旅游大巴租赁工作时，要求旅游汽车公司以传真形式确认用车服务；地接计调员可以明确要求旅游汽车公司提供性能好的车辆，配备工作态度好、服务周到的司机。

一、任务描述

地接社在收到组团社的团队确认件后，要及时落实接待计划。落实是否到位、是否按照团队确认件完成，将直接影响到接待工作的成败，所以地接计调员要本着负责、严谨的工作态度逐项落实，完成订车、订房、订餐、采购景区门票、采购文娱票等事宜。

二、任务学习目标

1. 了解地接计调员选择采购旅游要素服务单位的依据
2. 掌握订车、订房、订餐、订景区门票、订文娱票的操作流程

三、完成任务需要的新知识

（一）订车

根据团队人数及要求，安排用车。地接计调员一般会选择与旅行社签有《用车协议书》的汽车公司，先电话联系对比询价，再确定采购对象，填写订车单（见表 4-9），以双方传真回传的形式确认。团队抵达前需再次确认用车安排。如有变更，及时做出更改件，以双方传真回传的形式完成变更确认。

表 4–9 旅行社订车单

客运包车计划单（样表）

甲方： 传真号：

乙方： 传真号：

经双方协商，就甲方代表旅游者租赁乙方旅游车辆一事，协议如下：

一、本次包车具体内容约定

<table>
<tr><td rowspan="8">车辆及人员约定</td><td>车型</td><td colspan="3"></td><td rowspan="8">行程及日期约定</td><td>线路名称</td><td></td></tr>
<tr><td>车牌号码</td><td colspan="3"></td><td>主要途径</td><td></td></tr>
<tr><td>台数</td><td>台</td><td>司乘人员</td><td>人</td><td>出发时间</td><td></td></tr>
<tr><td>车内配置</td><td colspan="3">空调□ 电视□ 饮水机□</td><td>出发地点</td><td></td></tr>
<tr><td colspan="2">除司乘外的座位数</td><td colspan="2"></td><td>回程时间</td><td></td></tr>
<tr><td colspan="2">甲方核定乘车人数</td><td colspan="2"></td><td>结束地点</td><td></td></tr>
<tr><td>司乘代表</td><td></td><td>联系电话</td><td></td><td>天数</td><td></td></tr>
<tr><td>甲方代表</td><td></td><td>联系电话</td><td></td><td>备注</td><td></td></tr>
<tr><td colspan="8">行程共 天
合计（大写）：万 千 百 拾 元整（ ）</td></tr>
<tr><td colspan="2">结算方式</td><td colspan="6">甲方已付预付款 元，余款 元，行程结束后 天内付清。</td></tr>
<tr><td colspan="8">其他约定：</td></tr>
</table>

二、附《游客名单表》

甲方（盖章）：________________ 乙方（盖章）：________________

委托代表：________________ 委托代表：________________

联系电话：________________ 联系电话：________________

地址：________________ 地址：________________

年 月 日 年 月 日

（二）订房

地接计调员要明确团队行程单中的住宿标准，按照约定的住宿要求，在已签订合作协议的酒店中选择符合要求的，先电话联系沟通是否可以满足订房需求，并进行询价，明确是否按照协议价结算，然后填写订房单

（见表 4-10），双方传真回传确认。如有变更，应及时做出更改件，以双方传真回传的形式完成变更确认。

表 4-10 旅行社订房单

××旅行社与×××酒店的订房确认单（样表）

团号（客人名称）： 人数：

TO		FROM	
TEL		TEL	
FAX		FAX	
收件人		发件人	
入住时间	年 月 日 时至 年 月 日 时 共 天		
住宿标准	房 间 /	陪同房	间
房费标准	房 元 / 间	住宿总计	元
早餐标准	元 / 人（含早□ 不含早□）	早餐人数	人
应付金额			
付款方式	按付款协议约定执行		
备注：	其他费用由游客自行承担，本社不予承担。		
经办人签名： ×××旅行社（盖章） 年 月 日		经办人签名： ×××酒店（盖章） 年 月 日	

（三）订餐

地接计调员根据团队确认件中旅游者的餐饮要求，在定点合作餐厅中选择符合线路要求的餐厅，电话联系沟通是否可以满足就餐需求，并进行询价、确定菜品，告知就餐人数、就餐时间、导游姓名、联系方式。结款方式采用导游现结或签单定期结算。如定期结算，填写餐饮结算单（见表 4-11），盖旅行社章，就餐后由导游签字确认。如有因宗教信仰或特殊口味提出不同于团队标准餐要求的，要明确告知餐厅。

表 4-11　× × 旅行社与 × × 餐厅团队餐结算单

× × 旅行社与 × × × 餐厅餐饮费用结算单（样表）

团号		人数	
用餐时间	年　月　日　时　　早餐□　午餐□　晚餐□		
用餐要求	菜　汤（　人一桌，　荤　素）		
用餐标准	早餐：成人　元 / 人，小孩　元 / 人 中餐：成人　元 / 人，小孩　元 / 人 晚餐：成人　元 / 人，小孩　元 / 人		
特殊要求			
应付金额			
付款方式	按付款协议约定执行		
备注：	其他费用由游客自行承担，本社不予承担。		
导游员签字： × × × 旅行社（盖章） 年　月　日			

（四）采购景区门票

对于需要实名预约的景区，可由导游辅助游客在各自手机提前完成实名线上预约。到达景区后，由导游现购门票。如与景区有合作协议价，可以出示派团单（有的景区要求导游携带双方盖章的优惠协议书复印件），以协议价购买门票。

对于必须在团队到达前完成门票采购的景区，由地接计调员统计团队人数，列出成人、儿童数量（即几大几小），全价票和优惠票（半票或折扣票）、免票的数量等，发送给景区门票销售人员；团队抵达后，由导游现场购买取票。

（五）采购文娱票

当前大部分文娱场所要求游客线上购票，线下取票或刷身份证直接实名入场。旅行社为团队游客采购文娱票时，地接计调员提前将游客名字、身份证号等信息输入文娱票采购系统，由旅行社票务专员完成线上确认付款，将文娱票购买信息以短信的形式发送至带团导游手机；到达文娱场所后，导游出示采购信息，取票，带游客入场。

思考讨论

地接计调员选择餐饮服务点要考虑哪些因素？

笔记

四、任务实施

实训项目	落实接待计划
实训时间	
实训要求	能准确填写订车单、订房单、餐饮费用结算单
实训地点	机房

续表

实训项目	落实接待计划
实训材料	电子版订车单、订房单、餐饮费用结算单
实训内容与步骤	一、实训准备 学生分组，准备电子版订车单、订房单、餐饮费用结算单样表。 二、实训开始 1. 根据老师要求，各小组在电脑上完成不同团队的订车单、订房单、订餐单的内容填写。 2. 小组派代表阐述本组的单据完成情况。 3. 小组派代表对其他小组的单据完成情况点评、纠错。 三、实训考核、评价 教师就同学们实训材料的准备、课中订车单、订房单、餐饮费用结算单的填写完成情况等进行示范性点评与考核，然后小组间互评，师生共同总结任务要点，纠正任务实施过程中存在的问题，提出改进性建议。

五、任务评价

落实接待计划考核评价表

考核项目	具体内容或要求	扣分项	得分
填写订车单	1. 项目填写完整 2. 内容准确	总分 40 分， 缺一项扣 20 分	
填写订房单	1. 项目填写完整 2. 内容准确	总分 40 分， 缺一项扣 20 分	
填写餐饮费用结算单	1. 项目填写完整 2. 内容准确	总分 20 分， 缺一项扣 10 分	
合计			

六、任务巩固

太原市 A 旅行社接收到上海 C 旅行社 35 位游客，加一名全陪导游，6 月 15 日来山西进行太原、五台山、云冈石窟、平遥古城、乔家大院五日游行程的团队确认单。如果你是太原市 A 旅行社的地接计调员，请描述为游客订车的服务流程。

自我分析与总结

项目总结

精细化服务提升游客获得感

地接计调员的服务水平，直接影响游客的满意度和体验感，以及游客对地接社和组团社的评价，进而影响旅行社的经济利益和社会利益。为保障组团社游客出游顺利愉快，在执行团队接待任务时，地接计调员一定要有计划性，善于做好成本和质量控制。同时必须遵循规范的操作流程，与相关合作服务单位建立良好的关系，提供精细化旅游服务，认真把控接待要领，高质量完成接待任务，以满足游客在旅程中的获得感、安全感和幸福感。

项目练习

1. 地接计调员报价的项目内容有哪些？
2. 地接计调员在进行询价、计价、报价时应把控哪些工作要点？
3. 地接计调员落实接待计划时，主要有哪些工作？

模块五

漂洋过海 出境前服务

LÜXINGSHE

YEWU CAOZUO SHIXUN SHOUCE

模块导读

签证服务是旅行社出境游业务中的重要环节，也是旅行社的盈利点之一。提供优质、专业、快捷的签证服务，是旅行社签证专办员、签证顾问或出境计调员的岗位职责。

行前说明服务是强化游客出境安全、文明旅游意识的重要举措，是旅行社领队、出境计调员的工作任务之一。

本模块将出境前服务分成签证服务、行前说明服务两个项目展开介绍。模块涉及内容如图 5-1 所示：

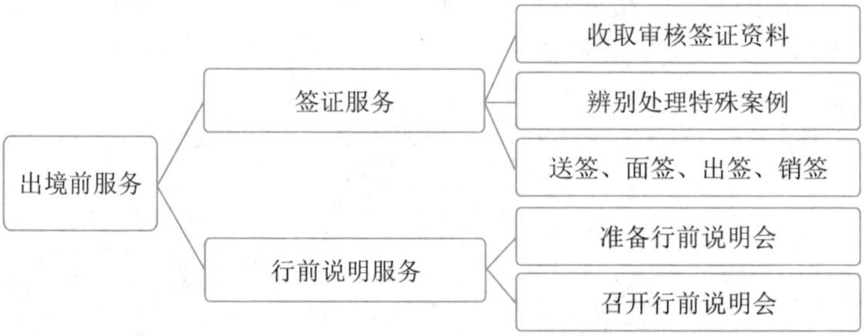

图 5-1

项目一 | 签证服务

项目导读

审核签证资料、送签、辅助游客面签、销签是签证服务的重要步骤。掌握不同国家签证类别和资料要求，辨别特殊签证案例的问题所在，熟知送签流程，了解面签、销签须知等，是签证专办员、签证顾问、出境计调员等岗位服务工作的主要事项。

涉及岗位介绍

签证专办员/签证顾问：是根据出境游个人及团队、出境领队、探亲客户等人员具体情况和需求，制订合理的签证方案，为其办理去往不同国家不同类别签证的人员。签证专办员/签证顾问的日常业务有了解签证办理事宜，包括申请签证资料和提交时间要求等，做好相关信息的存档、备案；为出境人员办理目的地国家的签证申请，包括审核、翻译、校对、识别申请资料等。专业的签证专办员/签证顾问是游客顺利出境的重要帮手，也是旅行社开展出境游业务的骨干。

项目学习目标

知识目标	1. 了解签证的含义、类别 2. 了解送签、面签、出签、销签的内涵 3. 熟悉不同国家签证样式及签证资料的特殊要求 4. 掌握常规签证资料要求

能力目标	1. 具备审核常规签证资料的能力 2. 具备辨别特殊签证资料的能力 3. 具备处理特殊签证案例的能力
素质目标	1. 培养学生宾客至上、热诚周到的服务理念 2. 培养学生耐心、严谨、细致的工作态度
思政目标	1. 培养学生世界公民、国际规则意识 2. 引导学生对社会主义核心价值观敬业、诚信的实践养成

项目实施

本项目由“收取审核签证资料”“辨别处理特殊案例”“送签、面签、出签、销签”三个任务构成。通过任务实施，使学生能掌握出境前签证服务的相关知识和技能。具体表现为：厘清办理不同国家签证的资料要求，能辨别特殊签证案例的问题所在并能准确处理，明确面签流程及销签须知等。

任务一　收取审核签证资料

案例导入

某企业在职员工赵女士，其子在英国留学。赵女士计划前往英国探亲，需办理签证。由于出国时间紧，赵女士工作很忙，所以将办理签证的事宜委托给本市的一家旅行社。

【讨论】

请同学们认真阅读案例，分组讨论，如果你是该旅行社的签证专办员，应收取赵女士的哪些材料？

【案例评析】

在职人员办理英国探亲签证，需提供身份证明、婚姻证明、资产证明、工作证明、签证个人资料表及邀请证明等。如客人办理旅游签证，则无须提供邀请证明。

一、任务描述

在为客人办理签证时，签证服务相关工作人员首先要明确目的地国家的签证政策、签证类别、签证资料要求等；其次要指导、协助客人收集、整理签证资料；最后要审查和校对客人的签证资料。

二、任务学习目标

1. 了解不同国家签证类别和政策
2. 熟悉不同国家签证样式
3. 掌握常规签证资料要求

三、完成任务需要的新知识

（一）签证

签证是一个主权国家的官方机构在本国或外国公民所持的护照或其他旅行证件上的签注、盖印，是允许其出入本国国境，在本国国内停留、居住的许可证明，也是一个国家检查进入或者经过这个国家的人员身份和目的的合法性证明。

一个国家的公民如果希望到其他国家旅行、定居、商贸、留学等，除必须拥有本人的有效护照或旅行证件外，另一个必备的条件就是必须获得前往国家的签证。

（二）签证类别

1. 根据持照人身份、所持护照种类和访问事由不同，分为：外交签证、公务签证、普通签证、礼遇签证。

2. 根据出入境事由可分为：移民签证、非移民签证、留学签证、旅游签证、工作签证、商务签证和家属签证等。

3. 根据出入境情况可分为：出境签证、入境签证和过境签证等。

4. 根据停留次数可分为：一次签证、两次签证和多次签证。

5. 根据旅游目的地国家的要求，对于旅行社组织的游客的签证申请，分为团体旅游签证和个人旅游签证。

（三）签证政策

1. 常规签证：出境前需要提前申请办理的签证。

2. 免签：即从一个国家或者地区到另外一个国家或者地区不需要申请签证。互免签证通常是双边的，双方持有有效护照即可自由出入对方国境。

3. 落地签：无须提前办理签证，到达目的地国海关，根据规定和要求申请签证以获准入境。在一些特殊情况下，如发生战争、航班分流迫降、直系亲属突然死亡等，有些国家是准许中国公民在不可预见的情况下申请落地签证的。

4. 电子签：是指把传统的纸质签证“电子化”，是一种快速、便捷的签证申请方式，避免准备繁杂材料、长时间排队等候过程。申请只需三个步骤完成：在线申请、在线支付和下载电子签证。电子签证的申办需要前往国在线开通电子签证系统，借助计算机网络和磁卡技术完成。

思考 讨论

列举免签、落地签、电子签的国家。

____

____

____

____

____

（四）签证样式

1. 签注式签证：指在有效护照上做简单的文字签注，注明准予持证人出入境的具体要求。早期的签证多采取此种形式。

2. 印章式签证：指将签证的固定格式刻在印章上，在审核签证时，将印章盖在申请人护照或其他旅行证件的签证页上，并填写必要的内容。

3. 贴纸签证：是将签证内容按照固定格式打印在签证专用不干胶纸上，再粘贴在申请人护照上。

4. 另纸签证：指在与护照或其他国际旅行证件分离的单页纸上的签证，是签证的一种特殊形式，必须与申请人所持的护照或其他国际旅行证件同时使用。

思考讨论　列举印章、贴纸、另纸签证的国家。

____

____

____

____

____

____

（五）签证资料（见表 5–1、表 5–2、表 5–3）

表 5–1　在职人员办理签证所需资料（列举）

身份证明	护照	因私护照原件，有效期距离回程日期 6 个月以上，末页本人签字。如有旧护照一并提供。
	照片	两寸白底免冠近照 × 张，近 6 个月内照片。（照片数量和尺寸依各国要求准备）
	身份证、户口本	身份证正反面复印件，全家户口本整本复印件
婚姻证明	结、离婚证	1. 如已婚，提供结婚证复印件。 2. 如离婚，提供离婚证复印件或判决书的复印件。 3. 如证件遗失，到民政局或派出所等机关开具婚姻关系证明原件。
资产证明	财产	1. 本人名下最近 6 个月有交易记录的工资卡或借记卡的对账单，加盖银行公章的原件。 2. 本人名下工资卡或借记卡余额在 2 万 ~3 万元以上；不支持用信用卡。 3. 其他固定资产证明：如房产、车产、理财证明等。
工作证明	营业执照（二者选一）	1. 企业营业执照副本的清晰复印件，加盖公司红章。 2. 事业单位法人证书副本的清晰复印件，加盖单位红章。
	在职证明（见表 5–2）	1. 使用公司正规抬头纸打印，内容全部为中文，并加盖公司红章，领导签字。 2. 内容须包括：申请人姓名、出生日期、护照号码、职位、收入、入职时间、旅游时间，并需注明担保申请人按期回国；公司名称、地址、固定电话；注明费用承担情况；保留职位声明；以及负责人姓名和职务，并请负责人签字。 （1）同行人不可以签名 （2）除签名外其他内容手写无效

续表

签证个人资料表	资料表（见表 5-3）	全部信息必须填写完整，不得有空项
邀请证明（探亲签证需要）	邀请函、邀请人资料	1. 邀请函原件或者复印件，内容需要有：去与回的时间，邀请人的邮箱、地址、电话，探亲费用来源，住哪里（如果住酒店，写明由旅行社代订；如果与邀请人同住，那么需要提供邀请人住所的租赁合同）。邀请函，内容用英文机打，手写中文签名。 2. 邀请人的护照首页、签证页复印件，如果邀请人在读，提供学生证正反面复印件。

表 5-2　在职证明（样表）

公司抬头纸

在职证明

× × × 国使馆

兹证明 × × × 先生（女士），自从 × × 年在 ×（公司）× × × ×（职务）。其个人经济条件良好，工作负责认真。他将于 × 年 × 月 × 日到 × 年 × 月 × 日赴 × 国旅游。旅行期间的所有费用包括：机票费，住宿费和医疗保险等均由他本人承担。

姓名	出生日期	护照号码	职位	月薪
				RMB：

特此证明。

领导人签字：

领导人职位：

公司名称：（盖章）

续表

公司电话： 公司地址： （注：本人不得给自己签字，同行人也不得相互签字）

表 5–3　签证个人资料表（样表）

一、个人信息

<table>
<tr><td colspan="4">1. 姓名（中文）：　　　（汉语拼音）：</td></tr>
<tr><td colspan="4">2. 曾用名（如有请填写）：　　（汉语拼音）：</td></tr>
<tr><td colspan="2">3. 出生日期：</td><td>4. 出生地：</td><td>5. 现国籍：
× 有无其他国籍：</td></tr>
<tr><td>6. 性别：</td><td colspan="3">7. 婚姻状况：
未婚：□　已婚：□　离异：□　丧偶：□　分居：□</td></tr>
<tr><td colspan="4">8. 父亲姓名：（已故也要填）（中文）：　　　（汉语拼音）：
（出生日期）：　　　（出生地）：　　　（国籍）：</td></tr>
<tr><td colspan="4">9. 母亲姓名：（已故也要填）（中文）：　　　（汉语拼音）：
（出生日期）：　　　（出生地）：　　　（国籍）：</td></tr>
<tr><td colspan="4">10. 护照号码：　签发地：　签发日期：　有效期：</td></tr>
<tr><td colspan="4">11. 你的护照是否是你的第一本护照：是□　否 □
如有旧护照，请提供旧护照的护照号码：
旧护照签发日期：　　　有效期：　　　签发地点：
如旧护照丢失，请提供旧护照中的出境记录：</td></tr>
<tr><td colspan="4">12. 身份证号码：</td></tr>
</table>

二、联络细节

<table>
<tr><td colspan="2">1. 家庭住址：

邮政编码：
你在这个地址居住了多久：　年　月</td><td>2. 通信地址（如与家庭地址不同要填）</td></tr>
<tr><td colspan="3">3. 房屋产权归属：自己拥有：□　租用：□　和家人住在一起：□
其他（请详述）：□</td></tr>
<tr><td>4. 家庭电话：（区号）</td><td>5. 手机号码：</td><td>6. 个人电子邮件地址：</td></tr>
</table>

三、家庭信息

1. 配偶姓名： （汉语拼音）：	2. 配偶国籍：
3. 配偶出生日期：	4. 配偶现住址：
5. 配偶随你一同旅游吗？　是：□　否：□	
6. 孩子姓名：　（汉语拼音）：　出生日期 / 出生地： 是否随你一起旅游：是□ / 否□ 孩子现居住地址：	
7. 是否有其他的孩子随你一起旅游（不是你自己的孩子，如外甥、侄女等）：是□ / 否□ 孩子姓名：　出生日期 / 出生地：　护照号码： 孩子现居住地址： 你与孩子以及孩子父母的关系：	

四、以前申请和旅游情况

1. 在过去 10 年内，你是否曾出国旅游？ 是□ / 否□
（如果是，请在下面提供详情）

具体时间	目的地	出访目的	停留天数

2. 在过去 10 年内，你是否获得过那里签证，并去过那里？是□ / 否□
（如果是，请在下面提供详情）

时间	目的地	出访目的	停留天数	签证参考号

3. 你是否曾被那里拒签过？（如果是，请在下面提供详情）是□ / 否□

时间	拒签理由	受理号

4. 你是否曾被其他国家拒签过？（如果是，请在下面提供详情）是□ / 否□

时间	拒签理由	受理号

5. 在过去 10 年内，你是否曾被那里拒绝入境？（如果是，请在下面提供详情）是□ / 否□

时间	理由

6. 在过去 10 年内，你是否曾被那里或其他国家拒绝入境或驱逐出境？（如果是，请在下面提供详情）是□ / 否□

时间	理由

7. 在过去 10 年内，你是否向那里的内政部门申请过留在那里？
（如果是，请在下面提供详情）是□ / 否□

时间	详情

8. 你是否有那里国家保险？（曾在那里工作者有此保险）是□ / 否□（如果有，请提供保险号码和获得此保险的理由。）

时间	理由	保险号

五、停留那里情况
1. 你打算在那里工作吗？　　是□ / 否□
2. 你打算在那里学习吗？　　是□ / 否□
3. 你在那里有亲戚或朋友吗？（如果有请回答以下问题）是□ / 否□

姓名和国籍	关系	联系电话	在那里的地址

4. 此次那里旅行，你打算去探望在那里的亲戚朋友吗？是□ / 否□
5. 此次那里旅行是否有其他随行人员（亲属□、同事□、朋友□等）：是□ / 否□

姓名	出生日期	国籍

六、个人经济及就业细节
1. 你现在的工作状态是：全职□　　/ 兼职□　　/ 自我经营（自己当老板）□

2. 现职业： 单位名称（中文、英文）：	3. 何时开始现工作？ 年　月　日
4. 请描述您的工作：	

5. 工作单位地址 / 邮编：		
6. 单位电话：（区号）	7. 单位传真：（区号）	8. 单位电子邮件地址：

9. 税后月收入：
10. 其他收入（包括来自朋友或家庭的）是□　　否□
11. 你是否拥有财产（如股票、房产）？是□　　否□
12. 是否有第二职业？（如有请提供公司名称、地址、电话）是□　　否□
如果第 9-11 项回答“是”请给出细节：

13. 你每月支付给你的家庭成员及其他抚养人多少钱？
14. 你每月的生活支出是多少？
15. 谁支付你此次的旅游费用？
16. 谁为你支付住宿、餐饮费用？
17. 如果此次旅游是由别人为你支付全部或部分费用，他将为你支付多少？
18. 你有多少钱可用于支付你在那里期间的花费？
19. 您是否从事过以下行业？
1 军队□　　2 媒体□　　3 政府□　　4 公共管理机构□　　5 司法□　　6 安全和警察□
（如有请打钩，并在下面注明从业起止时间、单位名称、职务或官衔）

七、其他信息

你想提供给使馆有关你签证申请的其他信息。（如：你有过旧护照，但不能提供，请说明原因，非常重要。）

本人声明：以上资料真实有效，无遗漏；如因资料欠缺或内容失真而影响签证，本人将承担一切责任。

申请人中文签名：

笔记

四、任务实施

实训任务	收取审核签证资料
实训时间	
实训要求	1. 能厘清不同国家对办理签证的资料要求 2. 会收取审核游客签证资料
实训地点	多媒体教室
实训材料	办理签证资料的电子版汇总表，相关材料纸质版范本，旅行社签证资料签收一览表（纸质版）

续表

实训任务	收取审核签证资料
实训内容与步骤	一、实训准备 1. 学生分组（见表 5-4），课前查阅任务中办理各国签证的资料要求及各种资料的样式，归纳总结，形式不限（思维导图、PPT、EXCEL 表格等均可），并准备资料纸质范本。 2. 熟悉签证资料签收一览表样表（见表 5-5）中的内容，模拟收取、审核游客签证资料。 二、实训开始 1. 各组派代表阐述分组任务中对应国家签证资料要求。 2. 角色扮演，组内同学分为签证专办员和游客两部分，演示审核签证资料的过程。 三、实训考核、点评 教师就各组签证资料识别和审核的课前任务准备、课中展示完成情况、团队合作是否紧密、工作是否严谨细致、任务总结如何等方面，进行示范性点评，然后小组间互评，师生共同总结任务要点，纠正任务实施过程中存在的问题，提出改进性建议。

表 5-4　分组任务

组别	游客类型	出游线路
A 组	高校退休教师 1 名	日本 7 晚 8 天游（观光）
B 组	在校高中生 1 名	美国 14 日游（修学旅行）
C 组	企业员工 1 名	德、法、意、瑞 13 日游（度假）
D 组	亲子家庭（父母 +5 岁儿童 1 名）	澳大利亚、新西兰 12 日游（观光）
E 组	自由职业者 1 名	俄罗斯 8 日游（观光）
F 组	一家 5 人（均为成人）	新加坡探亲 10 日游

表 5-5　旅行社签证资料签收一览表（样表）

<table>
<tr><td>姓名：</td><td>电话：</td><td>去往国家：</td><td>团期：</td></tr>
<tr><td colspan="4">签证类型：团队旅游签证☐　　个人旅游签证☐　　探亲签证☐
签证费用：　　资料递交时间：</td></tr>
<tr><td colspan="2">资料原件（退还给客人）</td><td colspan="2">资料复印件（不予退还）</td></tr>
<tr><td colspan="2">1.（1）护照原件 ☐____本
（2）旧护照原件 ☐____本
2. 身份证原件 ☐____份
3. 户口本原件
（1）本人户口本原件 ☐____页
（2）配偶户口本原件 ☐____页</td><td colspan="2">1. 签证个人申请资料表 ☐____份
2. 6 个月内的______寸白底彩色证件照片 ☐____张
3. 身份证复印件 ☐____份
4. 户口本复印件
（1）本人户口本原件 ☐____页</td></tr>
</table>

续表

<table>
<tr>
<td>4.（1）结婚证原件　□____本
（2）离婚证原件　□____本
5. 退休证原件　□____本
6. 学生证原件　□____本
7. 房产：房本或购房合同　□____份
8. 车产：行驶证或购车发票　□____本
9. 出生证明原件　□____份</td>
<td rowspan="4">（2）配偶户口本原件　□____页
5.（1）结婚证复印件　□____份
（2）离婚证复印件　□____份
6. 在职证明（盖红色公章）
如出资，打√____.　□____份
7. 单位资质（复印件加盖红色公章）
如出资，打√____.
（1）企业营业执照副本复印件□____份
（2）事业单位法人证书副本复印件
□____份
8. 6 个月或 1 年以上的符合余额要求的
（1）存折对账簿　□____份
（2）银行流水单原件　□____份
9. 房产证明
（1）房本复印件　□____份
（2）购房合同　□____份
10. 车产证明
（1）行驶证复印件　□____份
（2）购车发票　□____份
11. 银行存款证明原件（金额________元）
□____份
12. 退休证复印件　□____份
13. 居住或无业证明（盖红色章）
□____份
14. 出生证明复印件　□____份
15. 学校证明
（1）学生证复印件　□____份
（2）学生准假证明（盖学校红色公章）　□____份
16. 公证书
（1）亲属关系或出生证公证书
□____份
（2）婚姻关系公证书　□____份
（3）委托书公证书　□____份</td>
<td rowspan="7">一联　留存联

二联　客户联</td>
</tr>
<tr><td>探亲签证（邀请方提供）</td></tr>
<tr><td>1. 邀请方亲笔签字的邀请函 / 信　□____份
2. 护照首页清晰扫描件　□____份
3. 有效签证页清晰扫描件　□____份
4. 学籍卡或入学或学校证明　□____份
5. 当地的工作证明　□____份</td></tr>
<tr><td>其他：______________________________</td></tr>
<tr><td colspan="2">有疑问的资料：</td></tr>
<tr><td colspan="2">需补充的资料：</td></tr>
<tr><td colspan="2">备注：
各国使馆审核您提供的签证资料时，根据其国家的签证政策来决定是否给予您签证（审核内容不包含送签旅行社的情况），按照大多数国家的移民法规定，使馆有不向申请签证人解释拒签理由的权力，故如果您被拒签，将需要承担签证损失____元 / 人 / 次，如签证出签后，您不能按时出团（或归国），将需要承担违约费用____元 / 人。
郑重提示：</td></tr>
</table>

续表

任何不真实或不准确的资料、无人接听电话等原因都有可能导致使馆拒绝受理申请或拒签的结果，请您务必重视。		
客人签字：	资料收取人：	日期：

五、任务评价

收取审核签证资料考核评价表

考核项目	具体内容或要求	扣分项	得分
准备实训材料	1. 签证资料电子版表汇总完整 2. 纸质版范本准备齐全 3. 签证资料签收一览表已打印	总分 30 分，缺一项扣 10 分	
收取审核签证资料	1. 角色分配明确 2. 展示过程流畅 3. 工作热情周到、严谨细致 4. 阐述清晰、全面	总分 40 分，缺一项扣 10 分	
总结收取审核过程的易错点和改正措施	1. 总结到位、要点明确 2. 改正措施合理 3. 对其他组评价中肯，能发现对方的优缺点	总分 30 分，缺一项扣 10 分	
合计			

六、任务巩固

选取自己向往的一个出境游国家，列出办理该国签证的资料要求。

自我分析与总结

任务二 辨别处理特殊案例

案例导入

王先生是某公司在职工作人员，报名参团法国、意大利、瑞士11日游。由于和单位有过节，在准备申根国团队旅游签证材料时，王先生无法拿到加盖企业公章的营业执照复印件和使用公司抬头纸打印的在职证明。因此在给旅行社递交签证资料时，谎称自己当下无业，未提供工作证明。旅行社签证专办员在审核辨别资料时，反复确认发现问题所在，及时指出，并要求其补交真实的在职证明。

【讨论】

请同学们认真阅读案例，思考讨论，签证专办员在辨别审核资料时，应该注意哪些问题？

【案例评析】

签证资料力求客观真实、准确、符合逻辑、完整。准备资料时，游客应本着诚实信用的原则，尽量亲力亲为；切忌敷衍了事，耍小聪明，提供不规范、不合格、虚假资料。签证专办员在辨别资料时，一定要基于客人当下实际情况、实际身份，准确处理办理签证的资料问题。

一、任务描述

因客人本身情况，如资料不充分、白本护照（指个人因私护照没有任何国家出入境记录）、未婚单身、退休等，在申请签证时易发生拒签现象。针对这些特殊事件，签证服务工作人员应学会辨别问题所在，能准确处理和应对，并能辅助客人制作、补充相应的签证资料。

二、任务学习目标

1. 了解拒签原因
2. 掌握签证办理中特殊案例的应对办法
3. 熟悉拒签后的应对方法

三、完成任务需要的新知识

（一）拒签原因

拒签是向某国申请办理签证被拒绝的情况。

拒签原因较多，大致归纳为以下几种：

1. 申请材料不充分，使领馆明文规定对申请材料的要求，如果递交的材料缺少会被要求补交或拒签。如递交的资产证明偏少，不足以证明自己有足够经济来源承担旅行费用。

2. 申请材料不真实，如申请人图省事，隐瞒在申请国的家属或朋友信息，避开探亲 / 访友签证而申请该国旅游签证的，被认为不符合实际情况。

3. 出国目的可信度不高，如没有递交酒店预订确认书、航空运输电子客票行程单、旅游行程单等，没有明确证明自己出游目的；申请人被质疑出国打工或有移民倾向等。

4. 申请人有境外滞留，或曾经被拒签，或被拒绝入境，或多次签证成功未出行的记录。

思考讨论

哪些人容易被拒签？为什么？

（二）申请签证特殊案例应对

当签证官审验申请人递签资料，质疑其个人经济实力差、国内约束力弱、出境目的不可信时，申请人被拒签的概率较高。因此旅行社签证专办员根据工作经验辨别出可能被拒签的情况后，要积极应对，助力申请人顺利出签。下面介绍几种常见的申请签证特殊案例应对：

1. 未婚单身持白本护照申请个人旅游签证的应对

未婚单身人士持白本护照者，办理签证时要尽可能提供多一些的资产证明，并明确出游目的，以提高出签率。除本人名下资产证明外，可提供父母在职证明、收入证明，父母名下房产、车产证明等，证明出游费用充足；可提供详细的旅游行程单，酒店住宿预订单，机票行程单，亲属关系公证认证，自己与家人或朋友的合照、工作照、国内旅游照片等，表明自己喜欢旅游，出国只是去旅游，国内牵挂很多，不会滞留国外，一定会按时回国。

建议白本护照持有者优先选择团队游，团队游获签成功率较高，等积累一定的良好出国记录后，再申请自由行就比较容易。

2. 退休人员申请个人旅游签证的应对

退休人员被拒签，大多是因为签证官认为其在中国没有牢固约束力，质疑其有移民倾向。退休人员在申请旅游签证时，可以提供国内的社会保险证明、退休工资证明、年老父母的照片、有关孩子的实际情况说明等，证明其在中国有满意的经济收入和生活保障，有家人需要照顾，有较强的约束力，以此打消签证官的顾虑。

3. 选择申根签证申请国应对

申根签证是指根据申根协议而签发的签证。申根协议规定成员国的单一签证政策，任何一个申根成员国签发的签证，在所有其他成员国也被视作有效，而无须另外申请签证。而实施这项协议的国家便是通常所说的“申根国家”。目前26个申根国家包括：奥地利、比利时、捷克共和国、丹麦、爱沙尼亚、芬兰、法国、德国、希腊、匈牙利、冰岛、意大利、拉脱维亚、列支敦士登、立陶宛、卢森堡、马耳他、荷兰、挪威、波兰、葡萄牙、斯洛伐克、斯洛文尼亚、西班牙、瑞典、瑞士。

虽然持有效申根签证能在申根成员国内自由通行，但选择签证申请国并不能随意。

（1）申请人只访问一个申根国时，直接向该国提交申根签证申请。

（2）申请人访问多个申根国家时，应遵循两个原则：①主访国原则：申请者在哪个申根国家停留时间最长，就到该国驻华使领馆办理申根签证；②首访国原则：如在每个国家停留时间相同，则应到首次入境国家的驻华使领馆办理签证。需要明确的是，主访国原则优于首访国原则。

（3）申请人在访问申根成员国后，前去访问其他国家，最后又返回申根国时，应提前办妥两次或多次申根入境签证。

（三）拒签后的应对

1. 申请再签

当签证官给出的拒签原因明确且符合事实，申请人申请再签时，一定要吸取第一签的经验，在详细解读拒签原因的基础上，有针对性地补充第一次缺失或未提交的资料，确保第二次的资料更完整，且表达的意思与第一次不矛盾。

2. 拒签申诉

当拒签原因含混不清，在详细检查已提交资料，确保各项条件都未违规的情况下，可以进行申诉。准备英文版的申诉信并传真或E-mail到使馆，申诉信写清楚申请人的姓名、护照号码、联系方式、申诉内容；简单的开场白后，逐条反驳签证官的拒签理由；注意用词恰当，文字质量过关，内容要简洁明了，表述传达重要信息。

笔记

四、任务实施

实训任务	辨别处理特殊案例
实训时间	
实训要求	1. 会辨别特殊签证案例的问题所在 2. 能处理签证办理中的特殊问题
实训地点	多媒体教室
实训材料	多媒体、规定内容电子版 Word 文档
实训内容与步骤	一、实训准备 学生分组，查阅携程网、北京签证中心官网、百度等，也可以采访熟识的旅行社出境计调员、签证专办员等，收集对应主题的签证案例（见表 5-6），编写签证办理中特殊问题辨别与处理案例集。按规定内容整理成 Word 文档。（各主题案例要求 3 个以上） 二、实训开始 各小组派代表展示分享案例。 三、实训考核、评价 教师就各组的案例收集、分享展示情况，团队合作、案例总结是否到位等，进行示范性点评，然后小组间互评，师生共同总结任务要点，纠正任务实施过程中存在的问题，提出改进性建议。

表 5–6 签证办理中特殊问题辨别及处理案例汇总表

序号	案例主题	案例简介	解决方案	案例总结
1 组	因选错申根签证申请国被拒入境案例			
2 组	因个人资料不规范导致出签失败案例			
3 组	单身申请个人旅游签证被拒及应对案例			
4 组	退休人员申请个人旅游签证被拒及应对案例			
5 组	情侣、新婚蜜月旅行者申请个人旅游签证被拒及应对案例			
6 组	探亲签证被拒及应对案例			

五、任务评价

辨别处理特殊案例考核评价表

考核项目	具体内容或要求	扣分项	得分
案例整理	1. 选取的案例切合任务主题 2. 案例丰富，3 个以上 3. 对案例的阐述清晰、全面	总分 30 分， 缺一项扣 10 分	
案例分享	1. 团队合作，分工明确 2. 展示过程流畅 3. 案例分析及总结到位、准确	总分 60 分， 缺一项扣 20 分	
案例点评	评价中肯，能发现对方的优缺点，提出自己组的不足	总分 10 分， 缺一项扣 10 分	
合计			

六、任务巩固

你认为处理签证特殊案例时，应该遵循哪些原则？

自我分析与总结

任务三　送签、面签、出签、销签

案例导入

客人王女士申请欧洲某申根国团队旅游签证后，顺利出签，并按时返回。该国领馆要求王女士回国后5个工作日内前往领馆面试销签。但王女士由于工作繁忙，没有对面试销签引起重视，导致第二年再次申请其他申根国家个人旅游签证时被拒签。

——案例选自携程网

【讨论】

请同学们认真阅读案例，分组讨论，分析销签的重要性及不按时销签的后果。

【案例评析】

销签，表明签证申请人已按时回国，未逾期滞留。

如果申请人被要求面试销签时，务必在指定工作日内完成。如不按要求销签，将被记录并影响下次签证的办理，因此销签很重要。王女士可以提供一份详细的英文情况说明，写明当时未去参加面试销签的原因，提交给领馆。

一、任务描述

当客人的签证资料准备齐全后，根据各国签证办理要求，可以由客人自行送签，签证专办员陪同客人送签，或签证专办员帮助送签；如有面签要求，签证专办员要提前辅助客人做好预约面签、资料准备、面签辅导工作；如成功出签，在规定工作日内客人自行领取签证或选择邮寄到付。如有销签要求，客人需按时完成销签。

二、任务学习目标

1. 了解送签、出签的内涵
2. 掌握面签的要点（以美国为例）
3. 熟悉销签的重要性

三、完成任务需要的新知识

（一）送签

送签是由申请人或受委托的旅行社签证专办员向拟赴国家驻中国的大使馆或者领事馆递交填妥的各种签证申请表格和必要的证明材料。

（二）面签

出境“面签”指申请签证者本人到拟赴国家驻华使领馆，同签证官员当面办理签证手续的一种申办方式，适用于持普通护照的出国人员。

以美国为例，介绍办理非移民签证面签流程：

1. 登录网站 https：//ceac.state.gov/genniv/，填写 DS-160 表格，上传自己的签证照片（51cm × 51cm，近六个月白底照片），确认信息无误后，电子签名提交表格；生成 DS-160 确认页，点击打印确认页，面签时带到大使馆。如当下不方便打印，可选择点击发送邮件保存。

2. 在线缴纳签证申请费，在上述网站缴费，注意一旦缴纳，费用不予退款，不得转让；缴费成功后，在申请人电子邮箱中会收到缴费凭证（包含收据编号）。

3. 预约面签，在上述网站按照收据编号预约签证面谈，打印面签预约确认页，或下载保存。

4. 按照面签预约时间，提前 1 小时到达美国驻华大使馆。

5. 进入等候区，排队等候。

6. 出示护照，接受预约检查，进入签证入口。

7. 安检，随队进入签证大厅。面签时禁止携带以下物品：电池供电的设备或电子设备，如手机、电子记事本、电子表、寻呼机、照相机、录音机、电脑、汽车钥匙等；耳塞、耳机等相关物品（助听器除外）；旅行包、双肩背包、公文包、手提箱、皮包、布包、拉封式文件夹等箱包；瓶装水以外的食物；香烟、雪茄、火柴、打火机等；剪刀、小刀、指甲刀等锋利物品；任何种类的武器或爆炸性物品（此内容在申请人预约确认中的预约说明中体现）。

8. 领号码牌，排队交护照、DS-160 确认页、确认预约单（包含可机读签证缴费收据）、申请签证的所有资料。

9. 采集指纹：按号采集十指指纹。

10. 面谈：按号与签证官（英文全称 visa officer，简称 VO）面谈。面谈结果有：

（1）签证官收取护照、给取签条——代表签证通过；

（2）签证官收取护照、给取签条、给行政审理单、补交辅助资料——按行政审理单内容准备并递交辅助资料，等待审核；

（3）签证官当场返还护照、给拒签信——代表拒签。

11. 申请人带齐所有签证资料离开，回家等候快递到付或自行领取护照：（1）选择邮政到付：邮政快递（EMS）将联系申请人核实投递时间和地址，当快递员将护照送到收件人手上时，由收件人签收并支付费用。（2）自行领取：申请人自己选择已约定的中信银行营业网点领取。注意：收到领取通知后在15天之内领取，未按时领取，15天后申请人护照将被退还到大使馆。

思考讨论

查阅资料，列举办理签证时需要录指纹及面谈的国家，汇总面签常见问题。

____
____
____
____
____

（三）出签

出签是指经大使馆或者领事馆书面确认颁发给个人的签证，表示签证成功。

领取签证后，申请人应该逐项核对签证信息（包括姓名、国籍、出生日期、性别、签证类别、护照号码、签证有效期等）。如果发现信息有误，应立即通过电话或登录使领馆官网联系，更正信息。如果签证信息有误而不被更正，有可能导致延迟或无法入境申请国，因此检查签证信息非常重要。

思考讨论

查阅资料，列举不同国家的签证申请费用。

____
____
____
____
____

（四）销签

销签就是注销签证，指获得某国签证，在该国旅行归国后去该国驻华使（领）馆登记注销，表示未在该国逾期滞留。

如果签证申请人被要求销签，务必在使（领）馆指定工作日内完成销签，以证明申请人的确已按时回国。如果不准时销签，可能使申请人的签证被注销或者留下不良记录，影响下次签证结果。一般销签可能需要数个工作日不等，不同的国家要求的销签流程不同。有只需提交护照完成销签的，也有必须本人归国后到申请签证时的使（领）馆当场面试销签的。对于旅游团队而言，有的国家是在签证取签时，随机抽取或指定其中某人进行面试销签；有的是团队回国后，所有护照送回使（领）馆后再指定某人面试销签。

笔记

四、任务实施

实训任务	送签、面签、出签、销签
实训时间	
实训要求	1. 了解送签、出签、销签等相关知识； 2. 掌握美国面签流程，能为面签的游客提供辅导
实训地点	多媒体教室
实训材料	思维导图（手绘版或电子版均可）
实训内容与步骤	一、实训准备 学生分组，绘制思维导图（手绘或电子版均可），内容包括送签、出签知识点，面签流程，常见问题，销签注意事项等。 二、实训开始 小组派代表展示、阐述、分享本小组思维导图。

续表

实训任务	送签、面签、出签、销签
	三、实训考核、评价 教师就各组的资料收集、分享展示是否到位，团队合作是否和谐等方面进行示范性点评，然后小组间互评，师生共同总结任务要点，纠正任务实施过程中存在的问题，提出改进性建议。

五、任务评价

送签、面签、出签、销签考核评价表

考核项目	具体内容或要求	扣分项	得分
绘制送签、面签、出签、销签思维导图	1. 思维导图内容完整 2. 内容准确 3. 制作精美	总分 30 分， 缺一项扣 10 分	
分享思维导图	1. 团队合作，分工明确 2. 展示过程流畅 3. 阐述清晰、准确	总分 60 分， 缺一项扣 20 分	
小组互评	评价中肯，能发现对方的优缺点，提出自己组的不足	总分 10 分， 缺一项扣 10 分	
合计			

六、任务巩固

李女士在申请美国个人旅游签证时资料齐全，顺利预约进入面签环节。在与签证官面谈时，签证官问：“您目前育有一子，是否准备生二胎？”李女士回答：“是！”随后被拒签。请分析李女士被拒签的原因，并给出问题答案。

自我分析与总结

项目总结

专人专办，签证无忧

申请签证是游客出境旅游必不可少的环节，帮助游客顺利获取签证是旅行社开展出境旅游的主要业务之一，是签证专办员的岗位职责。签证专办员要及时了解各使领馆签证动态，获取签证最新准确信息；为客户提出签证办理解决方案；指导、协助客人收集、整理签证资料；完成客户的陪签、邮寄、取签工作；负责签证产品制作、维护。签证专办员要具有良好的沟通能力；责任心强，抗压能力强，领悟能力强；工作有条理，办事沉稳、细致认真；有良好的团队合作意识。签证专办员出色的业务能力、优质快捷的服务，是游客顺利出签，旅行社留住出境客人、开展出境业务的有力保障。

项目练习

1. 申请签证提交的常规资料有哪些？
2. 总结签证专办员为客户办理签证的流程。
3. 签证的样式有哪几种？

项目二 | 行前说明服务

项目导读

行前说明服务是旅行社应主动为出境旅游者提供且必须提供的服务。通过出境行前说明，让游客了解此次行程安排，旅游目的地国家概况及风俗禁忌，出入境管理规定，境外人身、财产安全等事项，是确保游客旅行安全、文明出境游的重要举措。

涉及岗位介绍

出境旅游领队：是依法取得从业资格，接受具有出境旅游业务经营权旅行社的委派，负责旅游团境外旅游活动，并为旅游者提供出入境等相关服务的工作人员。具体工作有：落实出境游旅游计划，联络旅游目的地国家和地区的地接导游，代表旅行社监督地接社和导游服务质量，向旅游者说明目的地法律法规、风土人情、风俗习惯等，自觉维护国家利益和民族尊严，并提醒旅游者抵制任何有损国家利益和民族尊严的言行，维护游客合法权益，处理旅游过程中的突发事件、纠纷或其他问题，保证旅游活动顺利完成。出境领队应具备基本的导游带团工作经验和实操能力，具备英语或目的地国家、地区的语言表达能力及应急处理能力。

项目学习目标

知识目标	1. 了解行前说明服务的形式 2. 熟悉行前说明服务的流程 3. 掌握行前说明服务的内容

能力目标	1. 具备准备行前说明内容的能力 2. 具备召开行前说明会的能力
素质目标	1. 培养学生宣扬尊重文化差异、遵循异国习俗，文明出境旅游的服务理念 2. 培养学生负责、严谨、细致的工作态度
思政目标	1. 培养学生世界公民、人类命运共同体的意识 2. 引导学生对社会主义核心价值观文明、和谐、敬业、友善的实践养成

项目实施

本项目由“准备行前说明会”和“召开行前说明会”两个任务构成。通过任务实施，学生能掌握旅行社提供行前说明服务的必要性、内容和流程。具体表现为：明确行前说明的目的，厘清行前说明服务的内容和工作流程，在工作中能灵活采取易于控制质量的行前说明服务形式。

任务一　准备行前说明会

案例导入

某旅游团抵达塞班岛，排队等待办理入境手续时，因游客较多、等候时间较长，旅游团中的一名 7 岁小男孩离队自行溜达玩耍。他的父亲见状，大声提醒、严厉斥责孩子，“不要到处乱跑，要安静等候”，同时用手指狠狠点了孩子的额头。等旅游团过关后，地陪接团，所有人集合登上旅游大巴时，突然上来两名警察，要带走刚才粗暴对待孩子的家长。地陪见势马上礼貌解释，明确那是中国家长提醒教育孩子遵守公共秩序的一种方式。警察听后离开了旅游大巴，游客虚惊一场。事后，该孩子家长埋怨领队，未将塞班岛的一些法律制度和风俗禁忌进行充分说明和提示。

——案例参考《出境旅游领队工作案例解析》

【讨论】

请同学们认真阅读案例，思考讨论，行前说明服务内容有哪些？

【案例评析】

旅行社提供行前说明服务是非常有必要的。不同国家之间存在文化差异，遵循的法律制度和风俗禁忌亦不同。在中国一些理所当然的事，在国外可能是触犯法律和不被接受的。因此做好提前告知和提示，提供高质量的行前说明服务，避免游客在国外发生不愉快的事情而遭受惩罚，是旅行社出境计调、领队等必须要做好的工作事项之一。

一、任务描述

旅行社出境游行前说明的内容，一般采用PPT演示讲解或短视频播放讲解等，因此会准备包含相应国家历史、地理、气候、人文风俗等信息及相关注意事项，出发信息，联络信息，文明旅游，安全旅游等相关提示内容的文字资料、PPT和视频，是必须要掌握的技能。

二、任务学习目标

1. 了解行前说明服务的内涵
2. 掌握行前说明服务告知内容

三、完成任务需要的新知识

（一）行前说明服务（pre-tour explication service）内涵

《旅行社行前说明服务规范》（LB/T 040—2015）3.2中指出，行前说明服务是指旅行社与旅游者签订包价旅游合同、约定的旅游活动成行前，就约定的服务内容，向旅游者告知重要信息、有助顺利完成旅游的活动，是旅行社提供的包价旅游产品中不可缺少的服务环节之一。

（二）行前说明服务告知内容

《旅行社行前说明服务规范》（LB/T 040—2015）6.2中指出告知内容包含：

1. 出发信息（交通工具的营运编号、集合出发的时间地点、必要的履行辅助人信息、团队标志等）；

2. 重要联络信息（旅行社出境计调、领队姓名及联络方式，地陪联络方式，保险公司联络信息，紧急情况应急联络方式，我国驻外使、领馆应急联络方式等）；

3. 行前准备事项（告知旅游者国内、外运输管理相关法律、法规，行李托运须知，出入境物品管理相关法律、法规等对旅游者乘坐交通工具，托运行李，出、入国境有影响的事项，提示旅游者提前做好相应准备）；

4. 旅游目的地相关信息（提示旅游者旅游目的地国家或地区历史、地理、气候、人文风俗等信息及相关注意事项）；

5. 文明旅游提示（旅游者应当注意旅游目的地相关法律、法规和风俗习惯、宗教禁忌，易因不了解而引起误会、冒犯、争端或遭受非议的其他事项，国家出入境管理相关法律、法规，以及依照中国法律不宜参加的活动）；

6. 旅游者不适合参加旅游活动的情形（除一般旅行安全注意事项外，旅行社应根据产品行程设计内容，有针对性地提示行程中存在一定风险的旅游项目，再次询问旅游者健康状况，提示旅游者不适合参加旅游活动的情形）；

7. 重大安全警示（行程中旅游者可能接触到的、操作不当有可能造成旅游者人身伤害的相关设施、设备的正确使用方法，必要的安全防范和应急措施，行程中未向旅游者开放的经营、服务场所和设施、设备，为保障安全，部分旅游者不适宜参加的活动）；

8. 突发事件应急处理预案（旅行社对突发事件的处理流程；有危及人身或财产安全的意外发生时，旅游者应联络人员的顺序；如旅游者为旅游活动购买保险，应告知旅游者保障内容及出险时可采取的措施；突发事件发生时，有利于旅游者保护自身安全的其他信息）；

9. 争议和投诉受理渠道（旅行社受理投诉的渠道及流程，政府相关部门受理投诉的渠道及流程）。

思考讨论

分析旅行社提供行前说明服务的目的。

笔记

四、任务实施

实训项目	准备行前说明会
实训时间	
实训要求	完成行前说明的 PPT 制作和解说视频录制
实训地点	机房
实训材料	电脑，PPT 制作软件，EV 录屏软件

续表

<table>
<tr><th>实训项目</th><th>准备行前说明会</th></tr>
<tr><td>实
训
内
容
与
步
骤</td><td>一、实训准备
　　学生分组（见表 5-7），提前查找整理分组任务中相应国家行前说明告知内容的电子版资料。
二、实训开始
　　在机房完成行前说明 PPT 制作和解说视频录制。
三、实训考核、评价
　　教师就各组课前资料收集、课中任务完成情况，团队合作等方面进行示范性点评，然后小组间互评，师生共同总结任务要点，纠正任务实施过程中存在的问题，提出改进性建议。</td></tr>
</table>

表 5-7　分组任务

组别	游客出游线路
A 组	日本 8 日游
B 组	美国东西海岸、夏威夷 14 日游
C 组	泰国曼谷、芭堤雅 6 日游
D 组	澳大利亚、新西兰 12 日游
E 组	俄罗斯 8 日游
F 组	法国、意大利、瑞士 12 日游

五、任务评价

准备行前说明会考核评价表

<table>
<tr><th>考核项目</th><th>具体内容或要求</th><th>扣分项</th><th>得分</th></tr>
<tr><td>行前说明告知内容 PPT 制作</td><td>1. 课前资料收集完整
2. PPT 内容准确无误，重点突出
3. PPT 制作精美</td><td>总分 60 分，
缺一项扣 20 分</td><td></td></tr>
<tr><td>行前说明告知内容
视频制作</td><td>1. 视频内容准确，完整
2. 视频制作画面清晰，配音标准悦耳，吸引力强</td><td>总分 40 分，
缺一项扣 20 分</td><td></td></tr>
<tr><td colspan="3">合计</td><td></td></tr>
</table>

六、任务巩固

游客参团前往迪拜、阿布扎比旅游，请列出行前说明告知内容。

自我分析与总结

任务二　召开行前说明会

案例导入

某出境旅行社组织35位游客前往境外旅游，该旅行社的行前说明会一般是由领队自己召集完成。由于此团队的领队小王经常带团出境，自认为工作经验丰富，不需要专门召开行前说明会，只要在机场临时统一进行说明就行。结果由于游客陆陆续续自行到达机场，领队只好分批召开简单的说明会，为游客讲解有关事项并发放相关资料。但游客李先生因到达机场较晚，小王忙于办理登机手续，没有时间完成行前说明，直到抵达境外才简单交代了几句。由于李先生第一次出国，加之行前说明会过于简单，无意中冒犯了当地习俗，遭到当地居民的指责。李先生回国后，要求该旅行社赔礼道歉。

【讨论】

请同学们认真阅读案例，分组讨论，该案例中领队小王的工作过错有哪些？

【案例评析】

该案例中，领队小王没有召开行前说明会，导致问题产生，他应当承担相应的责任。召开行前说明会是出境游服务质量的要求，是由出境游的特殊性决定的。旅行社应尽可能地召集所有游客参加行前说明会。

一、任务描述

按照规范的行前说明服务流程，落实好行前交付的资料、物品和相关项目，是行前说明会中的重要工作事项。针对不同情况，采取灵活的行前说明服务形式，不断改进提升服务质量，也是旅行社应该做好的事宜。

二、任务学习目标

1. 了解行前说明服务形式
2. 熟悉说明会上交付的资料、物品、落实的项目
3. 掌握行前说明会服务流程

三、完成任务需要的新知识

（一）行前说明服务形式

《旅行社行前说明服务规范》（LB/T 040—2015）4.2 中指出：旅行社应

根据经营状况、产品特征、旅游者群体差异等因素，选取方便旅游者参与、服务质量易于控制的行前说明服务形式。

《旅行社行前说明服务规范》（LB/T 040—2015）5.1 中指出：行前说明采取的服务形式有一般服务形式，包含旅行社、旅游者双方见面说明，或向旅游者送达行前说明内容的电子版本、音、视频资料，或两者结合的形式；5.2 中指出有应急措施、补救手段，可在前往旅游目的地的交通工具上或机场、车站、码头等公共区域临时举行，或在旅游过程中通过播放音频、视频资料或由履行辅助人宣讲等进行。

（二）行前说明会内容

1. 解读行程须知，讲解注意事项，告知外汇兑换事项与手续，说明各种由于不可抗力导致组团社不能履行或不能完全履行约定的情况

2. 交付相关资料、物品

（1）团队标识

团队标识是一种展示旅行社形象，便于识别团队游客的视觉语言表现。一般印有旅行社 LOGO、名称，可以用小旗帜、行李贴纸、胸牌等方式呈现。

（2）《游客旅游服务评价表》

旅行社为了解本社及合作社旅游服务质量优劣，发现不足，优化旅游接待计划，提升旅游接待服务水平，会主动邀请游客如实填写旅游服务评价表（如表 5-8），对旅游过程中的行程、住宿、餐饮、车辆安排，导游服务等提出意见和建议。此表由领队带回交给旅行社出境计调员，最后归档。

表 5-8　出境游客旅游服务评价表（样表）

尊敬的女士 / 先生：

您好！欢迎您参加我社组织的出境旅游，很荣幸接待您！希望您对以下服务做出客观评价，提出宝贵意见，祝您生活愉快，身体健康！

组团社		接待社		领队姓名	
团号		旅游时间		人数	
旅游国家 / 地区	**项目**	**很满意**	**满意**	**一般**	**不满意**
	行程				
	饭店				

续表

旅游国家 / 地区	项目	很满意	满意	一般	不满意
	餐饮				
	车辆				
	导游				
	行程				
	饭店				
	餐饮				
	车辆				
	导游				
	行程				
	饭店				
	餐饮				
	车辆				
	导游				
其他意见和建议： 游客签名： 年　月　日					

（3）《行程须知》

列明：线路行程；集合出发时间地点；交通工具营运编号（如飞机航班）；住宿饭店名称、地点；餐饮、娱乐安排；产品价格，价格包含及不包含的内容；旅游目的地国家或地区的相关法律法规和有关重要规定、风俗习惯、安全避险措施；境外收取小费的管理、支付标准；组团社、接团社的联系人、联系方式；应急联络方式（包括我国驻外使领馆的应急联络方式），针对高风险旅游项目的安全保障措施，投诉电话。

（4）写有旅游安全、文明旅游相关重要事项的书面资料

资料中的重要信息要加大字号、用醒目色标注，以引起旅游者重视。如：可能严重危及旅游者人身、财产安全的旅游风险提示，多发旅游风险

的提示，安全避险措施等重要安全提示内容。

3. 落实其他事项

（1）为旅游者划分饭店住宿房间

（2）询问旅游者是否有单项服务要求

（3）询问旅游者是否有因宗教信仰、过敏体质等特殊饮食需求

（三）行前说明服务流程

1. 告知并确认旅游者参与，旅行社应告知旅游者行前说明服务提供的方式、时间，申明行前说明的重要性，促使旅游者参与。

2. 记录旅游者参与过程，保留旅游者参与活动的签到证明或其他形式的到场记录。

3. 宣讲并交付相关物品、资料。

4. 答疑，集中召开见面说明会时，旅行社服务人员口头当面解答旅游者提出的与产品或服务有关的问题。非见面服务时，按约定方式由旅行社在团队出发前对旅游者提出的疑问予以解答。

5. 存档，旅行社指派专人如出境组团计调员，对行前说明服务中的重要过程资料、记录进行整理、存档。

思考 讨论

行前说明服务过程性资料有哪些？

笔记

四、任务实施

实训项目	召开行前说明会
实训时间	
实训要求	能把握行前说明服务全流程
实训地点	多媒体教室
实训材料	行前说明会 PPT 或视频
实训内容与步骤	一、实训准备 学生分组（见表5-8），各小组准备行前说明会PPT，课下演练召开行前说明会。 二、实训开始 各小组模拟完成召开行前说明会的全过程。 三、实训考核、评价 教师就课前演练、课中分组展示情况，实训任务完成态度等方面进行示范性点评，然后小组间互评，师生共同总结任务要点，纠正任务实施过程中存在的问题，提出改进性建议。

五、任务评价

召开行前说明会考核评价表

考核项目	具体内容或要求	扣分项	得分
课前演练	1. 角色分工明确 2. 演练彩排用心	总分 20 分， 缺一项扣 10 分	
模拟召开行前说明会	1. 行前说明服务整体流程完整，展示流畅 2. 行前说明告知内容详细 3. 答疑到位、准确 4. 交付的资料齐全	总分 80 分， 缺一项扣 20 分	
合计			

六、任务巩固

请列出迪拜、阿布扎比六日游行前说明服务的全流程。

自我分析与总结

项目总结

落实行前说明服务，强化游客出境安全文明旅游意识

规范落实高质量行前说明服务，既是游客安全顺畅完成出境游的保障，也是旅行社出境游服务水平的体现。

提前为游客讲述旅游目的地国家（地区）的法律法规、文化差异、不可逾越的禁忌，提醒游客尊重当地民风民俗，说明旅行安全注意事项、必要的安全防范和应急措施，能够有效减少出境游不文明行为、不愉快事件及安全事故的发生。强化游客出境中的文明、安全旅游意识，有助于推进出境游市场健康发展。

项目练习

1. 行前说明会包含的内容有哪些？
2. 请描述行前说明服务流程？
3. 行前说明服务的形式有哪些？

模块六

声名远播 品牌营销

LÜXINGSHE

YEWU CAOZUO SHIXUN SHOUCE

模块导读

旅行社产品是一种无可争议的消费品。由于其无形性、生产与消费同步性等特征，旅游者无法像购买其他产品那样可以通过观赏产品的外观或试用体验后购买或消费。因此旅行社更需要通过品牌形象的传播，来向旅游者传达积极的、实实在在的感受，使其产生旅游动机并最终购买旅行社产品，实现出游计划。旅行社品牌既是增强识别的标志和符号，又是旅游者真实体验与感受的信用背书，对旅游者的购买决策有着非常重要的影响。

旅行社品牌要立于不败之地，还需做好品牌的营销与延伸，好的延伸与营销可助力品牌传播，也能为旅行社创造溢价空间。在旅游市场需求日趋个性化和多样化的背景下，在旅行社品牌的竞争时代，如何塑造品牌和形象并不断延伸品牌内涵和营销传播，是旅游企业提升市场竞争力的重心。本模块从旅行社品牌设计与推广和旅行社品牌的营销与延伸两个项目展开，为旅行社品牌塑造提供参考。模块涉及内容如图 6–1 所示。

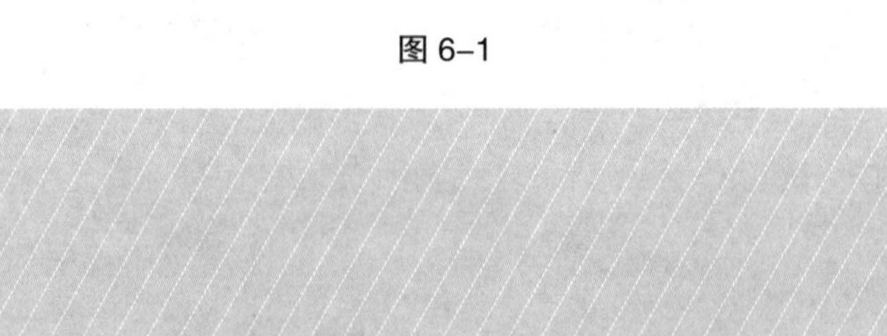

图 6–1

项目一 | 旅行社品牌设计与推广

项目导读

旅行社品牌是消费者对旅行社产品、服务等整体认知的总和。从消费者角度看，品牌可分为两个层面：一是品牌的实质，包括产品功能、价格等；二是品牌的精神层面，包括价值、个性、形象等。从旅行社角度看，品牌就是凭借产品和服务确立的代表其企业的名称、标记或符号，它们相互组合形成品牌的统一体。在市场竞争日益激烈的今天，旅行社品牌代表着旅游者对产品个性和理念的高度认同，旅行社品牌的设计与推广的重要性不言而喻。

涉及岗位介绍

品牌设计推广专员：主要负责旅行社品牌的塑造、包装、传播与推广。基于对市场的足够了解，设计整体的商业包装和传播体系，包括但不限于旅行社的形象、宣传口号、传播途径等，并推广旅行社的品牌及产品，打开市场知名度，提升旅行社美誉度。旅行社品牌推广专员要熟悉企业经营战略、旅行社产品体系、市场定位、客户需求和消费习惯，具有较强的计划追踪能力、费用预算及管控能力、人际交往沟通能力、数据分析能力和执行能力。品牌设计推广专员对提高企业形象以及产品、服务等方面的可信度，最大限度地提高客户的偏爱度和忠诚度都有重要的作用。

项目学习目标

知识目标	1. 了解旅行社品牌设计与推广的内涵 2. 熟悉旅行社品牌设计与推广的作用 3 掌握旅行社品牌设计与推广的程序
能力目标	1. 具备提出旅行社品牌设计与推广创意的能力 2. 具备设计品牌宣传口号的能力 3. 具备设计品牌推广方案的能力
素质目标	1. 培养学生以市场为导向的思维方式与职业敏感度 2. 培养学生不断探索、勇于创新的职业意识
思政目标	1. 培养学生团队协作精神 2. 树立学生诚信服务的社会责任担当

项目实施

本项目从“旅行社的品牌设计”与“品牌推广”两个任务入手，从旅行社品牌的塑造、包装和推广层层递进，引导学生分析与了解市场需求，确定品牌定位，找准传播推广路径，树立良好的品牌和口碑效应。

任务一　旅行社品牌设计

案例导入

中青旅控股股份有限公司（以下简称中青旅）是新中国成立后最早开展境内外旅游业务的旅行社之一。2005 年，中青旅旗下旅游品牌“遨游”诞生，互联网平台“遨游网”和移动端品牌“遨游旅行”同时上线。中青旅遨游以创造家庭用户、年青一代用户“新旅行生活”为使命，致力于满足用户对美好旅行生活的需要，中青旅遨游网品牌定位“年青人的家庭旅行”，品牌广告语“出境游，上遨游”。2011 年，通过分析用户对遨游网的了解，网站市场定位以及当时的发展阶段，确定遨游网的广告语为“度假就上遨游网”，同年推出大型活动“在线排队去台湾”，让用户对台湾自由行的期待变成行动。

2018 年，遨游网发布全新品牌标识，以中国文化 IP 美猴王孙悟空进行原创设计作为品牌吉祥物。全新品牌标识由“AOYOU”+“遨游”中文字体两部分组成，具有更强的拓展性。首次发布的品牌 IP 吉祥物美猴王孙悟空的形象，被业界人士认为将极大提升中青旅遨游的品牌文化感、认同感、记忆点和识别度。

遨游品牌依托中青旅的强大平台，构建起品质保障、专业保障、资源保障、权益保障、服务保障五大保障体系，保证了产品质量，增加了品牌的口碑度。品牌推广形式多样，通过广告、互联网、软文等进行推广，长期参与公益活动，受到了消费者的一致好评，成为中国文旅行业的领先品牌。

（资料来源：人民网 http：//travel.people.com.cn/n/2015/0320/c352255-26725054.html？ f_ww=1，作者：刘佳，选入时有改动）

【讨论】

请同学们认真阅读案例，进行分组讨论，“遨游”品牌设计推广为什么成功?

【案例评析】

本案例中，中青旅旗下“遨游”品牌的设计过程中，进行了深入的市场分析，结合自身多年的海内外旅行服务经验，以“年轻人的家庭旅行”实现了精准的品牌定位，通过组织台湾游化个性为行动，充满人文气息的美猴王标识切合了中国的传统文化，使品牌形象更加饱满立体，又契合了旅游品牌的内涵，加之主题突出的宣传语、多管齐下的推广方式，这些都是遨游能够成功的关键元素。

一、任务描述

旅行社品牌设计是旅行社凭借其产品及服务确立的、代表其产品及服务形象的名称标记或符号，并通过品牌传达理念和生活方式的过程。旅行社品牌设计体现着旅行社产品的个性及消费者对此的高度认同，在市场竞争异常激烈的今天，好的品牌设计能使旅行社通过竞争赢得长久的市场生命力。

二、任务学习目标

1. 了解旅行社品牌设计的内涵与要素
2. 熟悉旅行社品牌设计的原则
3. 掌握旅行社品牌设计的程序

三、完成任务需要的新知识

（一）旅行社品牌的内涵与要素

1. 旅行社品牌的内涵

旅行社品牌的内涵建立在与其主体产品或服务相关联的独特性上，完整的旅行社品牌能够全面简洁地向消费者传递本身所代表的独特形象和旅行社产品或服务的吸引力，主要包含以下四层含义：

（1）品牌属性。包括有品质的旅行社产品、优质贴心的服务、良好的信誉、积极向上的企业文化、对旅游者身心的关怀、公益活动的参与度、社会责任感等。旅行社品牌应给予旅游者某种特定属性，以区别于其他品牌。

（2）品牌价值观。旅行社品牌应体现旅游企业的某些价值观，包括提供高水平的服务、可靠的承诺和人性的关怀等。

（3）品牌的文化内涵。由于旅行本身就是一种文化现象，所以旅行社品牌应突出其文化内涵，体现文化特色和服务的艺术性。

（4）品牌的个性特征。通过品牌定位，突出并宣传品牌的服务特长和文化个性。

2. 旅行社品牌的构成要素

品牌的构成要素是指构成品牌内涵的重要元素。主要包括以下三个方面：

（1）品牌名称

好的品牌名称契合目标客户群所处的特定文化背景，迎合其选择时的心理需求，有助于产品定位和市场的建立，能帮旅游者识别和挑选出所需要的产品，能唤起旅游者的情感认知，建立相关联想。

品牌名称的设计要注意以下五点：一是要简洁直观，一目了然，具有很强的识别性；二是要突出个性，与众不同，与其他品牌区别开来；三是要易于发音，朗朗上口，便于记忆；四是要对产品功能、特征和优点的描述贴切，具有创造力；五是要适合地域文化，符合普遍的文化背景和价值观。

（2）品牌标志

品牌标志是旅行社品牌中通过符号、图案和颜色的设计组合，给消费者留下的视觉印象。它担负着市场推广、品牌构造、利益承诺的重要任务。它的设计应注意以下几点：一是要生动形象，具有亲和力；二是要引发消费者的联想，具有传播力和影响力；三是利用视觉元素，使消费者产生友好、喜爱的感觉。品牌的标志担负着传播品牌独特的经营理念和文化特质的功能，是提高旅行社及旅行社产品知名度和形象推广的重要途径。

（3）品牌标识语

品牌标识语的功能是沟通，可为品牌提供更直观的信息表达，以利于品牌的营销。只要有独特的创意，不仅可以强化品牌名称的识别性，而且可以提供比品牌名称更多的联想。标识语的设计需挖掘出旅行社品牌的灵魂，品牌标识语可以是品牌的宗旨、精神、使命和目标，也可以是产品或服务的质量、档次、优势或承诺，通过一句简短精练的文字来体现，文字要具有创造性，有巧妙的设计、有双关或画龙点睛的作用，同时具备广告效应，并易于传播和记忆，从而刻画出一个生动且富有魅力的旅行社品牌形象。

思考讨论

品牌的三个构成要素中，哪一个对消费者的影响力比较大？为什么？

____

____

____

____

____

（二）旅行社品牌设计的原则

1. 差异化原则

旅行社品牌差异化，是指旅行社对自身产品在特殊功能、文化取向及个性差异上的商业性决策，是区别于竞争品牌的卖点和市场位置。品牌差异化可以满足目标消费者的个性化需求，使品牌在消费者的心中占领一个有利的位置。成功的品牌都有一个有别于竞争对手的差异化特征，然后以一种始终如一的形式将品牌的差异与消费者的心理需要连接起来，通过这种方式将品牌定位信息准确传达给消费者。要实现品牌差异化，需要明确品牌定位，提炼差异化的核心价值，打造出品牌的灵魂；运用差异性的品牌传播与沟通方法建立独特的品牌视觉形象；创造差异化的品牌服务内容，增加品牌内在含金量。

2. 个性化原则

旅行社品牌首先要具备鲜明独特的品牌个性，才能在众多的品牌中脱颖而出，对旅游者产生感召力和吸引力。品牌个性的价值可以体现在建立消费者的认同上，品牌的个性不仅能够与消费者进行沟通，产生共鸣，而且能够为消费者创造消费价值。独特的个性可以使品牌走得更远，有持续的传播力量。

3. 人格化原则

品牌不仅仅是一个符号，一种象征，当品牌被赋予理念、性格、情感和意志，品牌就有了自己的“人格”。品牌可从挖掘自身或品牌形象的特点、发展历程等方面入手，打造人格化形象，用有意义的故事来打动旅游者。使旅游者能够熟悉和认定品牌的个性，与品牌建立情感共鸣，形成消费偏好。

4. 内涵化原则

品牌的竞争归根结底是品牌文化内涵的竞争，品牌的文化内涵是塑造品牌性格、提升品牌附加值的原动力。品牌文化隐含着品牌的品位、格调、价值观、潮流趋势和生活方式。品牌文化赋予了品牌超出产品使用价值以外的心理认同。品牌的文化内涵是一种独特的凝聚力，这种凝聚力不仅能够促成内部员工之间的积极协作，同时也能使旅游者在消费的时候不自觉地接受了某种方式的影响。旅行社品牌的文化内涵主要包括：一是品牌经营理念，包括品牌的运营方式和服务理念；二是品牌的操作理念，包括管理方法、营销策略、推广手段、传播渠道等；三是品牌的视觉形象，包括品牌名称、标识和宣传语等；四是品牌的呈现文化，主要是旅游者在消费和体验旅行过程中的综合感知。

（三）旅行社品牌设计程序

品牌设计的过程包括品牌塑造、品牌包装和品牌传播三方面内容。

1. 品牌塑造

品牌塑造是指给品牌以某种定位，并为此付诸行动的过程或活动。品牌塑造是一项系统化的工作，包括市场分析、品牌定位和产品提升。品牌知名度、美誉度和忠诚度是品牌塑造的核心内容。品牌塑造主要从以下几个方面展开：

（1）市场分析。市场分析是塑造旅行社品牌的第一步，旅行社产品的无形性，决定了旅行社的品牌必须建立在对客源地资源、文化背景、消费习惯等方面的深入了解和研究上，通过对分析结果的总结和提炼，为品牌定位找到更加精准的方向。

（2）品牌定位。品牌定位是在市场分析的基础上，结合自身产品、服务的特点和优势，提炼出的特定的品牌主题。品牌定位对后续的客源市场选择和推广都有非常重要的作用，是塑造品牌过程的关键步骤。常用的定位方法有：

①首席定位法。强调品牌在某一方面处于同行业中的专业或领导地位，利用旅游者的从众心理占领其心智。如“质量第一”“满意度第一”“最受消费者欢迎”等。

②独特销售卖点定位法，也叫 USP 定位策略（USP 是英文 Unique Selling Propositon 的缩写，中文意思为“独特销售卖点”）。在品牌的特点或优势中，找到一条最符合消费者需要且竞争对手不具备的部分，作为品牌的定位。如上海春秋旅行社拥有自己的航空公司，在包机旅游等方面具有独一无二的优势。

③一品多牌定位法。顾名思义，就是一类产品多个品牌，用不同的品牌诉求点去满足不同顾客的需要。在日常生活中，消费者能记住的信息有限，他们往往只会对某一强烈诉求产生较深的印象，因此，每个品牌分别

主打一个诉求点，更能突出品牌的个性，获得成功。如中国国旅打造的“中国国旅（CITS）”入境旅游品牌、“环球行（Total Travel）”出境旅游品牌、“国旅假期”国内旅游品牌、“自游天下”自由行品牌，分别以不同的消费诉求定位，客户群体更加精准。

2. 品牌包装

品牌包装是对品牌概念所做的整体商业化打造，通俗地讲，就是要把品牌的个性特征以各种载体形式进行塑造的过程，让品牌自身的优势尽可能多地传播给消费者并提高其附加值。品牌包装包括品牌视觉形象系统建立和品牌文化塑造。品牌具备了视觉美感和文化品位，才能与消费者产生深度沟通，从而打动消费者并促成购买。

品牌包装的内容包括企业形象识别系统（CIS，英文 Corporate Identity System 的缩写）设计、宣传口号设计和美学包装等。

（1）企业形象识别系统（CIS）

指企业有意识、有计划地将自己企业的各种特征向社会公众主动地展示与传播，使公众在市场环境中对企业有一个标准化、差别化的印象和认识，以便更好地识别并留下良好的印象。企业形象识别系统（CIS）包括视觉识别系统（VI，英文 Visual Identity 的缩写）、理念识别系统（MI，英文 Mind Identity 的缩写）和行为识别系统（BI，英文 Behavior Identity 的缩写）三个组成部分。

①视觉识别系统（VI）

是从视觉的角度对品牌进行包装，具体由代表品牌形象的 LOGO、宣传海报、展板、宣传片和宣传册等组成。VI 设计应围绕品牌的主题定位进行，将品牌内涵的视觉化形象以造型、颜色和字体变形等手法表现出来。如“去哪儿网”的 LOGO 设计以图形加字体设计组合，将骆驼的图形融入 LOGO 设计当中，既表达了旅行的概念，又营造了一种十分惬意悠闲的氛围，LOGO 以舒缓的蓝色为主，给人简单轻松的感觉，契合品牌的旅行服务理念。

②理念识别系统（MI）

侧重在品牌传播过程中企业精神和理念的传播。如驴妈妈旅游网致力于让游客“自由而有尊严地行走”，要成为“游客心中的第一”。

③行为识别系统（BI）

主要是旅游从业人员的接待行为标准化和旅游者为实现品牌内涵的行为自觉化，以此来诠释品牌的人文内涵。

（2）宣传口号设计

宣传口号的提炼通常是围绕品牌主题进行的。在品牌的传播过程中，好的宣传口号对旅游品牌的传播具有非常重要的意义。如中旅旅行的“与世界交个朋友”，十分贴切地描述了中旅旅行的主营业务和经营优势。

（3）美学意境包装

是指对品牌和产品进行美学的意境化、情境化和体验式的包装。通过营造一种氛围、创造一种情境、完成一个过程等让旅游者参与其中，通过交互性的参与，与旅游者之间建立起一种个性化、值得记忆的知觉联系，旅游者通过品牌传达精神层面的情感诉求和亲和力，收获真、善、美的感知。

笔记

四、任务实施

实训项目	旅行社品牌设计
实训时间	
实训要求	1. 了解旅行社品牌设计的内涵与要素 2. 熟悉旅行社品牌设计的原则 3. 掌握旅行社品牌设计程序

续表

实训项目	旅行社品牌设计
实训地点	多媒体教室
实训材料	多媒体、品牌设计相关资料等
实训内容与步骤	一、实训准备 学生分组，选取尚未进行品牌设计的旅行社作为样本，并收集旅行社的相关资料。 二、实训开始 1. 分析品牌的属性和特点。 2. 进行品牌定位。 3. 挖掘品牌故事并确定品牌名称。 4. 创意构思品牌的标志。 5. 创意品牌的标识语。 6. 品牌设计成形，各小组派代表展示和阐述品牌设计成果。 三、实训考核、点评 教师就课前品牌类型分析，课中品牌定位、品牌命名、品牌标志创意、品牌标识语等方面进行示范性点评，然后小组间互评，师生共同总结任务要点，纠正任务实施过程中存在的问题，提出改进性建议。

五、任务评价

旅行社品牌设计考核评价表

考核项目	具体内容或要求	扣分项	得分
旅行社品牌的内涵与构成要素	1. 体现品牌属性 2. 体现品牌价值观 3. 体现品牌的文化内涵 4. 体现品牌的个性特征 5. 有品牌名称 6. 有品牌标志 7. 有品牌标识语	总分 35 分，缺一项扣 5 分	
旅行社品牌的设计原则	1. 体现差异化原则，区别于竞争品牌的卖点 2. 体现个性化原则，具备鲜明独特的品牌个性 3. 体现人格化原则，多方面入手打造人格化形象 4. 体现内涵化原则，塑造出品牌性格，具备提升品牌附加值的原动力	总分 20 分，缺一项扣 5 分	

续表

考核项目	具体内容或要求	扣分项	得分
旅行社品牌设计程序	1. 进行市场分析，找到品牌定位方向 2. 使用至少一种定位法进行品牌定位 3 体现企业形象识别系统（CIS） 4. 有宣传口号设计，围绕品牌主题进行提炼 5. 体现美学意境包装	总分 45 分，缺一项扣 9 分	
合计			

六、任务巩固

上海的 L 旅行社推出一系列的社交旅行产品，通过短途旅行的方式，为 25~50 岁之间的青年职场人群提供休闲旅游和社交拓展服务。请你根据这一特点，为 L 旅行社进行品牌设计。

自我分析与总结

任务二　旅行社品牌推广

案例导入

广州广之旅国际旅行社股份有限公司（以下简称“广之旅”）在国内旅行社中创造了多个“唯一”。国内唯一获得全国旅游业质量管理最高荣誉“中国用户满意鼎”的旅行社、国内唯一被世界生产力科学联盟（WCPS）授予“2006世界市场中国行业十大年度品牌”的旅行社等等。

广之旅品牌的成功，源于扎实精准的品牌定位与推广。通过对客源市场的分类分析，针对不同阶层、年龄段、职业和兴趣爱好的旅游者，推出不同特色的产品，如自驾游、亲子游、摄影游、观潮游、修学游等，分类推广的成交率远高于无差别的大众推广。

广之旅在国内率先引入企业品牌战略识别系统（CI），把企业产品、活动与企业形象统一起来，使品牌影响力迅速扩大。此后，广之旅利用广告宣传的强大效应，结合实际产品与服务特色，投放报纸、杂志、电视、互联网及户外等多种类型广告，以众多形态吸引公众眼球。同时通过主办或承办各类比赛、主题路线规划、互动体验等活动推广品牌并邀请明星助力；通过微博微信等自媒体平台吸引关注，了解消费者的潜在需求，为旅游淡季设计别具一格的旅游路线，从而走出旅游淡季营业额低的困境。众多推广策略下，广之旅品牌价值不断提升，成为华南地区规模至大、实力至强、美誉度至高的旅行社，打造出全国地方旅行社第一个“中国驰名商标”。

【讨论】

请同学们认真阅读案例，进行分组讨论，“广之旅”市场推广的主要方式有哪些？推广成功的秘诀是什么？

【案例评析】

本案例中广之旅品牌的成长离不开持续不懈的品牌推广。通过引入企业品牌战略识别系统（CI）和对企业自身优势的正确评价，结合产品和服务特色，利用广告宣传的强大效应实现了对客源市场的精准定位，多渠道、多策略品牌推广是企业能够成功的重要因素。

一、任务描述

旅行社品牌推广是旅行社通过传递企业产品和文化、塑造产品品牌及企业形象，使消费者广泛认知的系列活动过程。主要目的是拓宽产品销售渠道，提升品牌知名度和美誉度。

旅行社品牌推广通过广告、公共关系、人际沟通等多种传播策略和工具，向外部目标消费者进行信息的有效传递，促进目标消费者对品牌或产品差异化的认知、体验和信任。

二、任务学习目标

1. 了解旅行社品牌推广的要素
2. 熟悉旅行社品牌推广的方式
3. 掌握旅行社品牌推广的组合策略

三、完成任务需要的新知识

（一）旅行社品牌推广的要素

品牌推广是塑造品牌力的主要途径。当旅行社品牌的核心价值不再仅仅局限于显而易见的一条旅游线路、一次旅行这样的实用价值，旅行社品牌推广要做的就是把理念、个性、情感、品位和审美认同以特定形象的方式建立在消费者的心中，使消费者理解和认同本旅行社独有的品牌特征，从而影响其对品牌的态度，增加品牌的价值。旅行社品牌推广的四大要素如下：

1. 明确推广的主体

旅行社是品牌的推广主体。作为推广主体的旅行社，要对品牌进行准确的定位和包装。旅行社品牌的定位和包装是旅行社想要为消费者呈现的整体形象。品牌定位的目的是创造鲜明的企业个性和树立独特的企业形象，并通过包装展现其相对于竞争者的优势，从而在高度雷同的行业竞争中脱颖而出，赢得认同。旅行社品牌包装要以独特个性、自有优势和差异化为出发点，通过自身的品牌故事、品牌形象，多方位、多角度地进行包装和推广，使消费者能从各个途径和层面了解旅行社的品牌定位，感受到其核心价值的信息，强化旅游消费者对品牌的印象。

2. 锁定推广的对象

消费者是品牌推广的对象。在信息化高度发达的时代，消费者每天都会接收到海量的信息，想要品牌的推广精准有效，就需要选定推广的目标客户群，有针对性地进行品牌推广。通过对客户需求的调查和分析，深度挖掘客户的需求要点，精准推广才能实现客户群的有效转化。大数据技术的不断发展和完善，将辅助旅行社更加精准地锁定目标客户群。

3. 选择推广的渠道

旅行社品牌推广的渠道非常广泛，常用的渠道大致可分为三类：一是广告传播类，包括传统的大众媒体如电视、报纸、杂志，互联网和新媒体如微信、微博和短视频平台和自媒体等；二是公共关系类如新闻报道、活动赞助、公共服务、公开演讲、软文推广等；三是人际沟通类如地面推广和口碑传播。

4. 设计推广的内容

品牌推广的内容设计，就是通过不同的媒介和形式凸显品牌的独特气质和特点，同时又区别于竞争对手，从而吸引消费者的注意，引起共鸣，形成消费认同的过程。

品牌推广内容的设计要结合目标消费者的消费偏好、生活习惯、年龄等特征而定，从消费者的需求出发，利用传播性强的文案做主线，将品牌价值的内容连接起来，凸显产品或品牌的个性，符合大众审美，契合消费者的心理预期，满足愿景，赢得消费者的关注。推广内容的吸引力，往往表现在视觉、听觉、意觉及背后的价值观等多方面。

（二）品牌推广的方式

品牌推广的效果与推广的形式、方式和设计关系密切，长期有效的推广还需考虑方式选择的综合性价比。

1. 广告投放推广

广告作为最常见、最重要的品牌推广手段，是指品牌所有者以付费的方式，通过传播媒介，以策划为主体，创意为中心，对目标受众所进行的以品牌名称、品牌标志、品牌定位和品牌个性等为主要内容的宣传活动。广告传达给消费者的不仅仅是品牌信息，更是一种概念、一种文化、一种生活方式的引导。广告塑造的不仅仅是浓缩的品牌概念，更是能够拨动消费者心弦的愉悦和满足感，拉近旅行社与旅游者的距离，从而创造市场。

广告的投放方式众多，不同方式各有利弊，性价比也各有差异，如电视广告的受众面广，传播迅速，感性诉求强，但制作与播出的费用较高；广播广告制作简单、灵活性大，费用低，但信息量有限；报纸广告时效性强，但保留时间较短；户外广告展示寿命长，但不易修改，信息量有限；互联网广告可交互可反馈，信息量大，传播迅速，但受上网人数限制、受干扰大等等。旅行社品牌可根据自身推广需求酌情选择广告方式，组合投放，提高综合性价比。

2. 软性植入推广

软性植入推广是将品牌的概念和文化渗透在舆论传播中的一种推广方式。通常借助文字表达和舆论传播使消费者不自觉地走进品牌设定的思维定式中。通过消费者认同的某种概念、观点和思路，实现“润物细无声”式的推广。软性植入推广是一种很有技巧性的形式。好的软性植入推广往往角度刁钻、立意新颖，从消费者想不到的角度来解读品牌的概念和文化。好的软性植入推广往往图文并茂，风格或轻松或戏谑或温情感人或出其不意或搞怪离奇，在不经意间，品牌已经把自身的核心理念植入消费者的心间，让消费者在不知不觉间成为品牌的拥护者。软性植入推广的成本不大，效果往往出人意料，常见的方式有新闻、第三方评论、访谈、软文、短视频平台植入和影视植入等。

3. 公共关系推广

公共关系推广是提升企业形象、推广企业品牌、传播企业文化的重要手段，也是提升企业美誉度的有效解决方案。包含活动赞助、公共服务、公开演讲、事件管理及其他公益性传播等方式。公共关系推广可为旅行社解决以下问题：一是借助活动塑造企业的形象，提升品牌知名度；二是通过组织、承办公益或公共服务等活动树立美誉度和信任感，帮助旅行社提升在公众心目中的好感度；三是通过活动引导体验式营销，以生活方式、购买理念推广品牌；四是通过事件管理和危机公关凸显品牌的社会责任感，进一步提高美誉度。

4. 地面销售推广

地面销售推广主要是通过企业人员的讲解咨询、示范操作等，使消费者了解和认识企业，并形成对企业的印象和评价，这种评价将直接影响企业形象。地面销售推广方式多样，可以通过产品和服务的体验和促进销售的赠券活动等，维护已有消费者，吸引潜在消费者。地面销售推广活动在短期内能起到较好的宣传推广效果，适用于节庆或节假日前的预热。但对于大品牌而言不宜大量使用，大量使用地面推广会增加顾客对价格的敏感度，淡化品牌的质量概念。对于更偏重短期行为和效益的小品牌则影响较小。

5. 人际口碑推广

人际口碑推广是形成品牌美誉度的重要途径，在品牌传播的方式中，人际口碑传播最易为消费者接受。口碑推广具有针对性强、可信度高、抗风险性强等特点。由于旅行社产品的无形性、生产与消费的同步性等特点，消费者在购买旅行社产品或服务时，更倾向于接受人际口碑的推广信息，甚至会主动收集口碑传播的信息。因此口碑推广被称为“零号媒介”，是成本最低、可信度最高的推广方式。人际间的口碑推广主要发生在消费者购买决策前和购买后两个阶段。购前决策阶段的消费者会受口碑信息的影响，从而产生购买行为，购后评价阶段的消费者会成为下一个口碑的传播者，根据自身接受服务的满意程度做出正面或负面的评价。想要获得人际口碑的正面推广，这就要求旅行社品牌不断提升产品和服务质量，用最佳品质让正面口碑为品牌提升美誉度，拓展知名度，缔结忠诚度。

思考 讨论

你认为哪种品牌推广方式的效果最佳？为什么？

（三）品牌推广计划的制订

旅行社品牌推广人员在制订推广计划时需考虑以下问题：

1. 设定推广目标

（1）确定计划的主要目标受众。

（2）确定推广方式、执行时间及实施人员。

（3）确定品牌对于不同媒体受众的到达率。

（4）其他影响品牌推广效果的因素，如媒体的关注价值，竞争品牌的推广方式，产品的季节性、周期性以及地区差异等。

2. 设计推广方式组合

推广方式组合涉及两个基本要素：选择推广方式及各种推广方式所占比重。大部分的旅行社品牌推广计划会同时投放单向和互动式媒体，大众传媒推广、公共关系推广和地面销售促进齐头并进，事件或赞助、公益活动等作为偶发性补充。总体来说，影响推广方式组合的因素有以下四点：一是推广方式的成本和价值比；二是影响受众的数量和到达度；三是推广事件的难易程度；四是不同方式间的协同效应。

笔记

四、任务实施

实训项目	旅行社品牌推广
实训时间	
实训要求	1. 熟悉旅行社品牌推广的要素 2. 掌握旅行社品牌推广的方式 3. 能够为品牌制订推广计划
实训地点	多媒体教室
实训材料	多媒体、品牌推广相关资料等
实训内容与步骤	一、实训准备 学生分组，各组自选旅行社品牌，收集相关资料。 二、实训开始 1. 提取品牌推广的要素。 2. 小组成员讨论品牌推广的方式及策略。 3. 比较各种推广方式的优缺点。 4. 制订品牌推广计划。 5. 各小组选派代表展示、阐述本组品牌推广计划。 三、实训考核、点评 教师就课前品牌推广的要素、课中品牌推广方式、推广计划制订等方面进行示范性点评，然后小组间互评，师生共同总结任务要点，纠正任务实施过程中存在的问题，提出改进性建议。

五、任务评价

旅行社品牌推广考核评价表

考核项目	具体内容或要求	扣分项	得分
品牌推广的要素提取	1. 有明确推广的主体 2. 锁定了推广的对象 3. 有推广的渠道选择 4. 设计出推广的内容	总分 40 分，缺一项扣 10 分	

续表

考核项目	具体内容或要求	扣分项	得分
品牌推广的方式选择	1. 广告投放推广有体现 2. 软性植入推广有体现 3. 公共关系推广有体现 4. 地面销售推广有体现 5. 人际口碑推广有体现	总分 50 分，缺一项扣 10 分	
品牌推广计划制定	1. 有明确的推广目标设定 2. 推广方式组合应用有体现	总分 10 分，缺一项扣 5 分	
合计			

六、任务巩固

杭州 M 旅行社是一家成立时间只有 2 年的新创企业，以青年旅游者周边自由行产品市场反馈最佳，最近拟推出自由行品牌“诗酒年华”，请你为该品牌设计推广方案。

____

____

____

____

____

自我分析与总结

____

____

____

____

____

____

____

项目总结

旅行社竞争已走入“品牌时代”

21世纪以来，随着信息技术的突飞猛进，旅行社行业被汹涌的信息浪潮推入了新时代，传统旅行社依靠信息差即可盈利的模式被打破。国际旅游品牌进入中国市场，线上旅行社层出不穷，高度同质化的产品竞争下行业利润率不断下降，旅行社开始探索提升产品和服务并打造品牌的经营模式。最先打造品牌的企业收获了市场红利后，其他旅行社开始纷纷加入品牌大战，行业竞争已走入“品牌时代”。

如何发掘旅行社自身优势，运用创新理念设计、打造并推广品牌，在竞争中脱颖而出，是每个旅游企业都想掌握的商业密码。实际上，一个成功的旅行社品牌离不开差异化的产品、品质化的服务、立体化的资源整合、巧妙的媒体推广和卓越的品牌管理。只有多管齐下，才能实现品牌的不断积累和进步，在竞争中立于不败之地。

项目练习

1. 你认为旅行社品牌设计中最重要的是哪个环节？为什么？
2. 说说你对旅行社品牌推广要素的理解。
3. 请你比较不同推广方式的优缺点。
4. 以携程旅游为例，谈谈你对旅行社品牌推广的启发。

项目二 | 旅行社品牌营销与延伸

项目导读

作为吸引旅游者购买的重要因素之一，品牌是现代营销理念的核心。于消费者而言，旅行社品牌既是一种符号、一种标志，也是对产品及服务的体验和感知关系的总和。旅行社品牌营销就是用产品和服务支撑品牌的形象和理念，并在此基础上营造出超越产品和服务独立存在的品牌力，而品牌力正是现代旅行社的核心竞争力。每一个成功的旅行社品牌背后，都有着一系列精心策划的品牌营销。

随着旅行社行业竞争不断加剧，旅行社开始探索新的品牌营销拓展方式，即品牌延伸。品牌延伸并非简单借用已有一定市场影响的品牌名称，而是对品牌资产的策略性使用。品牌延伸不仅扩展了新的产品或周边产品和服务的组合，还包含了品牌理念和情感诉求的扩张和延伸。

涉及岗位介绍

品牌营销拓展专员：主要负责品牌市场营销的方案制订和实施，并对营销项目进行实时跟踪，定期分析市场情况，并提出有效营销建议，在市场分析的基础上收集客户建议和意见，为新产品或新品类拓展蓄力。品牌营销拓展专员要熟悉旅行社经营战略和各种营销策略，对旅行社产品体系、客户需求、市场动态了如指掌，具有较强的创意能力、策划能力、营销推广能力及风险规避能力。品牌营销拓展专员要善于调研并及时反馈市场动态，拓展营销渠道，为旅行社品牌延伸提供现有资源支持，助力品牌的拓展与延伸。

项目学习目标

知识目标	1. 了解品牌营销与延伸的含义 2. 熟悉品牌营销特征 3. 掌握品牌延伸的路径
能力目标	1. 具备设计基本的品牌营销及延伸计划的能力 2. 具备灵活运用各类营销策略的能力 3. 具备识别品牌延伸风险并规避的能力
素质目标	1. 培养学生应对复杂情境的决策和应变能力 2. 培养学生对品牌市场的综合研判能力
思政目标	1. 培养学生敢为人先的进取精神 2. 培养及时止损的意识和勇气

项目实施

本项目从“旅行社品牌营销”与“旅行社品牌延伸”两个任务入手，从品牌营销的原则、要求、策略等方面展开，引导学生逐步厘清品牌营销的各项要点，结合品牌实际选择最佳营销策略组合，达到理想的营销效果；从品牌延伸的作用、路径、准则到风险的识别和规避，把品牌延伸作为拓展市场新领域的手段，让品牌保持长久生命力。

任务一　旅行社品牌营销

案例导入

ZANADU 赞那度是 2012 年成立的中国高端精品线上旅行社，主要经营创意旅行产品、高端定制旅行产品等。目标客户为中国中高端新锐旅行者，致力于为顾客提供有美感、有故事、有情感的旅行体验。ZANADU 赞那度擅长借势营销，利用活动和事件营销吸引消费者，通过策划、组织和利用品牌效应、名人效应进行跨界推广，吸引媒体和消费者的兴趣和关注，并为新产品推介、品牌展示创造机会，建立品牌识别和品牌定位，从而快速提升了赞那度的知名度和美誉度，树立了良好的品牌形象。

ZANADU 赞那度出版发行的纸质杂志《赞那度旅行人生》、开设的微信公众号“赞那度旅行人生”以及拍摄的旅行视频和短片，都获得数百万的阅读和观看。同时还率先引入了 VR 技术，在上海落地开启了全球首家虚拟现实旅行概念店，将 360 度虚拟现实旅行体验和数字销售（POS）终端、以及手机应用、电商平台和社交媒体无缝衔接，从旅行灵感和信息的获取到高端旅行的定制和选购，均可在线完成，让人耳目一新。

2014 至 2017 年，赞那度连续四年荣登《胡润百富》发布的“TOP12 大中华区最受欢迎出境游奢华旅行社”榜单。

（资料来源：ZANADU 赞那度官方网站 https：//zanadu.cn；TRAVEL WEEKLY CHINA2015 年第 4 期 P20，作者陈旖蓝，有改动）

【讨论】

请同学们认真阅读案例，进行分组讨论，赞那度品牌使用了哪些营销策略？

【案例评析】

本案例中，ZANADU 赞那度品牌目标客户群定位准确，利用借势营销、活动和事件营销等方式，集新闻效应、广告效应、公共关系、形象传播、客户关系于一体，快速提升品牌知名度与美誉度。赞那度还善于利用媒体和新技术，用高品质的媒体媒介和新技术手段联合为目标客户群传达了一种“有品质的生活方式”，是品牌营销值得借鉴的范本。

一、任务描述

旅行社品牌营销就是在对旅行社内部环境予以准确分析并掌握经营资源的基础上，通过运用各种营销策略，将旅行社品牌、产品、服务的良好形象和信誉展示给消费者，从而使品牌的特定形象在消费者心中得到价值认可，最终形成品牌效益的过程。

品牌营销的关键点在于挖掘品牌独特的、足以打动消费者的核心价值，它让消费者在同类品牌中清晰无误地识别到品牌的独特个性，用某种特质拨动消费者的心弦，使其产生独一无二的认同感，并始终保持消费选择的忠诚度。

二、任务学习目标

1. 了解旅行社品牌营销的要素
2. 熟悉旅行社品牌营销的特征
3. 掌握旅行社品牌营销的策略

三、完成任务需要的新知识

（一）旅行社品牌营销的要素

1. 分析行业环境，找准品牌定位

进行行业环境分析的意义在于寻找与竞争者之间的区隔概念，了解竞争者的优势和痛点，为自己的品牌寻找合适定位，以便与竞争者区别开来，降低品牌营销的风险，提高品牌营销的成功率。

2. 分析消费心理，找到切入点

消费者购买产品的心理受情绪、情感、意志等多种因素影响，通过对消费者选择旅行社品牌的内在心理动机以及消费能力、消费习惯、消费环境等进行综合分析，找到品牌营销的切入点。

3. 分析产品优势，放大品牌特点

产品优势是在同类产品的相互比较中凸显出来的。品牌营销中，同类型的产品势必会被消费者拿来比较，因此既要分析自身产品的优势，也要分析竞争产品的优势，通过多种营销方式放大品牌特点，让消费者产生选择和购买的欲望。

4. 选择营销方式，整合营销渠道

企业持续的营销才能将品牌深植入消费者心中。营销方式和渠道的选

择既要符合企业的产品定位和市场战略，还需考虑成本投入和最终产出的比例，通过整合营销方式和渠道，找到最佳组合方案。

（二）旅行社品牌营销的特征

1. 明确的目的性

旅行社品牌营销的目的性很明确，就是为了让旅行社的特定形象深入消费者心中。围绕这一目标选择营销策略、开展营销活动会更有针对性，应尽量降低无序性和不确定性，避免过分追求营销的规模或形式等特定要求而偏离既定目标。

2. 组合的整体性

品牌营销是一个完整的营销闭环，涉及各个营销策略的相互协调与配合运转，如果某一个环节出现纰漏，很有可能导致整体营销方案功亏一篑。科技飞速发展的大数据时代，信息传播的速度和影响力巨大，影响品牌营销的因素也更加复杂，这就要求营销策划者要具有整体性观念，处理好局部与整体、眼前与长远之间的关系，注意优化总体营销策划方案。

3. 参与的全面性

品牌营销贯穿品牌产生—传播—营销的全过程。参与的全面性表现为两部分：一是内部全员参与，树立全员品牌营销意识。品牌营销不只是营销部门的职责，旅行社的所有部门都应具备营销意识，都是品牌营销的参与者和传播者，要树立全公司营销导向，各部门统一以市场为中心、以顾客为导向开展工作，实现营销主体的整合性。二是外部全程跟随市场，从品牌创始之初就要对投放的市场环境做详细的调查，了解当前此类产品市场上的供求和竞争状况。只有了解了市场现状和消费者的心理，品牌营销才有市场基础，才能跟随市场的动态不断调整，使企业获得强大的市场适应能力和竞争力。

4. 思维的创新性

品牌营销是一种创造性思维活动。创新性表现在营销的方式、内容、渠道等方面，方式的求新求异性可以让消费者耳目一新；思维的逆向性从不同角度解读品牌的特色，让人印象深刻；创造性的想象力，给品牌全新的解读角度；敏锐的洞察力发现市场的空白，便于开展品牌营销；天马行空的灵感打破常规，往往会收到出其不意的效果。

5. 预见的前瞻性

品牌营销是一项面对未来的引导性、预见性的活动，要立足现实，面向未来。营销内容的设计、策略的选择要有一定的前瞻性，在充分了解市场的本质和发展趋势基础上，对未来的市场走势能够进行预判。策划人要有超前的“眼光”，进行周密的预测和谋划，不仅仅看到眼前的短期效应，还要看到长远的持续性效应，抢占先机，出奇制胜。

（三）旅行社品牌营销的策略

1. 整合营销

整合营销是在产品同质化和市场趋于饱和，消费者难以分辨优劣的背景下，旅行社通过资源整合实现差异化、赢得顾客的营销模式。整合营销是一种资源整合基础上的全新思维方式和系统化的营销方法。通过与消费者进行有效的沟通，以满足消费者需要的价值为取向确定旅行社的营销策略，协调不同营销手段和渠道优势，以更低的成本获得更大的营销效果。

整合营销的实施需要先树立整合营销传播理念，同时整体优化配置旅行社的全部资源，站在消费者的角度，以消费者为中心进行整合，分析其出游的需求和期待，向其提供真正满足其需求与购买欲望的旅行社产品。同时，完成包括营销过程、方式和理念在旅行社内部各部门间的无障碍交流以及旅行社外部信息流的整合，让营销成为旅行社内部的集体导向，实现企业的高度一体化营销，保证旅行社营销活动在内部管理与外部环境方面的协调性。在信息技术突飞猛进的时代，积极引入信息技术，建立品牌营销信息系统，可以确保品牌的理念和营销信息以最优方式传递给目标消费者，同时通过数据库的使用，可以实现对客户信息的有效管理。现代的信息化和大数据手段，可以为旅行社实施整合营销提供效益保障。

2. 分众营销

旅行社品牌的分众营销首先要按旅游者需求对市场进行细分，然后以差异化的产品对应细分的市场需求，通过分众的渠道，选择分众媒介，进行分众传播，最后实现细分市场的有效营销。

随着旅游市场的不断发展和成熟，旅游者需求开始趋向于专业化和细分化。市场细分的变量和坐标非常多，如可根据年龄、职业、受教育水平、收入状况等进行细分，也可根据出游的时长、距离、季节性等特点细分，还可根据出游的目的等进行细分。分众营销就是针对不同的分众市场，打造不同吸引力的产品并进行理念植入和包装。如同样的海滨度假产品，对家庭出游叠加儿童乐园项目，打造家庭度假概念；对年轻人叠加出海派对项目，打造放松解压概念；对老年人叠加养生食疗项目，打造疗养概念，等等。在同样的产品下，通过不同要素的组合包装，分别呈现出不同的吸引力，达到理想的分众营销效果。

3. 借势营销

借势营销是通过顺势、借势和造势等方式，将产品的营销和消费者喜闻乐见的话题或元素发生关联，以提高企业或产品的知名度和美誉度，树立良好的品牌形象，并最终促成产品销售的营销策略。具体表现为借助具有相当影响力的热点事件、人物、节庆节事活动、影视作品和社会潮流等，将旅行社品牌或产品带入话题中心，由此引起媒体和大众的关注，提高知名度，潜移默化地引导市场消费。

借势营销不同于传统营销方式强调竞争，而是更趋向双向互动、合作共赢和创意创新。借势营销的形式多样，可以借文化之势，如传统节日、节庆节事活动等，传递企业文化和价值理念；借影视之势，如电视电影的拍摄地、故事发生地等，都有可能成为热门旅行社产品的营销要素；借新闻热点之势，如三星堆的最新考古发现，催生了一批博物馆类旅行社产品；借竞争对手之势，如“淘宝旅行”升级为全新独立品牌“去啊”，各旅行社品牌迅速借势发布推广文案；借名人效应之势，如某某艺术家的漫游之旅，等等。只要旅行社足够有创意，借势营销就能借助机遇为品牌赢得知名度和忠诚度。

思考讨论

旅行社品牌的借势营销是否可以借任何热点？说一说你能想到的旅行社品牌借势营销成功的案例。

4. 网络营销

网络营销是基于互联网与移动互联平台，利用信息技术与软件工程为主要传播手段开展的营销活动。网络营销利用数字化的信息和网络媒体的交互性来辅助营销目标实现，具有跨时空性、多媒体性、交互性等特点。借助网络营销，有利于提高企业营销信息传播的效率和效果，降低成本。

网络营销具有跨越时空、内容丰富、高效快捷、信息传送双向交互、服务个性化、费用低廉、竞争公平以及商品展示、咨询互动、购买和售后服务一体化实现等特点和优势，因此被众多旅行社所采用。

在现阶段的网络营销活动中，常用的网络营销工具主要包括企业网站、搜索引擎、电子邮件、即时信息和浏览器工具条、客户端专用软件、社交媒体、短视频平台等。目前的信息技术下，以上方法均可完成品牌形象传播、产品服务展示、信息发布、顾客咨询服务、资源合作和网上销售等业务。网络营销方法众多，以下仅介绍几种常见的方法。

（1）搜索引擎营销

搜索引擎营销是最常见的网络营销方法之一，主要分为两种：SEO（Search Engine Optimization）与 PPC（Pay Per Click）。

SEO（搜索引擎优化）是一种通过了解搜索引擎的运作规则来调整网站以及提高目的网站在有关搜索引擎内排名的方式。对于有自己独立网站的旅行社而言，通过对网站的结构、标签、排版等各方面的优化，使 Google、Baidu 等搜索引擎更容易搜索到网站的内容，并且让网站在各个网页搜索引擎中获得较高的评分，从而获得较好的排名为网站引流。SEO 的最终目的是做好用户体验。

PPC（点击付费广告）主要是针对没有独立网站的旅行社需要借用各大搜索引擎的应用平台，通过对自己网站和目标人群的分析选出关键词，然后在搜索引擎上投放关键词广告，按照关键词的点击量付费。PPC 主要用来投放产品广告。

（2）网络广告营销

在所有与旅行社品牌推广有关的网络营销手段中，网络广告最为常见，作用也最为直接。网络广告具有形式多样、交互性强、篇幅限制小、信息承载量大等优点。研究显示，网络广告的点击率并不能完全代表其广告效果，但网络广告无所不在的特征，使其即使对单纯浏览未点击的访问者也依然会产生影响和广告作用。

（3）微博营销

微博营销是通过博客网站或博客论坛为旅行社品牌创造价值的一种营销方式。旅行社通过更新自己的微博，向广大受众传播企业信息、产品信息，树立良好的企业形象和产品形象。微博营销注重价值的传递、内容的互动、系统的布局和准确的定位。涉及的范围包括认证、有效粉丝、朋友、话题、开放平台、整体运营等。同时，也可利用拟人化的品牌形象、个性化的内容分享、与大V（在新浪、腾讯、网易等微博平台上获得个人认证，拥有众多粉丝的微博用户）互动等内容吸引关注，从而达到营销的目的。

（4）APP 营销

随着智能终端和网络技术的高度发展，只需要一部智能手机就可以通过旅游 APP 随时把握最新的旅游资讯，便捷查询预订机票、酒店、景点门票、演出票以及租车、机场接送等服务，大大提升了出行便捷度和体验度。旅游 APP 不受地域和人口的局限，可以统合多方资源，广泛的用户群可以带来与实际服务商之间更多的议价空间和潜在的盈利空间，营销优势明显。

（5）手机微信营销

微信营销是网络经济时代伴随着微信的火热而兴起的一种网络营销模式。微信不存在距离的限制，用户注册微信后，可与周围同样注册的“朋友”形成一种联系，订阅自己所需的信息。旅行社通过提供用户需要的信息推广自己的产品，从而实现点对点的营销。

（6）视频营销

视频营销是主要基于视频网站为核心的网络平台，以内容为核心、创意为导向，利用精细策划的视频内容实现产品营销与品牌传播目的的营销活动。视频营销具有形式多样、创意新颖、感染力强、传播速度快、成本低廉等优点。近年来短视频平台的异军突起，极大地激发了用户的关注，凭借对流量的快速收割，备受品牌广告青睐。借助短视频营销，品牌不仅可以有效建立与用户的沟通渠道并形成有效互动，进而激发用户共鸣，还可以通过短视频的自身内容与平台选择突出品牌特征，最终实现品牌破圈，短视频内含的购买渠道也可轻松实现转置和下单。从短视频营销的渠道而言，以抖音为首，快手、B 站、腾讯视频号也逐渐成为品牌短视频营销的后起之秀。

思考讨论

谈一谈，在数据流量时代，旅行社品牌营销如何利用视频营销进行推广？现在入局视频营销是否还能收获营销红利？为什么？

笔记

四、任务实施

实训项目	旅行社品牌营销
实训时间	
实训要求	1. 了解旅行社品牌营销的要素提取 2. 熟悉各类型营销方式的优缺点 3. 掌握旅行社品牌营销的策略选择

续表

实训项目	旅行社品牌营销
实训地点	多媒体教室
实训材料	多媒体、品牌营销相关资料等
实训内容与步骤	一、实训准备 学生分组查找相关资料，自选旅行社品牌营销案例。 二、实训开始 1. 提取品牌营销要素。 2. 比较各类营销策略的优缺点。 3. 各小组派代表分析自选的品牌营销案例在营销方面的成功经验和待提升项目。 三、实训考核、点评 教师就课前资料收集、案例分析完成情况，课中综合分析与展示等方面进行示范性点评，然后小组间互评，师生共同总结任务要点，纠正任务实施过程中存在的问题，提出改进性建议。

五、任务评价

旅行社品牌营销考核评价表

考核项目	具体内容或要求	扣分项	得分
品牌营销要素的提取	1. 分析行业环境，找准品牌定位 2. 分析消费心理，找到切入点 3. 分析产品优势，放大品牌特点 4. 选择营销方式，整合营销渠道	总分 20 分，缺一项扣 5 分	
品牌营销策略的特征	1. 明确的目的性 2. 组合的整体性 3. 参与的全面性 4. 思维的创新性 5. 预见的前瞻性	总分 25 分，缺一项扣 5 分	
旅行社品牌营销的策略	1. 整合营销 2. 分众营销 3. 借势营销（说出任意 4 项） 4. 网络营销（说出任意 5 项）	总分 55 分，缺一项扣 5 分	
合计			

六、任务巩固

收集资料，分析途牛旅游的成功营销主要体现在哪几个方面？

自我分析与总结

任务二　旅行社品牌延伸

案例导入

携程旅行网（以下简称携程）是全球领先的一站式旅行平台，旗下的平台可面向全球用户提供完整的旅行产品、服务及差异化的旅行内容。集团能够提供超过 120 万种全球住宿服务、480 多家国际航空公司以及超过 31 万个项目活动，并与超过 3 万家其他合作伙伴一起，满足客户不断变化的需求。目前已与全球234个国家和地区的34.4万多家酒店、国内国际各大航空公司、近20家海外旅游局和16家国内旅游局等上下游资源方进行深入合作，还与超过300家金融机构和企事业单位达成合作，是同业与异业合作的典范。

携程如何成为国内首屈一指的旅游企业领跑者，从其品牌的部分拓展轨迹可窥见一二。携程成立于1999年，2003年首推休闲度假旅游概念；2005年进军商旅管理市场；2009年推出“自由·机+酒”产品；2012年发布中国首个顶级旅游品牌“鸿鹄逸游”；2014年购入精致世纪号邮轮，开展邮轮旅行业务；2017年下沉布局二三线城市，5500家体验店落地；2018年携程优品转型旅行用品自营电商；2021年携程上线星球号频道，百余家旅业商家入驻。作为中国领先的综合性旅行服务公司，携程成功整合了高科技产业与传统旅行业，向超过2.5亿会员提供集无线应用、酒店预订、机票预订、旅游度假、商旅管理及旅游资讯在内的全方位旅行服务，被誉为互联网和传统旅游无缝结合的典范。

（资料来源：携程旅行网 https：//www.ctrip.com）

【讨论】

请同学们认真阅读案例，进行分组讨论，携程旅行网都做了哪些品牌延伸？

【案例评析】

本案例中，携程以携程网作为资深的网络旅行品牌，不断向最有利于企业发展的方向调整品牌定位，延伸产品的结构，成功整合了高科技产业与旅游行业。整合和延伸使携程网凸显其经营的独特性，从而吸引消费者的注意力并提高顾客的品牌忠诚度，保持其竞争力。

一、任务描述

旅行社品牌延伸策略，是将现有的成功品牌延伸到新产品或相关产品的一种策略。品牌延伸可以加快新产品的定位，形成产品和服务结构链条，拓展品牌生存空间，强化品牌价值，增强品牌活力，提高品牌的综合收益。

二、任务学习目标

1. 了解旅行社品牌延伸的作用
2. 熟悉旅行社品牌延伸的路径
3. 掌握旅行社品牌延伸的风险及规避

三、完成任务需要的新知识

（一）旅行社品牌延伸的作用

旅行社品牌延伸属于品牌的战略范畴。品牌延伸的实质，就是旅行社经营战略的多样化和多元化。品牌延伸的影响牵涉面广、时间跨度长，关系到旅行社长远的市场地位和整体盈利。主要的作用有以下几点：

1. 产生品牌伞效应，降低营销费用

品牌伞效应是指在市场中已经建立起良好品牌信誉的企业，在对同一牌子的其他产品进行广告宣传时，能够降低成本。换言之，在品牌伞效应作用下，企业通过品牌延伸借助了原有品牌的市场信誉、产品声誉，使消费者在短期内接受新产品，从而节省新产品进入市场所必需的宣传、促销等营销费用，并能迅速打开局面，占领市场。

2. 为产品线带来新活力，完善产品链条

在日益激烈的市场竞争中，旅行社品牌延伸是企业发展的必然选择。旅游市场产品更新迭代日新月异，市场和消费者需求不断变化，品牌延伸过程中不断开发新产品、新服务，方能满足消费者在购买产品时不同的选择需求，同时还可以延长传统产品的生命周期，完善产品链条，激发品牌活力，在不断地推陈出新中提升品牌的知名度。

3. 有利于实现品牌增值

借助品牌延伸共享已有品牌的影响力，可以在相对较短的时间内立竿见影地提高新产品的竞争力和企业的经济效益。随着企业规模的扩大和市场占有率的提高，反过来会进一步扩大品牌的市场影响力，增强品牌的价

值和竞争优势，形成良性循环，达到品牌在使用中保值增值的目的。

（二）旅行社品牌延伸的路径

成功的品牌延伸往往要选择好延伸的时机。在以下几种情况下，可以考虑品牌延伸：一是当延伸产品和同盟产品很相似时，如产品高度同质化；二是当多类品牌明显是消费者所需要时，也就是说当在不同品牌间转换的消费行为不可避免时，则适合提供不同品牌价值的新品类。

旅行社品牌延伸作为品牌运营的一种重要方式，有狭义和广义之分：狭义的品牌延伸指将现有品牌延伸使用到新产品上的经营行为，可理解为产品线延伸；广义的品牌延伸不仅包括将现有品牌延伸使用至新产品，还包括将现有品牌延伸到关联扩展的产品的行为，可称之为品牌的“一体化延伸”。

1. 产品线延伸

是指品牌向原有领域的上游、下游延伸，双向延伸和平行延伸，使品牌成长空间更为广阔。品牌沿产业链向上延伸可进入高端产品市场（区分产业链的上游和下游），如携程旅行在原有旅行产品市场获得成功后，又推出了顶级旅游品牌“鸿鹄逸游”。反之，品牌向下延伸就是沿产业链向下填补低端市场空白，扩大市场占有率，如春秋旅行推出的超低价旅行航线。双向延伸是指定位于中档产品的旅行社在掌握了一定的市场优势后，同时向上和向下延伸，为品牌市场扩容的行为。平行延伸则是在原产品市场成熟的条件下，重新介入另一种相似性平行产品的策略，如经营国内旅游业务获得了良好的声誉后，开始平行拓展出入境市场业务等。

2. 一体化延伸

指品牌延伸的新领域与其原有领域处于同一行业并有一定的关联性，在专业技术、目标市场、销售渠道等方面具有共同性，企业可以充分利用原有品牌的品牌声誉，吸引消费者选择新产品或服务，从而节约新产品或服务进入市场的成本，同时弥补关联性产品或服务外部采购带来的风险，增加消费者选择的便捷性。如去哪儿旅行网从旅游搜索引擎在线比价起家，逐步延伸到旅行产品、租车、门票预订、商旅服务等；凯撒旅游与北京环球真享出入境服务公司合作开发的移民置业服务等。

（三）旅行社品牌延伸的风险及规避

1. 旅行社品牌延伸的风险

任何经营策略都是成功与风险并存，品牌延伸策略也不例外。旅行社品牌延伸策略运用得当，能为企业带来诸多利益和口碑，倘若品牌延伸策略把握不准或运用不当，也会给企业带来诸多方面的风险。从已有的失败经验中不难发现，旅行社品牌延伸存在的风险主要有以下几点：

（1）品牌个性的淡化

品牌产品之所以能给消费者留下良好印象，主要是由于优先效应的作用。消费者在购买商品时，对中意商品的品牌会留下较深的印象，会将该品牌视作某一特定商品的代码。品牌的不当延伸会摧毁消费者对核心产品及概念的支持，当品牌过度延伸时，品牌在消费者心中的印象会越来越模糊，从而失去了原来的焦点。因此，品牌延伸应尽量选择有共同成分或相同服务系统的产品，要注意对产品种类、数量的控制。如果会弱化品牌，企业最好不要盲目地延伸，品牌延伸扩展的宽度是需要量力而行的。

（2）株连效应

所谓“株连”效应，是指当扩展品牌经营不善时，会影响核心品牌在消费者心目中的形象。许多产品使用同一品牌或同一系列品牌，其品牌关联度大，一旦某种产品或某一个领域的经营出现危机，将会引起连锁反应，危及其他产品或其他领域，而这些往往是品牌延伸的决策者始料不及的。因此旅行社在进行品牌延伸时，应抓住延伸时机，正确应用延伸的步骤和方法，谨慎提防陷入延伸的“株连”效应中。实施品牌延伸，一般不能偏离品牌定位范围，如果超越现有品牌的消费范围，应创造一个新的品牌，重新塑造新的形象。

2. 旅行社品牌延伸的风险规避

旅行社品牌延伸固然有风险，但并非不可避免。从长远的发展角度而言，采取一些措施可降低甚至避免风险，确保品牌延伸成功。

（1）正确评估原品牌实力

在品牌延伸之前，深度评估品牌实力、正确认识现有品牌是进行品牌延伸的基础性工作。品牌延伸的目的是要借助已有品牌的声誉及市场影响力，拟延伸的品类必须是具有较高品质，经得起市场考验的产品或服务。旅行社在品牌延伸时，务必要清楚原品牌的实力和“内功”。只有“内功”足够深厚，才能为延伸的产品提供高附加价值，也才有可能使延伸富有成效。

（2）考虑现有品牌的定位及其适用范围

现有品牌的定位往往会影响到延伸的产品或服务的适用范围。品牌要延伸，首先要进行市场调查。运用定量分析和定性判断的方法分析消费者的心理需求；周密研究有关国家和地区的政治、经济、市场和营销渠道等情况；深入调查同行业同类和相似的产品等。同时，还要兼顾拟延伸产品或服务推广的文化环境。在研发延伸产品或服务前，就要确定好相关的市场定位，选准延伸新产品的目标市场。

（3）谨慎延伸个性强的品牌

如果一个品牌个性极强，容易喧宾夺主，最好暂缓延伸策略。每一个品牌尤其是知名品牌都有自己独特的个性，这是由品牌标识下的产品属性决定的，也是品牌在消费者心里形成的思维定式。为了不使品牌延伸落入陷阱，确保延伸成功，对个性较强的品牌更要注意形象的统一，使新延伸的品牌与原品牌具有一致的形象。

（4）注意产品的生命周期性

进行品牌延伸时，要考虑新延伸产品的市场生命周期。不仅如此，旅行社还应该通过采用新评价标准、新服务项目、新管理方式等创新活动，来提高原产品的质量和服务水平；或者通过实施产品地域转移战略，放弃市场需求趋向饱和的市场，而向其他新市场进行延伸，从而使同种产品的品牌延伸获得理想收益。

（5）注意延伸品牌名称策略

为了避免品牌延伸的风险，减缓对原品牌的消极影响，旅行社通常的做法是在保持原品牌名称不变的情况下，再为新产品起个名字——即副品牌。这样不仅可以引导消费者突破原有观念接受和认可新产品，而且能迅速地将对主品牌的信赖和忠诚转移到新产品上来，从而有效地减少“株连”的危险性。副品牌名称大多直白通俗，有效地弥补稳健、持重的主品牌在此方面的缺陷，因而在媒体传播上快捷广泛，易于形成市场影响力。例如中青旅旗下的“耀悦”、途牛旗下的“牛人专线”等。

（6）与企业的长远规划相一致

过分倚重品牌延伸战略也会影响到企业开创新品牌的进度，因此必须以企业长远规划为中心，及时分析企业内部资源和外部营销环境的变化，结合新品牌的开发展开品牌延伸战略。

思考讨论

旅行社品牌延伸中，如何识别风险并平衡风险与收益的关系？

笔记

四、任务实施

实训项目	旅行社品牌延伸
实训时间	
实训要求	1. 了解旅行社品牌延伸的作用 2. 熟悉旅行社品牌延伸的路径 3. 掌握旅行社品牌延伸的风险及规避

续表

实训项目	旅行社品牌延伸
实训地点	多媒体教室
实训材料	多媒体、品牌延伸相关资料等
实训内容与步骤	一、实训准备 学生分组进行实训，各小组自选旅行社品牌延伸案例。 二、实训开始 1. 总结品牌延伸的路径及操作方式。 2. 各小组派代表分析自选品牌延伸的风险及应对措施。 三、实训考核、点评 教师就课前案例搜集、案例分析、整体任务完成程度等方面进行示范性点评，然后小组间互评，师生共同总结任务要点，纠正任务实施过程中存在的问题，提出改进性建议。

五、任务评价

旅行社品牌延伸考核评价表

考核项目	具体内容或要求	扣分项	得分
品牌延伸的路径	1. 产品线延伸（列举至少 2 种延伸路径） 2. 一体化延伸有体现	总分 20 分，缺一项扣 10 分	
品牌延伸的风险	1. 品牌个性的淡化有案例，有阐述 2. 一体化“株连”效应有案例，有论证	总分 20 分，缺一项扣 10 分	
品牌延伸的风险规避	1. 正确评估原品牌实力 2. 考虑现有品牌的定位及其适用范围 3. 谨慎延伸个性强的品牌 4 注意产品的生命周期性 5. 注意延伸品牌名称策略 6. 与企业的长远规划相一致	总分 60 分，缺一项扣 10 分	
合计			

六、任务巩固

2019 年，旅行社鼻祖英国的托马斯·库克集团（Thomas Cook）宣告破产，一个有着 178 年历史的百年旅行社就此陨落。托马斯·库克集团

（Thomas Cook）发展历史上有过哪些品牌延伸？请你收集资料，利用所学的知识分析其延伸策略带来的优势和风险。

自我分析与总结

项目总结

旅行社品牌营销与延伸的“红与黑”

随着旅游业的快速发展，旅游的消费者正在快速地向移动端迁移，旅行社品牌的竞争也日趋白热化。个性化、多元化的市场需求背景下，旅行社品牌营销没有一劳永逸，需紧随市场动向，不断探索新的品牌营销方式和渠道，拓展营销手段和方法，方能在激烈的市场竞争中立于不败之地。

品牌延伸被很多旅行社视为市场扩张的法宝，“大树底下好乘凉”的道理人人皆知。诚然，成功的品牌延伸能使品牌扩张、增势，进而使品牌资产得到充分增值，但品牌延伸也存在许多潜在的风险。因此，企业必须从长远发展的战略高度审视品牌延伸，切不可只因眼前利益而不顾时机，不考虑延伸条件和可行性，盲目冒进延伸品牌。在做出品牌延伸决策时，要理智地权衡利弊得失，采取科学、合理及有效的方法规避风险，确保品牌延伸的成功。

项目练习

1. 简述旅行社品牌营销的特征。
2. 旅行社品牌营销的策略有哪些？
3. 旅行社品牌延伸的路径有哪些？
4. 如何正确有效地规避品牌延伸过程中可能会出现的风险？
5. 所有的旅行社品牌都适合做品牌延伸吗？为什么？

参考文献

［1］罗伯特·费尔德曼．发展心理学：人的毕生发展［M］．苏彦捷，邹丹，等译．北京：世界图书出版公司，2007.

［2］陈启跃．旅游线路设计［M］．上海：上海交通大学出版社，2010.

［3］孙国学，赵丽丽．旅游产品策划与设计［M］．北京：中国铁道出版社，2016.

［4］朱传世．研学旅行设计［M］．北京：中国发展出版社，2019.

［5］许郅耘，龙睿．定制旅行服务与技能［M］．上海：上海交通大学出版社，2020.

［6］邓德智，景朝霞，刘乃忠．研学旅行课程设计与实施［M］．北京：高等教育出版社，2021.

［7］苏勇，中健勇，何智美．品牌管理［M］．北京：机械工业出版社，2017.

［8］张道顺．旅游产品设计与操作手册［M］．北京：旅游教育出版社，2015.

［9］李晓标．浅谈旅行社产品设计与开发［J］．现代营销（下旬刊），2014，（8）50-51.

［10］韦倩莹．“诗礼传家”博物馆家训主题研学课程设计与实践［J］．文物鉴定与鉴赏，2019，（20）126-127.

［11］任黎娜．基于多尔 4R 后现代课程观的初中地理研学课程设计探究——以“茂名市水东湾红树林生态地理研学”为例［J］．地理教学，2020，（16）23-26.

［12］魏君名，何忠诚．中小旅行社品牌推广探析［J］．旅游纵览（下半月）．2016，（08）17-19.

［13］宋巍．我国旅行社品牌营销问题研究［J］．陕西农业科学，2010（03）203-206.

［14］黄宝辉．旅行策划（初级）［M］．北京：高等教育出版社，2021.8.

［15］王煜琴．旅行社计调业务［M］．北京：旅游教育出版社，2021.9.

［16］米学俭，尚永利，王国瑞．旅游计调师操作标准教程［M］．北京：旅游教育出版社，2010.7.

［17］陈乾康，阙敏．旅行社计调与外联实务（第三版）［M］．北京：中国人民大学出版社，2015.6.

［18］孙娈．旅行社计调业务［M］．上海：上海交通大学出版社，2011.2.

［19］刘丽萍．旅行社计调与营销实务（第二版）［M］．大连：东北财经大学出版社，2015.10.

［20］黄恢月．出境旅游领队工作案例解析（第三版）［M］．北京：旅游教育出版社，2015.10.

［21］陈永发．旅行社经营管理（第三版）［M］．北京：高等教育出版社，2014.8.

［22］张道顺．现代旅行社管理手册（第二版）［M］．北京：旅游教育出版社，2010.9.

［23］旅行社服务通则 GB/T 31385-2015

［24］旅行社出境旅游服务规范 GB/T 31386-2015

［25］旅游业基础术语 GB/T 16766—2017

［26］旅行社入境旅游服务规范 LB/T 009-2011

［27］新华网 http：//www.xinhuanet.com/

［28］贵州旅游在线 http：//www.gz-travel.net/

［29］峨眉山旅游网 http：//www.ems517.com/

［30］春秋旅游网 http：//www.springtour.com/

［31］中青旅遨游网 http：//www.aoyou.com/

［32］凯撒旅游网 http：//www.caissa.com.cn/

［33］携程旅行网 https：//www.ctrip.com/

［34］广之旅官网 http：//www.gzl.com.cn/

［35］赞那度官网 https：//zanadu.cn/

中华人民共和国旅游法

旅行社条例

旅行社条例实施细则

旅行社服务质量赔偿标准

旅游投诉处理办法